本书是教育部人文社会科学青年基金项目（11YJC820113）结项成果

SUSONG WENHUA CHONGTU YU
MINSHISUSONG ZHIDU DE BIANGE

诉讼文化冲突与民事诉讼制度的变革

王德新⊙著

知识产权出版社
全国百佳图书出版单位

图书在版编目（CIP）数据

诉讼文化冲突与民事诉讼制度的变革/王德新著. —北京：知识产权出版社，2017.6

ISBN 978-7-5130-4968-9

Ⅰ.①诉… Ⅱ.①王… Ⅲ.①诉讼—文化冲突—研究—中国②民事诉讼—司法制度—改革—研究—中国 Ⅳ.①D925.04

中国版本图书馆CIP数据核字（2017）第133231号

责任编辑：汤腊冬　　**责任校对**：王　岩

执行编辑：吴亚平　　**责任出版**：刘译文

诉讼文化冲突与民事诉讼制度的变革

王德新　著

出版发行：知识产权出版社有限责任公司　**网　址**：http：//www. ipph. cn

社　址：北京市海淀区西外太平庄55号　**邮　编**：100081

责编电话：010-82000860转8108　**责编邮箱**：tangladong@ cnipr. com

发行电话：010-82000860转8101/8102　**发行传真**：010-82000893/82005070/82000270

印　刷：北京科信印刷有限公司　**经　销**：各大网上书店、新华书店及相关专业书店

开　本：720mm×1000mm　1/16　**印　张**：18

版　次：2017年6月第1版　**印　次**：2017年6月第1次印刷

字　数：274千字　**定　价**：56.00元

ISBN 978-7-5130-4968-9

序　言

钱穆先生说："一切问题，由文化问题产生。一切问题，由文化问题解决。"① 法律文化理论自20世纪80年代开始在我国大陆地区兴起，30多年来经法理、法史学者的耕耘，已取得丰硕的成果。但具体到部门法，特别是诉讼法学领域，对文化分析的方法仍不够重视，这使我们容易犯"近视病"，拘泥于部门法视域或陷于微观制度之中，缺乏从历史文化的恢弘画面中把握诉讼法制发展走势的能力。

回顾历史，从1906年沈家本、伍廷芳授命起草完成《大清刑事民事诉讼法（草案）》时起算，中国民事诉讼法典化运动已走过110年的历程。其间，在"西学东渐"大背景下出现了"全盘西化""中体西用""维护道统"等多元思潮争鸣的局面，这也渗透到了法学研究领域中。近代以来在中国诉讼法制建设的历史舞台上，逐渐汇聚产生了三种典型的诉讼文化思潮：传承中国古代诉讼文化、传承中国共产党领导下形成的人民政法传统，以及借鉴西方诉讼文化。它们彼此冲突，不断整合。《易经》曰："形而上者谓之道，形而下者谓之器。"如果说诉讼文化是形而上的"道"，诉讼制度则是形而下的"器"，在二者的关系上，既要重视"道在器先""以道御器"（诉讼文化形塑了诉讼制度），也要重视"道不离器""以器载道"（不要空谈文化，要重视制度建设），"道""器"互动，隐喻了中国民事诉讼法制现代化的过程。

历史经验表明，一国的诉讼文化思潮总是多元并存的，其诉讼制度总是特定历史阶段居主导地位的诉讼文化的形构；同时，诉讼制度的重

① 钱穆：《文化学大义》，台湾中正书局1981年版，第3页。

大变革又深受诉讼文化思潮冲突的影响。一百余年来，在中国诉讼法制建设的舞台上，多元诉讼文化碰撞激烈，甚至酝酿了一些重大的历史事件。例如，在清末变法期间，1906 年《大清刑事民事诉讼法（草案）》公布后旋即引发了一场“礼法之争”，“法理派”力倡“尽学西法”，“礼教派”疾呼“勿碍礼教”，[①] 争论的本质乃是中国古代诉讼文化与西方诉讼文化的一次碰撞。结果“礼教派”占了上风，中国历史上第一次诉讼法典化运动惨遭失败。再如，1935 年，济南女子施剑翘为报父仇、刺杀军阀孙传芳案，引发民国法界精英、权贵阶层和社会公众立场分裂，围绕施剑翘究竟是杀人罪犯还是挽救世风的道德楷模，各派辩论激烈。[②] 可见，即使在欧美法律文化已成学界主流的民国时期，中国传统的忠孝文化与西方法治主义仍难以相融。又如，1949 年新中国成立前夕，蒋介石在战局不利的情况下发表《元旦文告》，将“中华民国的法统不致中断”作为国共和谈条件；与此针锋相对，中共中央则发布了《关于废除国民党〈六法全书〉与确定解放区的司法原则的指示》，并在新中国成立后发动了一场以批判“旧法观点和旧司法作风”为主调的司法改革运动（1952—1953 年），这标志着从诉讼文化和制度上与国民党统治时期彻底决裂，从此新中国走上了一条与西方国家不同的诉讼法制发展道路。

新中国成立后，传承和发展人民政法传统成为诉讼法制建设的思想主轴，但也不乏曲折和争鸣。20 世纪 60 年代法律虚无主义泛滥，导致公检法被砸烂，诉讼法制遭到严重破坏。1978 年 12 月党的十一届三中全会召开之后，“加强社会主义民主，完善社会主义法制”成为时代的主旋律，中国的民事诉讼法制建设事业又有了长足的进展，全国人民代表大会先后制定了 1982 年《民事诉讼法（试行）》和 1991 年《民事诉讼法》两部法典，后者在 2007 年、2012 年又经过两次重大修订。其间，还伴有波澜壮阔的民事经济审判方式改革，目前已演化成广泛而深入的司法改革运动。

---

① 《张文襄公全集·奏议》卷六九。

② 参见任伟：“施剑翘案：‘罪行’与‘义举’”，载《看历史》2011 年第 5 期，第 65—67 页。

回顾历史，几乎在每一部民事诉讼法典的制定和修改过程中，甚至在每一项重大改革措施出台之际，都伴有思想争鸣和观点交锋。究竟是传承中国传统诉讼文化，还是借鉴欧美诉讼文化？是不折不扣地继承革命政法文化，还是探索人民政法传统的法治转型？在法院调解制度、人民陪审制度、涉诉信访制度和检察监督制度等一系列民事诉讼制度改革过程中，都存在认识上的巨大分歧。如何超越具体制度构建的微观技术层面，从诉讼文化冲突与融合的宏观视野深刻解读我国民事诉讼法制发展的历史和未来走势，这是我们这一代学者面临的一个时代性课题。

本书就是在诉讼文化冲突的视野下，对我国民事诉讼制度变革进行解读的一个尝试。全书共分九章：前三章是基本理论研究，第一章“导论”对文化、法律文化和诉讼文化进行辨析；第二章着重探讨了诉讼文化冲突的基本原理，试图揭示诉讼文化冲突与诉讼法制发展的互动关系；第三章着重勾画了诉讼文化冲突的历史场景，试图从中探寻诉讼文化冲突与诉讼法制发展的历史规律；第四章、第五章承上启下，分别从国人的诉讼心理和我国当代诉讼制度变革两个角度，对诉讼文化冲突的心理基础和制度基础进行文化解析。后四章是应用对策分析，分别选取人民陪审制度、法院调解制度、涉诉信访制度和检察监督制度四个文化底蕴深厚的制度，运用文化冲突的分析方法，对制度改革走势进行解析和预判。

本书着重运用文化分析的研究方法，立足于中国近代以来“三大诉讼文化思潮冲突与融合”的历史背景，着眼于诉讼文化冲突与诉讼制度变革的交互影响，探讨诉讼文化冲突的基本原理和中国民事诉讼制度演进中的文化规律和主要态势。在以下几个方面，提出了一些新的观点和见解：（1）在基本概念层面，将诉讼文化定位为人们对各种诉讼现象所持的诉讼心理、诉讼意识和思想体系，人的诉讼行为方式、诉讼制度和诉讼场所设施只是诉讼文化的外化或物化形式，贯彻了文化主要是一种观念或精神财富的基本立场，厘清了诉讼文化“本体”和诉讼文化“反射体”之间的关系；（2）在研究宗旨上，尝试分析了各种诉讼文化的历史形态和实践形态，揭示了诉讼文化冲突的基本规律，最终服务于阐释诉讼文化冲突与诉讼制度发展的关系这一宗旨，践行了文化主要是一种社会科学的阐释方法的基本立场，使诉讼文化研究不再处于“理论悬空”状态；（3）在诉讼文化冲突原理方面，提出了有别于传统的诉讼文化冲突形式，以历史写意的方式阐述了诉讼文化冲突的主要原因，深刻论述了诉讼文化冲突、融合与创新之间的关系，重点提出了“冲突——颠覆”“冲突——融合”和“冲突——共生”三种诉讼文化冲突模式，并辨析了“进化论”和“建构论”两种诉讼法制发展模式的内在关系；（4）在当代中国民事诉讼制度的发展和变革方面，循着人民政法传统的历史生成、发展演化和未来走势这一思想红线，交叉论述了人民政法传统、中国古代诉讼文化传统和西方诉讼文化思潮对中国历次民事诉讼制度变革的重大影响，主要创新之处不仅体现在人民陪审制度、司法调解制度、涉诉信访制度和检察监督制度的改革对策建议方面，更体现在遵循诉讼文化冲突的原理来展开论证的视角方面——换言之，有关制度改革的具体观点或许存在争议，但论证视角和论述方法给民事诉讼制度变革带来的新思维才是学术同行继续探讨或争鸣的重点。

当然，本书是在中国场景下对诉讼文化冲突和诉讼制度变革所做的一个初步的解析尝试，有些问题尚需深度厘定，文中观点虽再三斟酌，也难免有偏颇之处，欢迎学界同仁批评指正。

目　录

第一章　导论 ………………………………………………………………（1）

一、文化的释义 ……………………………………………………………（1）

二、法律文化理论的兴起 …………………………………………………（6）

三、诉讼文化的基本问题 …………………………………………………（18）

第二章　诉讼文化冲突的原理 ……………………………………………（33）

一、冲突的意蕴 ……………………………………………………………（33）

二、诉讼文化冲突的形式 …………………………………………………（34）

三、诉讼文化冲突的原因 …………………………………………………（42）

四、诉讼文化冲突的功能 …………………………………………………（48）

第三章　诉讼文化冲突的历史场景 ………………………………………（67）

一、中国古代的诉讼文化 …………………………………………………（67）

二、清末民国时期诉讼文化的转型 ………………………………………（90）

三、新中国成立前后诉讼文化的革命化、群众化 ………………………（108）

第四章　当代中国人诉讼文化与诉讼心理调查报告 ……………………（122）

一、关于问卷调查实施情况的说明 ………………………………………（122）

二、当代中国民众的纠纷解决观 …………………………………………（124）

三、当代中国民众的诉讼行为模式 ………………………………………（127）

四、当代中国民众对司法公正权威的感受与态度 ………………………（131）

五、关于当代中国民间诉讼文化的补充分析 ……………………………（137）

第五章　诉讼文化冲突与民事诉讼法制的转型发展 ……………………（139）

一、1982 年《民事诉讼法（试行）》的历史使命 …………………………（139）

二、1991 年《民事诉讼法》的制定与诉讼文化的转型 ……（149）
三、诉讼文化变迁与近年来民事诉讼制度的变革 ……………（158）
第六章 司法民主与人民陪审制度的改革 ……………………（184）
一、西方陪审制度的源流与精神 ……………………………（184）
二、中国近代以来对陪审制的引进 …………………………（191）
三、我国学术界有关人民陪审制度改革的争议 ……………（197）
四、中国特色的人民陪审制度的发展前瞻 …………………（202）
第七章 中国司法调解政策的传统、流变与现代转型 ………（208）
一、中国古代的官府调解及其文化底蕴 ……………………（208）
二、新中国成立前后“调解为主”的司法政策及其文化
底蕴 ……………………………………………………（211）
三、1990 年以后我国司法调解政策的三次调整及其原因……（214）
四、关于“调解结案率”与办案质量和社会和谐度关系
的检讨 …………………………………………………（220）
五、重构我国司法调解政策的基本思路 ……………………（223）
第八章 涉诉信访与再审机制改革的文化困境与出路 ………（228）
一、从法律文化视角分析申诉信访改革的必要性 …………（228）
二、儒家文化影响下申诉信访机制及改革的多重困境 ………（231）
三、以“法治思维”重塑我国的生效裁判救济机制的设想 …（242）
第九章 民事检察监督的理念转换与制度转型 ………………（250）
一、宪政体制与检察监督文化之比较 ………………………（250）
二、我国对苏联检察监督文化的借鉴与反思 ………………（257）
三、民事检察监督制度改革的思路之争 ……………………（262）
四、中国民事检察监督制度改革的展望 ……………………（269）
后 记 ……………………………………………………………（276）

第一章　导论

法律人类学家霍贝尔认为，“一个探索者在任何领域的工作总是从创造该领域中有用的语言和概念开始的”[①]。“文化”“法律文化”和“诉讼文化”三个概念彼此关联，层层递进。本部分通过对语言学、人类学、文化学、法学等多学科领域的比较分析，从宏观上把握“文化”和“法律文化”的学术史发展脉络，为诉讼文化的概念界定、内涵结构和类型划分做好理论铺垫，并为后文诉讼文化冲突原理和制度层面的分析奠定基础。

一、文化的释义

“文化”是什么？自古以来，人类学家、社会学家、文化学家、政治学家、哲学家、历史学家等都热衷于给“文化”下定义。但迄今为止，仍然没有一个公认的、令人满意的定义。

在不同的社会科学研究领域，甚至在同一领域由于研究方法的不同，人类学、社会学、文化学、政治学、哲学、历史学、法学、心理学等，都有可能对“文化”产生不同的理解。据统计，在1920年以前主要有6个不同的“文化”定义，到了1987年已经增加到260种。[②] 其中，人类学或文化学对文化概念的形成做出了突出的贡献，现择要介绍以下三种观点。

第一种观点认为，文化即文明，是人类知识和能力的复合整体。1871年，有“人类学之父”之称的英国人类学家泰勒（Edward

① ［美］霍贝尔：《原始人的法》，严存生等译，贵州人民出版社1992年版，第17页。

② 参见刘作翔：《法律文化理论》，商务印书馆1999年版，第12页。

B. Tylor，1832—1917）在《原始文化》一书中提出，“所谓文化或文明乃是包括知识、信仰、艺术、道德、法律、习惯以及其他人类作为社会成员而获得的种种能力、习性在内的复合整体”①。泰勒是社会科学领域第一个赋予“文化”科学意义的人，泰勒的定义明确了文化的范畴，为此后的研究描绘了轮廓。沿着这种宽泛的文化定义思路，英国文化人类学家马林诺夫斯基（Bronislaw K. Malinowski，1884—1942）提出，② 文化的要素，既包括“一套工具”，如器物、房屋、船只、武器等物质文化方面，“一套风俗”，如宗教、法律、伦理、语言等精神文化方面；也包括物质工具和人类习惯的结合物，即社会组织。这种宽泛的文化定义在西方一度影响甚广，我国学术界亦受其影响。例如，文化学家梁漱溟认为，文化就是“吾人生活所依靠之一切”。当代著名学者庞朴也曾主张，文化是一个立体的系统，包括三层结构：一是外层，即物质层；二是里层，即心理层，包括价值理念、思维方式、表达方式、信仰等；三是中间层，即心物结合层，如教育制度、政治组织、法律制度等。③ 目前，这种由器物文化、观念文化、制度文化三层结构构成的文化结构理论，在我国学术界仍有广泛的影响。

第二种观点认为，文化即生活，是某个人类群体的一整套生活式样。20 世纪中期，曾任美国人类学协会主席的美国文化人类学家克鲁克洪（Clyde Kluckhohn，1905—1960）指出，“美国人类学家所用的‘文化’一词，当然是一个术语，绝不能与普通语言以及历史和文学上比较有限的概念相混淆。……所谓‘一种文化’，它指的是某个人类群体独特的生活方式，他们整套的‘生存式样’”。关于文化的存在形态，他认为，“文化存在于思想、情感和起反应的各种业已模式化了的方式当中，通过各种符号可以获得并传播它，另外，文化构成了人类群体各有特色

---

① ［英］泰勒：《文化之定义》，顾晓鸣译，载《多维视野中的文化理论》，浙江人民出版社 1987 年版，第 98 页。值得注意的是，泰勒在 Primitive Culture 一书中追溯 Culture 的渊源时，直接援引了德国学者克莱姆（G. F. Klemm）的《人类文化史通论》中的观点，将 Culture 与 Civilization 在相同的意义上使用。

② ［英］马林诺夫斯基：《文化论》，费孝通等译，中国民间文艺出版社 1987 年版，第 14 页。

③ 庞朴：《文化结构与近代中国》，载庞朴：《东西文化与中国现代化讲演集》，浙江人民出版社 1986 年（临）第 17 号，第 9—11 页。

的成就，这些成就包括他们制造物的各种具体形式；文化基本核心由两部分构成，一是传统（即从历史上得到并选择）的思想，二是与它们有关的价值”。[①] 我国也有持类似观点的学者，例如，1926 年胡适先生撰文指出，“文化（Culture）是一种文明所形成的生活的方式”。[②] 从克鲁克洪的学说来看，传统思想和价值观念是文化的核心含义，而不包括器物。

第三种观点认为，文化是进化的产物，体现为文化传统。1859 年英国科学家达尔文发表了《物种起源》一书，提出了生物进化论。受其影响，以泰勒为代表的一批人类学家创立了文化进化论。泰勒除了第一次阐明“文化”的科学意义之外，还提出：人类文化是从低级阶段向高级阶段进化的，并将人类文化进化分为三个阶段，分别是蒙昧阶段、野蛮阶段和文明阶段。[③] 美国人类学奠基人、古典进化论学派的主要代表人物摩尔根（Lewis Henry Morgan，1818—1881）在其著作《古代社会》中进一步提出，全世界所有民族在文化进化上都经历了低级蒙昧社会、中级蒙昧社会、高级蒙昧社会、低级野蛮社会、中级野蛮社会、高级野蛮社会、文明社会的进化过程。[④] 早期的文化进化思想遭到了激烈的批评，因为这一思想认为，欧洲文化或白人社会代表着人类社会进化迄今为止所达到的最高阶段，这种白人种族主义和欧洲文明中心论的观点对其他民族文化充满了歧视。

本书无意对林林总总的文化定义一一考证，也无意创立一个新的定义。这样的任务，即使文化巨匠有时也会感到力有不逮，钱钟书先生曾言：“你不问我文化是什么的时候，我还知道文化是什么；你问我什么是文化，我反而不知道文化是什么了”[⑤]。但为了分析法律文化和诉讼文

---

① ［美］克鲁克洪等：《文化与个人》，高佳等译，浙江人民出版社 1986 年版，第 4 页、第 5 页注③、第 6 页。

② 胡适：“我们对于西洋近代文明的态度”，载《胡适文存・三》，黄山书社 1996 年版，第 1 页。

③ ［英］泰勒：《原始文化》，连树声译，上海文艺出版社 1992 年版，第 15 页。

④ ［美］摩尔根：《古代社会》，杨东莼等译，商务印书馆 1977 年版，第 15—16 页。

⑤ 庞朴：《文化结构与近代中国》，载庞朴：《东西文化与中国现代化讲演集》，浙江人民出版社 1986 年版，第 8 页。

化的需要，有必要在此表明我们的文化观，以免产生歧义。

第一，文化不宜包罗万象。早期的人类学家所下的定义，无论是“复合整体”，还是“生活式样”，都习惯于将器物文化、观念文化和制度文化均包含在内，使得“文化”成了一个包罗万象的概念。20 世纪 50 年代以后，陆续有学者对这种宽泛的定义提出批评，认为不具有理论分析的可操作性，进而主张将文化概念“缩小到一种狭义的、专业化的和……理论上更为有力的文化概念”。[①] 美国学者亨廷顿更是直言不讳，“文化若是无所不包，就什么也说明不了。因此，我们是从纯主观的角度界定文化的含义，指一个社会中的价值观、态度、信念、取向以及人们普遍持有的见解”[②]。我们认为，这种理解把握住了文化的本质[③]，也是在研究法律文化和诉讼文化时应当贯彻的基本观点。申言之，应当将物质文化、制度文化从文化概念中排除出去，而仅仅从观念或精神层面来把握文化的含义。

第二，文化不等同于文明。在人类学者早期的论述中，文化（Culture）与文明（Civilization）两个词是混用的。到了 19 世纪，德国思想家倾向于将二者区别对待，文明包括技巧、技术和物质的因素；文化包括价值观、理想和一个社会更高级的思想艺术性、道德性，这一区分在德国思想中延续至今。[④] 但是，在德国以外的西方世界，这种区分并不被广泛接受。美国学者亨廷顿在讨论了众多观点后，明确指出，“想要用德国的方式把文化分离于其基础——文明，是虚妄的”；“文明和文化都涉及一个民族全面的生活方式，文明是放大了的文化”。[⑤] 对此，我们倾向于认为，虽然二者都形成于人类的群体生活，但文明侧重于物质方面，文化侧重于精神方面；文明则是一个不可分割的整体概念（如中华

---

① ［美］克利福德·格尔茨：《文化的解释》，译林出版社 1999 年版，第 4 页。

② ［美］亨廷顿等：《文化的重要作用》，新华出版社 2002 年版，前言第 3 页。

③ 从本质上说，文化是一种观念。申言之，文化影响并塑造人的行为，但文化本身并不就是人们的行为；文化外化为某种秩序，但文化本身并不就构成某种秩序；文化对象化、物化成为各种人造器物或者社会组织，并不意味着文化本身就是器物或者社会组织——前者与后者的关系，正如“本体”与“影子”的关系，也体现了人类意识对自然界和社会的反作用。

④ 刘汉俊：“文化的本色与力量”，载《红旗文稿》2012 年第 13 期，第 22 页。

⑤ ［美］亨廷顿：《文明的冲突与世界秩序的重建》，新华出版社 2010 年版，第 20 页。

文明、西方文明、伊斯兰文明)，文化则是一个可以拆分的总体概念（如中国文化、中国法律文化、中国饮食文化）；文明与野蛮相对，强调的是一个社会的智力总体的进步特性，文化具有多样性，是对一个人类群体智力成果的中性描述。对法律文化的研究，不可过多的掺杂文明的观点，不宜将重点放在法律器物上，而应放在器物所承载的法律文化思想层面。

第三，文化不等同于传统。人们经常使用“传统文化”或“文化传统”的表述，并将其与“外来文化”相对，从而突出文化的历史或民族因素。但是，必须注意以下两点：(1) 传统是指从历史上传承下来的社会态度、信仰、习俗、制度等，但不能简单地将“传统”等同于“历史”或“过去的做法”，那些仅仅属于过去而未能传承下来的思想观念，并不能称为传统。(2) 不能将“传统”等同于“文化”。“传统偏重于文化中的心理状态，即那些定势化、潜意识或无意识的因素；文化的内涵更丰富，除了心理状态和行为模式的因素外，还包括认识和价值等更重要的因素。”[①] 在进行法律文化的研究时，将“文化”与“传统”“过去的做法”作一定的区分，有利于营造兼容并包的文化氛围，这对于当代中国法治建设事业的健康发展来说至关重要。

界定文化的内涵，并不是学术研究的终极目的。关键是，我们研究文化的目的是什么？我们认为，文化主要还是一种社会科学的阐释方法。“对于文化的分析不是一种寻求规律的实验科学，而是一种探求意义的解释科学。”[②] 也就是说，文化与其说是一种研究对象，不如说是一种研究方法。与那些定义明确、界限分明的学科或研究方法相比，文化分析法的研究视野、材料、取向都有极大的开放性与包容力。钱穆先生曾说，“我认为今天以后，研究学问，都应该拿文化的眼光来研究。每种学问都是文化中的一部分”。[③] 用文化的观点和方法看待和研究法律问题，将成为法学研究发展的一个重要趋势。

---

① 张文显：“法律文化的释义”，载《法学研究》1992 年第 5 期，第 12 页。

② ［美］克利福德格尔茨：《文化的解释》，韩莉译，译林出版社 1999 年版，第 5 页。

③ 钱穆：《从中国历史来看中国民族性及其中国文化》，台湾中文大学出版社 1979 年版，第 100 页。

二、法律文化理论的兴起

（一）理论背景

人类学家对文化的学术讨论始于19世纪六七十年代，迄今已有约150年的历史。法学领域的法律文化理论，则是自20世纪60年代在欧美社会和苏联同时兴起的；而中国大陆地区，则是在20世纪80年代以后才开始关注这一理论的。

美国是西方法律文化理论研究的先驱和重镇，斯坦福大学法学院教授弗里德曼（Lawrence M. Friedman）是法律文化理论的开拓者。1969年，弗里德曼首倡"法律文化"理论，认为法律文化是指"与法律体系密切关联的价值与态度，这种价值与态度决定法律体系在整个社会文化中的地位"[①]，并阐释了法律文化在社会发展中的作用。此后，其他学者也陆续加入进来，具有代表性的有1976年哈佛大学法学院教授埃尔曼（Henry W. Ehrmann）所著的《比较法律文化》、1980年匹兹堡大学法学院教授L. S. 温伯格和J. W. 温伯格合著的《法律与社会》等。20世纪90年代以后，受美国法律文化理论的影响，欧洲学者对法律文化的研究也呈现一片繁荣景象。进入21世纪后，欧美社会对法律文化理论的研究进入了理性沉淀阶段，英国伦敦大学玛丽女王学院的考特瑞尔（Roger Cotterrell）的专著《法律、文化与社会》，对欧洲大陆的法律文化进行了系统的比较研究，是这一时期最具代表性的研究成果之一。

同一时期，苏联学者也开始关注法律文化问题，只不过带有浓厚的意识形态色彩。1962年苏联学者E. A. 罗卡斯西娃发表了《共产主义建设时期的法律意识与法律文化》，其中特别区分了"法律文化"与"法律意识"两个概念，认为每个人、每个阶层都有自己的法律意识，即关于法、合法、公正的看法，但不一定有法律文化；法律文化是法律意识的高级阶段，即在接受法律教育之后，除去自发形成部分的高级形式的

① Lawrence M. Friedman, Legal Culture and Social Development, Law and Society Review, Vol. 4, No. 1. (Aug., 1969), p. 34.

法律意识。[①] 此后，1968 年 O. S. 克拉萨奇科夫的《社会主义法律文化的基本特征及其意义》、1970 年 V. 切克伐兹的《现阶段的法律与法律文化》、1987 年 A. P 西米特科的《社会主义社会的法律文化：实质·定义》等，围绕苏联社会主义法律文化的含义、特征、性质等问题进行了系统的阐述。值得注意的是，虽然新中国成立后一度以苏联为师，但在 20 世纪 80 年代以前鲜见引入或介绍苏联法律文化理论的著述；即便在 80 年代以后，我国学术界受苏联社会主义法律文化理论的影响也比较小。

自 20 世纪 80 年代中期开始，我国大陆地区学者开始关注法律文化理论。1985 年年初，潘汉典教授翻译发表了美国学者的《论美国的法律文化》一文，这是“法律文化”作为学术概念第一次出现在中国大陆地区学者的研究视线中。[②] 孙国华教授在 1985 年 4 月撰写的《法学基础理论讲义》中第一次对法律文化作了专题解释，他认为，“法律文化属于社会精神文明，……有很大的实际应用价值”。[③] 此后，梁治平、刘作翔、张文显、武树臣等法理学者和法史学者开始围绕法律文化理论开展系统的研究，取得了丰硕的成果。总体来看，近三十年来我国有关法律文化的理论研究呈现如下特点：（1）发表的论文数量总量大，自 20 世纪 80 年代中期以来已发表数千篇，[④] 从论文发表的时间曲线来看（参见图 1—1），1985—1999 年属于研究的起步阶段，2000—2006 年属于快速发展阶段，2007—2013 年属于繁荣期，2014—2016 年趋于理性沉淀期。（2）在研究的核心问题上，除了早期对国外法律文化理论的评介外，法理学界已逐步勾画了法律文化理论的框架，包括法律文化的概念、特征、类型，法律文化的释义，法律文化的结构、层次、要素，法律文化的功能，法

① 参见范思深：“苏联的法律文化观点”，郭宝平译，载《中外法学》1989 年第 2 期，第 63 页。

② ［美］L. S. 温伯格、J. W. 温伯格：“论美国的法律文化”，潘汉典译，载《环球法律评论》1985 年第 1 期。

③ 孙国华：《法学基础理论讲义》，转引自刘作翔：《法律文化理论》，商务印书馆 1999 年版，第 58 页。

④ 根据中国知网统计，截至 2017 年 1 月 20 日，按篇名搜索“法律文化”，共有 2466 篇；按关键词搜索“法律文化”，共有 1364 篇；按主题搜索“法律文化”，共有 9790 篇。

律文化的价值体系，法律文化的冲突，法律文化的现代化等。但是，法史学者似乎不关心法律文化的概念和原理，而是埋头于中国法律思想史和制度史的文化解读之中。(3) 从学术争鸣的角度看，围绕把法律文化看作是一种“研究对象”，还是一种“应用文化解释来研究法律的方法”，展开了一系列深度的争鸣，是近年来最具争议性的话题。

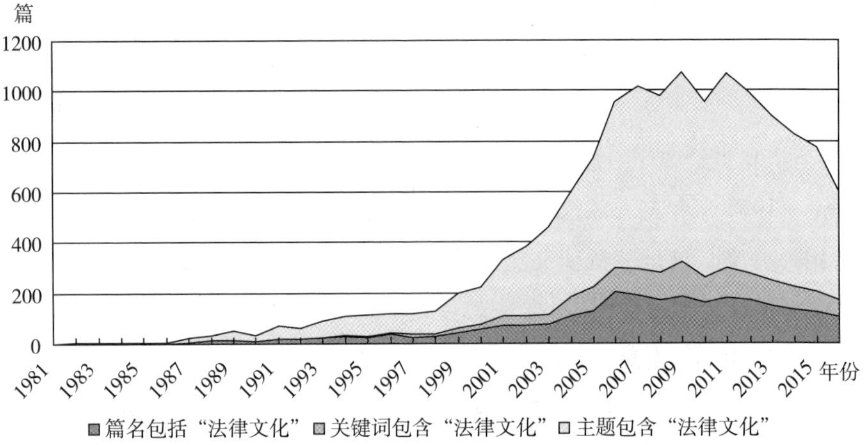

图 1—1　我国学术界围绕“法律文化”发表论文数量曲线图

从法律社会学的角度分析，我国法律文化理论兴起的原因和背景因素主要有三个：一是国际学术交流中外国“法律文化”理论的发展引起了我国学者的兴趣；二是“文化学”“历史学”的研究方法对法学理论研究方法的调整起了催化作用；三是对新中国法律实践中的历史和现实经验教训进行反思和总结的产物。① 有理由认为，法律文化理论经过学术争鸣和思想沉淀之后，将在未来中国法学走向世界的进程中扮演重要角色。

（二）概念界说

关于法律文化，不同学科的学者从多种研究视角进行了迥然不同的概念界定，下面择要选取四类最具代表性的分析路径，通过对比分析，以求正本清源。

① 参见刘作翔：《法律文化理论》，商务印书馆 1999 年版，第 57 页。

1. 文化人类学视野中的法律文化概念

文化人类学者，偏重于从“法律与文化的关系”视角进行论述。在他们看来，法律是一种文化现象，是众多文化现象中的一种，是人类文化整体的重要组成部分；法律文化既包括精神或观念文化要素，也包括物质文化因素和制度文化要素；通过把法律放在整体文化大背景下进行研究，可以对法律制度作出更加合理的安排，以满足人类社会的需要。例如，英国文化人类学者马林诺夫斯基主张，“文化是指那一群传统的器物，货品，技术，思想，习惯及价值而言的，这概念包容着及调节着一切社会科学”。[①] 美国人类学家霍贝尔认为，“从人类学角度考虑，法律只是我们文化的一个因素，它运用组织化的社会集团的力量来调整个人及团体的行为。防止、纠正并且惩罚任何偏离社会规范的情况”。[②] 人类学家关于“法律是一种文化现象”的观点，如今已经被大多数的法学家接纳了。美国法学家博登海默就曾说，“法律是一个民族文化的重要部分”。[③] 我国学者梁治平先生认为，“文化是整体，法是部分，法是文化的命题中应有之义，法与文化不可分割，西方法制是被视为西方文化的一个部分来看待的，法不过是一种特殊的文化现象”。[④]

对于“法律是一种文化现象”这一命题，也有学者提出质疑或诘难，文化人类学者及其支持者也做了一些有针对性的辩护。

其一，有学者反对把法律问题作为文化问题看待，认为法律不仅仅是一种文化。但支持者反驳称，“法律是一种文化”只是对法律与文化关系所做的一个判断性命题，不是给法律下的一个全称性定义，只是强调了法律的诸多属性（如规则属性、控制属性）的一个侧面而已。[⑤] 有的学者进一步指出，法律之所以成为文化，是因为它是人类活动的创造物，“法律同一切文化事物一样，它是一种主体客体化、客体主体化的

① ［英］马林诺夫斯基：《文化论》，费孝通译，中国民间文艺出版社 1987 年版，第 2 页。

② ［美］霍贝尔：《原始人的法》，严存生等译，贵州人民出版社 1992 年版，第 1 页。

③ ［美］E. 博登海默：《法理学、法律哲学与法律方法》，邓正来译，中国政法大学出版社 1999 年版，“作者致中文版前言”。

④ 梁治平：“比较法与比较文化”，载《读书》1985 年第 9 期，第 84 页。

⑤ 参见葛洪义：《法理学导论》，法律出版社 1996 年版，第 349 页；刘作翔：《法律文化理论》，商务印书馆 1999 年版，第 81—83 页。

过程和成果，即一定的主体作用于客体，形成自己的利益、需要，并将自己的利益、需要对象化为普遍的法律规范，赖以调节社会关系，以实现其统治目的”。[①] 正是在这个意义上，法律才成为文化。

其二，为什么要研究法律文化？又应当怎样研究法律文化？作为文化功能学派的创始人，马林诺夫斯基认为，“文化是包括一套工具及一套风俗——人体的或心灵的习惯，它们都是直接或间接地满足人类的需要”，“文化要素的动态性质指示了人类学的重要工作就在于研究文化的功能”。[②] 他还认为，单纯地就法律研究法律的视野太过狭窄，必须坚持整体的和联系的观点，通过对其他社会文化脉络的掌握来对法律作出解释，“法律是受到思考方式与心灵状态以及祖先们的规则习惯所限定的。我们必须从根本上认定：整个文化是法律的背景”[③]。

2. 法律社会学视野中的法律文化概念

美国的法律社会学派对现代意义上的法律理论的形成做出了杰出的贡献，其代表人物是美国法社会学家弗里德曼。1969 年，弗里德曼撰文提出了法律社会学意义上的“法律文化”概念，这具有里程碑式的意义，因为在此之前人们习惯于循着“法律与文化之间的关系”的进路来思考问题，在此之后，法律学者才开始直接以法律文化作为研究的对象。

弗里德曼认为，法律制度是整个社会体系的一部分，“法律文化”是法律制度的一个构成要素。在他看来，法律制度（Legal System）由“结构”（Structure）、“实体”（Substance）和“法律文化”（Legal Culture）三个要素构成，“结构”是法律制度的躯干、架构和长久风格，如法庭、警察机构等国家机关组织体系；“实体”是规定法律制度如何运作的实体规则和规范，制度中行动者可观察的行为模式；法律制度是社会的一部分，法律制度的启动和运转来自于制度之外的“要求”，这一要求的产生来自于“法律文化”。所谓“法律文化”，就是“与法律体

① 武步云：《马克思主义法哲学引论》，陕西人民出版社 1992 年版，第 395 页。

② ［英］马林诺夫斯基：《文化论》，费孝通译，中国民间文艺出版社 1987 年版，第 14 页。

③ ［英］马林诺夫斯基：《原始社会的犯罪与习俗》，原江译，云南人民出版社 2002 年版，第 93 页。

系密切关联的价值与态度，这种价值与态度决定了人们何时、为什么以及在何处寻求法律或政府的帮助，或者离开法律或政府”。[①] 此后，他在1994年出版的《选择的共和国：法律、权威与文化》一书的附录中，又将法律文化的概念和作用修正为，“特定社会中的人们对法律所持有的看法、态度、期待和意见。……这些思想与观念引导着人们的行为，即诉求还是避开法律规则、法律制度，决定运用抑或不用法律”。[②] 至此，弗里德曼的法律文化概念和理论体系趋于稳定和成熟。

关于弗里德曼的法律文化理论及其学术贡献，应着重从以下几个方面来认识。

其一，弗里德曼提出法律文化理论的时代背景。“二战”结束后，由于战争的破坏，发展问题成为世界各国共同关注的社会问题。从20世纪50年代开始，美国掀起了关于发展问题的研究热潮。弗里德曼洞察时代发展需要，不断思考“现实世界如何型塑人的观念，人的观念变化又如何影响法律，进而法律的变化又如何影响社会的发展”这一基本问题，[③] 终于在1969年发表的《法律文化与社会发展》一文中，创造性地提出了法律文化的概念，并以此作为解释法律制度是如何适应和推动社会的发展的理论工具。

其二，弗里德曼的法律文化概念，与以往文化人类学者包罗万象式的概念有明显区别。在弗里德曼看来，法律文化的核心是人们看待法律的“态度”和“价值观念”。受其影响，美国法律学者也大多是在人的主观观念意义上使用法律文化概念的。例如，L. S. 温伯格和J. W. 温伯格认为，“法律文化这个概念包括人们对法律、法律机构和法律判决的制作者，诸如律师、法官和警察等人的知识、价值观念、态度

---

① Friedman said, “It is the legal culture, that is, the net work of values and attitudes relating to law, which determines when and why and where people turn to law or government, or turn away.” See Lawrence M. Friedman, Legal Culture and Social Development, Law &Socicty Review, Vol. 4, No. 1 (Aug., 1969), p. 34.

② [美] 弗里德曼：《选择的共和国：法律、权威与文化》，高鸿钧等译，清华大学出版社2005年版，第252页。

③ See Lawrence M. Friedman, Legal Culture and Social Development, Law &Society Review, Vol. 4, No. 1 (Aug., 1969), p. 34.

和信仰”①。埃尔曼也认为，法律文化是“个体的意愿与如何发挥法律制度功能之间的联系环节”，② 其中突出了“个人意愿”这一点。

其三，在某种意义上说，弗里德曼也是研究法律文化冲突理论的先驱。弗里德曼把法律文化作了“内部法律文化”（Internal Legal Culture）和“外部法律文化”（External Legal Culture）的划分，他认为，“外部法律文化是一般人的法律文化，内部法律文化是从事专门法律任务的社会成员的法律文化。每个社会都有法律文化，但只在有法律专家的社会有内部法律文化”。③ 这一划分的意义在于，两种法律文化的作用是不同的，一般社会成员的态度和法律诉求不能直接产生法律效果，它必须首先转换成内部法律文化的“格式”；但从法律发展和立法的角度看，内部和外部法律文化之间将不可避免地存在冲突，这种冲突必然影响法律发展的进程。

3. 法律史学视野中的法律文化概念

法律史学者习惯于从法律文明的历史传承的视角来看待法律文化现象，他们倾向于认为，法律文化是法律文明的历史积淀，即源于过去，融于现在，并在一定程度上作用于未来的“法律传统”或“文化传统”。

什么是“传统”？美国学者希尔斯认为，传统“就其最明显、最基本的意义来看，它的含义仅只是世代相传的东西（Traditium），即任何从过去延传至今或相传至今的东西。决定性的标准是，它是人类行为、思想和想象的产物，并且被代代相传”④。但是，不能把传统与现代绝对对立起来，不能认为不是“过去的东西”绝对不是传统，也不能认为“凡是过去的”就都是传统。从哲学的意义上说，那些仅仅属于过去，但已经僵化和死亡的东西，也是不能称为传统的，“传统的正确意义，应该是在保持稳定的连续性中的变革和创新的文化时间过程。任何文化，作为传承的东西而且成为‘统’，都是保守与变革在整合中的统一，

① ［美］L. S. 温伯格、J. W. 温伯格：“论美国的法律文化”，潘汉典译，载《环球法律评论》1985 年第 1 期，第 1—7 页。

② ［美］埃尔曼：《比较法律文化》，贺卫方等译，三联书店 1990 年版，第 20 页。

③ ［美］弗里德曼：《法律制度》，李琼英等译，中国政法大学出版社 1994 年版，第 228 页。

④ ［美］希尔斯：《论传统》，上海人民出版社 1991 年版，第 15 页。

都是在连续性中的发展”[①]。有学者总结认为，某一事物要成为传统需具备四个关键的因素：一是时间要素，不经历时间的沉淀无法成为传统；二是传承性，即由古至今的延续性；三是规定性，即延续下来的事物仍然发挥作用；四是观念性，即传统主要是主观的、精神的东西。[②] 这种四要素说，是较为妥当的。

在法律史学研究中，经常使用“法律传统”“法律文化传统”或者“传统法律文化”的概念，容易滋生法律传统即法律文化的错觉。尽管“法律文化”与“法律传统”关系密切，但二者却非等同的概念。“法律传统”是“文化传统”中有关法律的那一部分，或者说，“传统法律文化”。[③] 从更广阔的意义上说，“文化”包括“传统”，但不限于“传统”，除了传统以外还包括现代文化、域外文化。相应地，“法律文化”包括“法律传统”，但不限于“法律传统”，其在内涵与外延上要远远大于“法律传统”。研究法律传统，有助于更好地把握法律文化的历史样态，以及更好地从历史传承关系上把握法律文化的发展轨迹；但将二者混同的认识，则是有害无益的。

4. *法律哲学视野中的法律文化概念*

法律哲学对法律文化的研究，主要集中在六个相对抽象的基本理论问题上，即法律文化的释义、法律文化的结构、法律文化的功能、法律文化的模式、法律文化的冲突和法律文化的现代化。这里着重介绍两个本源性的观点，即法律文化的概念和结构。

法律文化是什么？张文显教授在考查几十种定义后，将这些定义归纳为五大类，即“法律上层建筑说”“法律实践及其成果的总和”“法律观念形态、法治协调水平、法律知识沉淀、法律文化总功能的总和”“法律观点与态度”“法律生活方式”等。他进一步指出，法律文化没有先验的内涵，其意义是给定的，作出何种定义取决于研究者的认识前提和价值目标，进而从法哲学的角度认为，“把法律文化理解为法律现象

---

① 李鹏程：《当代文化哲学沉思》，人民出版社 1994 年版，第 371 页。

② 参见安秀伟：“人民政法传统的历史生成与法治转型”，载《河南社会科学》2016 年第 2 期，第 71 页。

③ 参见姚建宗：“法律传统论纲”，载《吉林大学社会科学学报》2008 年第 5 期，第 76 页。

的精神部分，即由社会的经济基础和政治结构决定的、在历史进程中积累下来并不断创新的有关法和法律生活，特别是权利和义务的群体性认知、评价、心态和行为模式的总汇”。[①] 从界定方法看，这种观点显然是受马克思主义法学的影响，体现了唯物主义的分析路径，具有高度抽象的哲学化色彩。

法律文化的结构，是指法律文化的构成要素和组合方式。对法律文化进行结构分析，是受西方“结构主义”思潮影响的理论产物。[②] 如果说“法律文化的释义”回答的是“法律文化是什么”，那么“法律文化的结构”回答的就是“法律文化由哪些要素构成”，前者侧重于内涵，后者侧重于外延。关于法律文化的构成要素，法理学界争议较大，主要有以下代表性观点：（1）认为法律文化由四大要素组成，即法律思想、法律规范、法律设施、法律艺术。[③]（2）从是否易被感知的角度，将法律文化分为显型文化和隐型文化，或者制度性法律文化和观念性法律文化。[④]（3）从法律文化的意识形态出发，认为法律文化包含观念价值性法律文化（意识形态性的）和技术性法律文化（非意识形态性的）两大部分。[⑤]（4）从反映法律文化的深度，将法律文化区分为认知结构、评价结构、心态结构和行模结构。[⑥] 对比各家观点可以发现，是否应当将以法律制度为核心的“制度性文化”或“物质性文化”包含在内，是分歧的焦点所在。但不难发现，这些认识分歧仍然根源于对法律文化是什

---

① 张文显：《法哲学范畴研究》，中国政法大学出版社 2001 年版，第235 页。

② 结构主义不是一种学说或者哲学，而是一种研究方法，与“有机论”“系统论”相似，都强调对事物的内部组成部分进行解构，重视整体与部分、部分与部分之间的关系。参见［瑞士］皮亚杰：《结构主义》，倪连生等译，商务印书馆 1986 年版，译者前言。

③ 参见武树臣：“让历史预见未来”，载《法学研究》1989 年第 2 期，第 89 页。

④ 按美国人类学家克鲁克洪的文化结构理论，文化分为显型文化和隐型文化两大结构，其中，显型文化可以经人们耳濡目染的证实直接总结出来；隐型文化则是一种源于推断的二级抽象，实质上是该文化作为集体潜意识的价值取向。参见［美］克鲁克洪：《文化与个人》，高佳等译，浙江人民出版社 1987 年版，第 12 页。受此启发，刘作翔教授提出，“如果将制度性文化看作是显型文化，把理念性文化看作是隐型文化，从而可以构造出法律文化的结构模式”，并提出了当代中国法律文化二元结构理论，其中一元是观念性法律文化，包括法律心理、法律观念和法律思想等；另一元是制度性法律文化，包括法律规范、法律制度及法律组织结构和法律设施等。参见刘作翔：《法律文化理论》，商务印书馆 1999 年版，第 118—149 页。

⑤ 孙国华：《法学基础理论》，中国人民大学出版社 1987 年版，第 308 页。

⑥ 张文显：《法哲学范畴研究》，中国政法大学出版社 2001 年版，第 241 页。

么的界定问题。

5. 作为方法论的法律文化学

“法律文化”到底是一类法律研究的对象，还是一种以文化视角解释法律的方法？在学术界，这是一个悬而未决的问题。

在西方，自泰勒1871年首次赋予“文化”科学的意义后，“文化”的概念越来越像一个无所不包的大杂烩。20世纪50年代以后，主张将“文化”的概念缩小到人的主观观念范围的呼声很高。1973年，美国人类学家格尔茨对过往的文化释义进行了批判，认为传统人类学要么把文化实体化为器物、制度等，要么神秘化为人的主观心灵，“人类学内部关于文化的主观性与客观性；心灵主义与行为主义；印象主义与实证主义；唯物主义与唯心主义的人类学内部的争论整个是由误解引起的”。[①] 其实，文化就像是一部行为化的文献，关键是对行为所代表的意义进行阐释。[②] 在此基础上，他提出，“文化概念实际上是一个符号学概念……所谓文化就是这样一些由人自己编制的意义之网，因此，对文化的分析不是一种寻求规律的实验科学，而是一种探求规律的解释科学”。[③] 由此，格尔茨开创了符号解释文学化流派，提出了文化不是一种实体，而是一种研究方法的全新观点。

我国法学界对法律文化的研究，与前述西方人类学界关于文化的研究情形相似。虽然大多数学者注意到了法律文化的方法论意义，但讨论并不深入。[④] 1985年，梁治平在《读书》杂志撰文指出，以往有关法律文化的论说都是从研究对象或范围入手的（如弗里德曼、埃尔曼的定义），虽然可操作性强，却降低了这一概念的建设性意义。他还借用孟德斯鸠的名言“用法律去阐明历史，用历史去阐明法律”，提出了“用

---

① ［美］克利福德·格尔茨：《文化的解释》，韩莉译，译林出版社1999年版，第4—5页。

② 例如人的“挤眼”动作，我们不应该过度关注动作本身，而应该关注“挤眼”所代表的意义，结合具体场景判断它是轻佻、嘲笑、某种暗示，抑或是完全无意义的动作，这才是研究文化的关键所在。

③ ［美］克利福德·格尔茨：《文化的解释》，韩莉译，译林出版社1999年版，第13页。

④ 例如，刘作翔认为，从方法论意义上来理解“法律文化”有一定的道理和重要意义，但不赋予对象化、实体化的内容是不周全的。武树臣认为，法律文化作为一种主观观念形态，是与宏观、综合、系统的研究方法紧密联系的。参见刘作翔：《法律文化理论》，商务印书馆1999年版，第71—72页；武树臣：《中国传统法律文化》，北京大学出版社1994年版，第34页。

法律去阐明文化，用文化去阐明法律”的观点。[①] 1994 年，梁治平在《法律的文化解释》一书中进一步指出，鉴于学者们对方法的关注经常被对对象的思考所取代，他宁愿把“法律文化”首先视为一种立场和方法，“在中国大陆，‘法律文化’的概念只是最近若干年才流行起来，不幸的是，几乎从一开始它就被滥用和庸俗化了。因此，我尽量避免使用这个词”[②]。他所称的“法律的文化解释”，不仅仅是 Interpretation，即阐发行为、事件和制度等的意义，同时也是 Explanation，即用以揭示事物之间的因果联系。他在该书中还倡导，对法律的文化诠释既应超越各种孤立的或机械的法律观，也要反对各种狭隘的种族主义的法律观。

总之，将法律文化看作是一种解释方法，这种观点令人耳目一新，对于暮气沉沉的对象化法律文化理论研究无疑是一剂良药。在这种观点提出之后，研究者在研讨法律文化理论时均无法回避之，文化解释论也因此成为一种重要的学说流派。

（三）我们的法律文化观

究竟什么是法律文化？正如勒内·达维德所说，“在法的问题上并无真理可言”。[③] 前述概念的差异，皆因观察角度和方法的不同所致，正如盲人摸象，每个角度都有其正确性和合理性。为了研究的需要，下面仅就与本书主旨有关的几点来阐述我们的法律文化观。

首先，作为研究对象的“法律文化”，与作为研究方法的“法律的文化解释”，实际上是可以并行不悖的，但最好分开表述，各有所指。对于法律文化也是文化现象的观点，即使梁治平这样的文化方法论学者也不是完全反对的，“法律文化，既是一种现象，又是一门科学，还是一种方法。谈论法律文化，首先是把法律作为一种文化现象来把握”[④]。他后来之所以在《法律的文化解释》一书中强烈地认为，“把应用文化解释方法的法律研究叫作‘法律文化’”，只不过是担心学界过分忽视法

---

① 梁治平：“比较法与比较文化”，载《读书》1985 年第 9 期，第 87 页。

② 梁治平：《法律的文化解释》，三联书店 1994 年版，第 64 页。

③ ［法］勒内·达维德：《当代主要法律体系》，上海译文出版社 1984 年版，第 1 页。

④ 梁治平：“中国法的过去、现在与未来——一个文化的检讨”，载《比较法研究》1987 年第 2 期，第 31 页。

律的文化解释方法而已。[①] 如同"法律经济"与"法律的经济分析"一样，在运用经济分析的方法研究法律问题时，不可能不关注"经济"和"法律"两个领域的现象，不可能不援用经济学上的概念（如成本、效率、边际效应等）；在法律文化领域，同样如此。

其次，作为研究对象的"法律文化"，是某一人类群体共有、共享的法律观念和精神。它具有以下四个特征：(1) 从主体上看，法律文化不是某一个人的，也不是全体人类的，而是某一人类群体（的大多数）所共有、共享的。这里说的"某一人类群体"，可以是某一地域、某一阶层、某一民族、某一宗教信仰等。比如，说美国人"好讼"，不意味着某一个美国人或全体美国人都好讼，而是说大多数美国人喜好争讼。(2) 从形态上看，法律文化是精神的、主观的、无形的人类群体的观念。法律文化外化为人的行为模式、法律设施、法律组织、法律制度、法律规范等，但后者只是前者的外化形式或"载体"。例如，陪审制本身不是文化，陪审制反映的司法民主等法律精神才是文化。(3) 从发展上看，法律文化源于法律传统和现实生活，随时间推进和社会发展而不断变化。"时间"和"变化"促成了法律文化的现代化，"法律文化之间的冲突"是法律文化发展的重要原因和动力。(4) 从认识上看，法律文化是各种法律现象的精神层面，它不会不言自明，它总是需要人们对它进行观察、总结和解释。正因如此，才具有对法律进行文化解释的必要性。

再次，作为研究方法的"法律的文化解释"，是指从法律文化的各种有形的外化形式或"载体"中阐释特定的法律文化是什么、为什么和怎么样。通过法律的文化解释，有助于对以下问题进行深层次解读：一是根据法律文化的外化形式或"载体"，来解释或阐释"法律文化"是什么，有哪些特征、类型或模式；二是综合政治、经济、社会等其他文化要素，来阐释特定的法律制度的形成、发展和消亡的过程或规律；三是通过分析不同的法律文化之间、法律文化与其他文化之间的协同、冲突关系，揭示其在法律制度现代化进程中所发挥的作用。从某种意义上

① 梁治平：《法律的文化解释》，三联书店1994年版，第57页。

说，法律文化冲突理论是法律文化理论的核心，也是运用文化解释方法分析法律问题的核心应用价值之所在。

最后，作为本部分研究的结束语，我们呼吁重视部门法领域的法文化研究。法律文化与各部门法领域的法文化是总分关系，离开部门法文化的支撑，法律文化理论将空洞无物，处于“顶天不接地”的理论悬空状态，于当下的法治建设也无实益。有迹象显示，近年来部门法学者逐渐介入法律文化理论领域，开始形成一些新的学术话语和学术领域，如宪政法律文化、民事法律文化、刑事法律文化、诉讼法律文化、国际法律文化，甚至出现了亚部门法文化的研究，如法官文化、检察官文化、律师文化等。这种趋势，“反映了我国法学学科正在走向与人文学科密切结合的开放性研究，更反映出我国法治建设势必向文化建设层面提升的历史要求”。[①] 但是，部门法文化的研究还处于方兴未艾的阶段，需要大力提倡、鼓励和支持。

三、诉讼文化的基本问题

（一）学术史简析

“诉讼文化”又称“诉讼法律文化”，是“法律文化”的下位概念，属于法律文化的组成部分，也是法律文化中最原始、最重要的组成部分。这在法的历史发展中可窥一斑。在欧美社会，“法”与“诉讼”的概念本来就具有一体性，其表述“法”的几个词如 Rechtsspruch（德语）、Jurisprudence（英语）等，本身就有“通过诉讼而达到的正义的结果”之意。[②] 在古代汉语中，“法”写作“灋”，与传说中的皋陶用神羊（一说獬豸或独角兽）审判的现象（参见本书第三章第一部分）也有直接的关系。

虽然诉讼文化在法律文化演进过程中扮演着重要角色，但在我国诉讼法学界对其研究却起步较晚，直到 20 世纪 90 年代初期才有零星论文

---

① 李德顺：“法治文化论纲”，载《中国政法大学学报》2007 年第 1 期，第 7 页。

② ［日］滋贺秀三：“中国法文化的考察——以诉讼的形态为素材”，载《比较法研究》1988 年第 3 期，第 19—20 页。

发表，至今仍处于不温不火的状态①。从理论渊源看，早期有关诉讼文化的研究深受法理学研究的影响。② 归纳来讲，关于诉讼文化的概念，主要有以下三种代表性的认识。

第一种观点，认为诉讼文化是“与诉讼机制有关的一切文化成果的总和”。1992 年，谢佑平教授发表了《诉讼文化论——兼谈中国诉讼法制的现代化》一文，这也是中国大陆学者最早的一篇以“诉讼文化”为主题的论文。该文主要研讨了三个主题：一是诉讼文化的概念，认为诉讼文化“是指较为普遍地存在于一个民族或国家的、与诉讼机制有关的规范、设施、制度、理论、观念和价值等一切成果的总和”。③ 二是诉讼文化的类型，该文将诉讼文化划分为四对对立的类型，即制度诉讼文化与观念诉讼文化，理想诉讼文化与真实诉讼文化，传统诉讼文化与现代诉讼文化，西方诉讼文化与中国诉讼文化。三是诉讼法制现代化的问题，该文将“诉讼观念”“诉讼价值”“诉讼理论”“诉讼规范”“诉讼制度”和“诉讼设施”作为诉讼文化的基本内涵，这种理解与刘作翔《试论法律文化的结构层次》一文有很大的相似性。后来的学者在给诉讼文化下定义时，都或多或少延续了这种思路。④

第二种观点，认为诉讼文化存在广、狭二义，广义上包括观念性诉讼文化和制度性诉讼文化，狭义上仅指观念性诉讼文化。1999 年，汪建成教授发表了《刑事诉讼文化研讨》一文，这是我国第一篇专题研讨刑事诉讼文化的论文。该文认为，“从广义上看，刑事诉讼文化既包括制

---

① 根据中国知网统计，自 1992 年以来，截至 2017 年 1 月 20 日，“篇名”含“诉讼文化”的论文共 93 篇（年均 3.8 篇），“关键词”含“诉讼文化”的共 229 篇论文（年均 9.5 篇），研究的广度、深度和成果数量都还有所欠缺。

② 特别是，1992 年刘作翔教授的博士论文《法律文化论》出版后，中国大陆地区出现了研究诉讼文化的第一波热潮。刘作翔之前发表的一些论文，如《论法律文化》（载《法学研究》1988 年第 1 期）、《试论法律文化的结构层次》（载《西北政法学院学报》1988 年第 1 期）、《法律文化冲突的原因和形式》（载《西北政法学院学报》1992 年第 4 期）等，所提出的观念性法律文化与制度性法律文化分类、法律文化的结构层次、法律文化的冲突等观点，也对诉讼文化的研究产生了深刻的影响。

③ 谢佑平：“诉讼文化论——兼谈中国诉讼法制的现代化”，载《学习与探索》1992 年第 5 期，第 8 页。

④ 参见焦盛荣：“诉讼文化论”，载《社科纵横》2000 年第 2 期，第 8 页。

度文化，又包括观念文化”①。该文还提出，“由于制度诉讼文化已是众所周知的显性话题，……所以我们在这里将重点放在观念诉讼文化的研究上，即从狭义上考察刑事诉讼文化的隐性现象”②。从注引来看，该文参考了谢佑平的《诉讼文化论》和梁治平的《法辩》等研究成果。后来的不少学者都直接或间接地继承了这种广、狭二义的诉讼文化观。有的学者认为，“诉讼文化，是属于法律文化的范畴。从广义上说，它是诉讼观念（包括诉讼的社会心理、历史习惯、价值观念、思想学说）、诉讼制度（包括诉讼的规范、制度、组织机构、法律设施）的总和”③。有的学者认为，“按照刘作翔对法律文化结构的划分，诉讼文化同样应由深层结构和表层结构构成，即包括诉讼观念文化和诉讼制度文化，……在诉讼文化结构中，诉讼观念居于核心地位，它决定着诉讼文化的发展和整个诉讼机制的构成”④。总体来看，前述观点与克鲁克洪关于“显型法律文化”与“隐型法律文化”的分类学说、刘作翔关于“观念性法律文化”和“制度性法律文化”分类理论有直接的传承关系。

第三种观点，不在诉讼文化概念上纠缠，直接援引法理学者的法律文化概念，然后直接讨论具体问题。在民事诉讼法领域，汤维建教授是较早对诉讼文化进行研究的学者之一，其于2000年发表的《试论美国的民事诉讼法律文化》就采用了这种思路。⑤ 他借用弗里德曼关于法律文化的一个例子进行说明后，就直接对美国的诉讼现象和诉讼文化展开了具体分析。后来不少学者也大抵沿袭了这一做法，要么直接探讨某一民事诉讼制度的观念基础，要么直接对民事诉讼文化的观念层面进行比较评析，而对诉讼文化的含义则采取一种“不争”的态度。有少数学者对诉讼文化的含义进行了分析，如陈懿的硕士论文《民事诉讼文化基础》，但其在引用刘作翔教授关于法律文化深层结构与表层结构的分类后，直接转入了对“诉讼意识”和“诉讼心理”的分析，未对诉讼文化

---

① 汪建成：“刑事诉讼文化研讨”，载《政法论坛》1999年第6期，第57页。

② 同上书，第57页。

③ 张铁红、李慧芬：“试析诉讼文化的冲突与选择”，载《沧桑》2008年第3期，第85页。

④ 吴明童、张有林：“论诉讼文化的地域特殊性”，载《长安大学学报（社会科学版）》2007年第4期，第69页。

⑤ 汤维建：“试论美国的民事诉讼法律文化”，载《法律科学》2000年第3期。

的含义和结构层次再作进一步的解释。[1] 在法史学界，学者们也习惯于以法律文化理论为默认前提，然后直接分析诉讼文化的某一特殊领域或特殊角度。其中，有的学者选择从中国传统诉讼文化的特质的角度展开分析，有的选择了中西诉讼文化比较的角度，有的选择了法官、律师等某一群体为研究对象，有的选择了某一历史时期的诉讼文化为分析对象。甚至在一些研究诉讼文化的专著中，也不对诉讼文化为何物进行考辨。[2]

科学界定概念需要正本清源，结合前文对“文化”“法律文化”的梳理和评析，我们认为，文化归根结底是一种观念形态。所谓诉讼文化，是指人们对于各种诉讼现象（诉讼制度、诉讼组织、诉讼设施、诉讼活动等）集体所持的心理、意识和思想体系等观念形态。需特别澄清一点，即不能将诉讼文化的“本体”混同于其“载体”。诉讼法律文化作为在一定历史条件和社会现实条件之下产生的观念形态，其本身是无形的；不过，这种观念形态可以借助于一定的“载体”外在地显示出来，比如通过诉讼法律制度、法院组织、法庭设施、诉讼行为方式等，这些载体也就相应地成了有形的“法律现象”。但是，我们不能因此就说，这些“载体”本身就是诉讼文化。在诉讼法学上，我们不应仅关注静态的诉讼制度，也不应仅关注组织、设施和行为方式这类动态的现象，应当深入剖析制度和现象背后的诉讼观念形态的冲突与变迁，以此破译民事诉讼制度变革背后的文化奥秘。

（二）诉讼文化的内在结构

法律文化作为一种观念形态，亦称“法律意识”（Legal Awareness）。对于法律意识的构成，法理学界多采用二分法，即法律心理和法律思想。如孙国华教授认为，“法律意识是社会意识的一个特殊形式，

---

① 参见陈懿：《民事诉讼文化基础》，苏州大学2007年硕士论文，第5—17页。

② 例如，在张晋藩所著的《中国民事诉讼制度史》（巴蜀书社1999年版）一书中，通篇是各朝代司法组织、刑民事诉讼制度的介绍。在胡旭晟主编的《狱与讼：中国传统诉讼文化研究》（中国人民大学出版社2012年版）一书中，并没有专门的章节研讨诉讼文化的基本理论问题，甚至全书未见一个明确的诉讼文化的概念，从其篇目来看，有关诉讼价值、诉讼原则、诉讼制度等内容都被当然地视为诉讼文化的内容。

是人们关于法律现象的思想、观点和心理的总和，是法律现实的特殊组成部分”①。谭桂生先生认为，“它是在一定社会条件下，人们对以现行法为主体的法律现象的认识、评价和情感体验，进而调节自己行为的各种意识现象的总称”，在此基础上，他提出，法律意识由法律心理和法律思想体系构成。② 这种理解长期以来是学术界的通说，但又略显粗糙，不足以反映人的法律意识的全部层次结构。

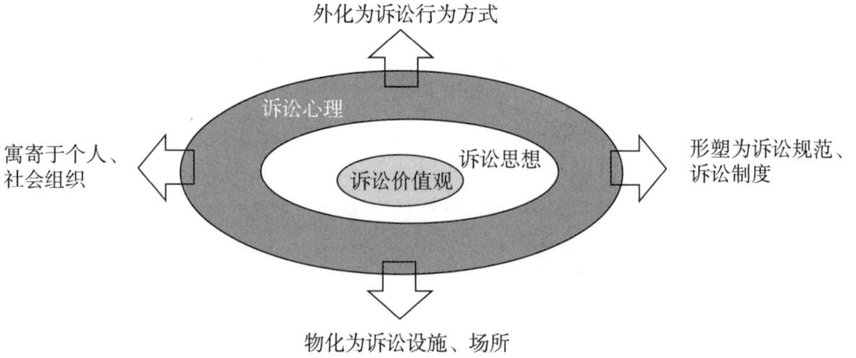

图 1—2　诉讼文化的层次结构图

我们认为，法律文化应该由法律心理、法律思想和法律价值观三个部分组成，相应地，诉讼文化也由诉讼心理、诉讼思想和诉讼价值观三部分构成。诉讼文化的三层结构犹如三个同心圆（参见图 1—2），位于最外层的是诉讼心理，它属于诉讼文化的感性层次，每个人、每个群体都有自己的诉讼心理；位于中间的是诉讼思想，或称诉讼知识或诉讼理论，它属于诉讼文化的理性层次，主要由法学家、法律思想家、法律工作者所创造或整理，但能够被一般社会成员所习得；位于最里层的是诉讼价值观，它隐藏于诉讼心理和诉讼思想的背后，属于诉讼文化中最核心、最隐秘的部分，每个人、每个群体都有自己的诉讼价值观。诉讼文化作为一种文化观念，寓寄于社会主体的主观思维之中，并外化为社会主体的诉讼行为方式，形塑为国家的诉讼规范和诉讼制度，物化为诉讼

① 孙国华：《法学基础理论》，中国人民大学出版社 1987 年版，第 294 页。

② 谭桂生：“关于法律意识几个问题的探讨”，转引自刘作翔：《法律文化理论》，商务印书馆 1999 年版，第 127 页。

设施和诉讼场所。对于诉讼文化的研究，既可以从诉讼理论层面直接感知，也可以借助于其外化的行为方式、形塑的规范和制度，以及物化的设施和场所等外在载体进行反向的推测、解读与诠释。

1. 诉讼心理

所谓诉讼心理（Litigation Psychology），是指人们在日常生活中对于各种诉讼现象（诉讼制度、诉讼组织、诉讼设施、诉讼活动等）的感性认知和情绪，是法律意识的初级形态。人们的诉讼心理具有以下四个特质。

第一，感性。诉讼心理可能是潜意识的，也可能是有意识的，但共性是对诉讼现象的直观的、感性的认知和情绪。例如，中国人打官司会觉得“撕破脸”，败诉时会觉得“没面子”，诉讼中会不自觉地夸大“利己的事实陈述”等。之所以说其感性，是因为多数人处于特定情势时都会不自觉地产生这种认知和情绪，并在这种认知和情绪支配下行事；但如果超脱于特定情势，经过理性思考，其有可能会选择不同的行为方式。

第二，多样性。社会个体的多样性决定了诉讼心理的多样性。每个人由于年龄、职业、身份、民族、成长环境、所受教育等的不同，所在的社会阶层和利益集团不同，在看待和处理相似的诉讼问题时所持有的诉讼心理就会有所不同。例如，青年人与老年人，农村人与城市人，公务员与工人，学生与社会人士，他们看待同一或相似诉讼问题的心理会有明显差异。这一点，在本书第四章的调查报告中有充分的体现。

第三，群体共享性。作为文化意义上的诉讼心理，是在一定群体、一定区域、一定时期内具有共享性的诉讼心理（即具有广泛的代表性意义，并对社会产生一定的影响）。虽然共享性的诉讼心理本质上是由许多个体的诉讼心理累积而成，但如果一个特定个体在特定情势下的诉讼心理不具有共享的特性，它就不是诉讼文化意义上的诉讼心理。正如说“中国人是黄皮肤的种族”，这并不排除某个个体由于基因变异等原因而天生是“白皮肤”“黑皮肤”，这个个体不具有代表性，其本身也不反映一种文化。在共享性诉讼心理的背后，往往隐藏着某个群体相同或相似的历史记忆或者诉讼价值观，因而具有稳定的、普遍的代表性。

第四，历史承继性。在法律文化研究中，经常出现“法律传统”一词，用来描述某一民族或地域文化中长期积聚的风俗、习惯、心理等历史积淀。某种文化因素一旦形成“传统”，便具有群体共享的特性，它可以在现实生活中通过多种方式表征出来，但更为主要的方式还是转化和渗透于人们的心理之中。“我们无法把法律传统与法律心理划等号，但从法律传统所具有的某些特性来分析，它与法律心理有着某种内在的、天然的联系。”① 董必武说，千百年来，国家都是压迫人民和掠夺人民的机器，人民群众对一切国家事务和法制的仇恨心理，“不也是千百年来国家给我们留下的遗产吗?”② 同样，我国民事诉讼中法官职权主义和群众“为我做主”的心声，也是千百年来官员“为民做主”的“父母官”文化留下的遗产。传统一旦形成，便成了稳定的心理，代代相传，潜移默化。

2. 诉讼思想

所谓诉讼思想（Litigation Ideology），又称诉讼思想体系或者诉讼意识形态，是指法律职业群体对各种诉讼现象（诉讼制度、诉讼组织、诉讼设施、诉讼活动等）的理性化、理论化、体系化的认知和知识，是法律意识的高级形态。诉讼思想是法律思想的一部分，一般以诉讼理论、学说等形式表现出来；在其形成过程中，法学家、法律思想家、法律工作者发挥了重要的作用，他们不仅是法律思想的总结者、创造者，还是法律思想的主要传播者。

诉讼思想与诉讼心理既有相似性和密切联系，也有显著的差异性。其联系性在于，诉讼心理往往是诉讼思想形成的素材和基础，诉讼思想往往是在总结一定时期、一定群体的诉讼心理的基础上形成的；但诉讼思想并不总是迎合诉讼心理，它有可能提出一种新的理论学说试图刺激和改变某种现存的（尤其是被认为落后的）诉讼心理。其相似性在于，诉讼思想与诉讼心理都是主观观念形态，都具有多样性（认识的多样化）、群体共享性（获得一定范围的认同）、价值导向性（每一种文化思

① 刘作翔：《法律文化理论》，商务印书馆 1999 年版，第 125 页。

② 董必武：《论社会主义民主和法制》，人民出版社 1979 年版，第 134 页。

想和心理都有潜在的价值观）和历史承继性（理论学说与历史传统的连续性）等特性。

诉讼思想与诉讼心理的区别，有多个方面的表现。第一，从主体上看，诉讼心理是社会公众对诉讼现象的认知和情绪，诉讼思想是法学家、法律思想家、法律工作者等职业群体的认知和知识体系。第二，从在诉讼意识中所处的阶段看，诉讼心理是法律意识的初级阶段，具有感性化、片段性、零散性等特点；诉讼思想是法律意识的高级阶段，具有理性化、整体化、理论化、系统化等特点。第三，从革新的态势和规律看，诉讼心理受历史传统影响更大，在社会发展进程中呈现一种自发的、随机的发展态势；诉讼思想更易于受外部异种诉讼文化的影响，在社会发展进程中往往处于自觉的、有明确方向目标的发展态度。第四，从外化为诉讼现象的角度看，诉讼心理大多外化为诉讼活动；而诉讼思想既可以外化为诉讼活动的方式，也可以对诉讼制度、诉讼组织和诉讼设施发挥决定性的塑造作用，正如弗里德曼所言，“法典背后总有强大的思想运动”。①

需补充说明的是，关于“思想”存在多种理解，且存在显著差异。“思想”（Ideology），又译为“思想体系”或者“意识形态”，对此存在三种典型的理解。其一，作为该词汇的创始人，法国学者特拉西（1754—1836）认为，“意识形态”是对理念形成过程的研究，也可以称之为“理念的科学”，对社会或政治进行改良是“理念的科学”的主要目标。在这里，“意识形态”完全是个中性的、科学的概念。其二，马克思和恩格斯在《德意志意识形态》一书中反驳了特拉西的观点，认为意识形态不是什么“理念的科学”，意识形态中的概念全是主观的，都是用来为社会中的统治阶级的利益服务和辩护的。经过马克思、恩格斯的改造，“意识形态”开始具有浓郁的政治意味和阶级斗争的色彩。其三，德国学者曼海姆（1893—1974）赞同马克思的观点，但其特别重视从传统与现实关系的视角研究意识形态。他从历史主义的视角进一步提出，必须弄清历史上的意识形态对当前意识形态的影响，否则就无法真正理解

① ［美］弗里德曼：《法律制度》，李琼英等译，中国政法大学出版社1994年版，第241页。

意识形态。在社会主义国家，马克思、恩格斯的观点向来居于支配地位，因此，我们既要重视“法律思想”和“诉讼思想”中性的一面，也要重视政治意味浓厚的“意识形态”在法律实践中所发挥的积极和消极的影响。①

3. 诉讼价值观

所谓诉讼价值观（Litigation Value），是指社会个体、群体、政党等组织对各种诉讼现象（诉讼制度、诉讼组织、诉讼设施、诉讼活动等）和自己的诉讼行为结果的意义、作用、效果和重要性的总体评价。简言之，是关于“什么是善”“什么是应该”的总体看法。诉讼价值观是社会主体的法律价值观和社会价值观的一部分，它往往是推动并指引一个人采取决定和行动的原则、标准，是个性心理结构的核心因素之一。

价值观受制于人生观和世界观。一个人的价值观是从其出生开始，在家庭氛围和社会环境的影响下逐渐形成的。历史唯物主义认为，一个人价值观的形成受其所处的社会生产方式及经济地位的影响是决定性的，当然，个人的身心条件、年龄阅历、文化程度、家庭氛围、兴趣爱好等也会对其产生一定的影响。

作为诉讼文化组成部分的诉讼价值观，强调的是一个社会群体（如民族、特定地域的人群、职业群体等），或社会组织（如政党、企业行业组织）内部共享的、相对稳定的价值观念。诉讼价值观是人的内心尺度，它蕴含于人性当中，支配着个体的行为、态度、观察、信念、理解等，支配着人认识世界、明白事物对自己的意义和自我了解、自我定向、自我设计等；也为个体自认为正当的行为，提供充足的理由。② 例如，民事纠纷发生后，是否可以通过诉讼的方式解决？如何看待法官、检察官、律师？如何看待陪审、调解等诉讼制度？什么样的司法是公正的、合理的？如何看待程序公正与实体公正，公正与效率、秩序等价值目标之间的关系？司法机关能够做出公正的裁决吗？司法机关值得信赖吗？对于这些

① ［美］利昂·P. 马拉达特：《意识形态起源和影响（第10版）》，张慧芝、张露璐译，世界图书出版公司2010年版，第2—3页。

② 参见360百科词条“职业价值”，网址：http：//baike. so. com/doc/988369－1044812. html，2017年1月20日访问。

问题的回答，就个体来说会直接体现为其诉讼心理，对法学家、法律职业群体等会促使其深入思考并形成一定深度和体系化的诉讼思想。

（三）诉讼文化的类型分析

在法学研究中，概念越抽象内容就会越空洞，“当抽象——一般概念及其逻辑体系不足以掌握生活现象或意义脉络的多样表现形态时，大家首先会想到的补助思考形式是‘类型’”。[①] 类型化分析（也称典型化分析）有时会抹杀事物的非典型性特征，但是，为了更好地运用抽象概念对鲜活的生活事实展开分析和比较，类型化分析又是必不可少的。

法理学者认为，按照不同的标准，可从十余种视角对法律文化进行类型化分析。[②] 这些分类，对于诉讼文化的类型化分析也是适用的。例如，按照历史分期分类，诉讼文化可以分为传统诉讼文化与现代诉讼文化；按照地域标准分类，可以分为东方诉讼文化、西方诉讼文化；或者按照洲别，可以分为欧洲诉讼文化、亚洲诉讼文化、非洲诉讼文化、美洲诉讼文化等；或者按照更具体的民族或国度标准，可分为中国诉讼文化、美国诉讼文化、英国诉讼文化、法国诉讼文化、德国诉讼文化等；按照法系标准，可将诉法文化划分为大陆法系诉讼文化、英美法系诉讼文化、社会主义法系诉讼文化等；按照诉讼法的性质分类，可以分为民事诉讼文化、刑事诉讼文化和行政诉讼文化。这些分类方法，对于我们从不同角度认识诉讼文化的特质，都有一定的帮助作用。鉴于法律文化的分类与诉讼文化的分类具有同质化特点，此处不再展开。

有一些分类方法要么容易被人们忽视，要么存在认识误区，下面就其中的两种分类方法进行重点辨析。

1. 关于“观念性法律文化”与“制度性法律文化”的划分

在学术界，有不少学者使用“观念性诉讼文化”与“制度性诉讼文化”的划分。[③] 这种划分方法，与美国文化人类学家克鲁克洪提出的

---

① ［德］卡尔·拉仑茨：《法学方法论》，陈爱娥译，商务印书馆 2003 年版，第 337 页。

② 参见刘作翔：《法律文化理论》，商务印书馆 1999 年版，第 175—177 页。

③ 参见谢佑平：“诉讼文化论——兼谈中国诉讼法制的现代化”，载《学习与探索》1992 年第 5 期；张铁红、李慧芬：“诉讼文化的冲突与选择”，载《沧桑》2008 年第 3 期；梁欣：《刑事诉讼文化论》，北京大学出版社 2011 年版，第 37 页。

“隐型法律文化”与“显型法律文化”的分类，以及我国学者惯常使用的“观念性法律文化”与“制度性法律文化”，或者“法律文化的深层结构”与“法律文化的表层结构”等分类方法，具有雷同之处。但是无论从诉讼文化分类理论上，还是法律文化层次结构理论上，我们都不赞同前述认识。因为，它混淆了法律文化的“本体”与“载体”之间的关系，从而将“本体”与“载体”都视为法律文化。

我们认为，将二者之间的关系描述为“诉讼文化”与“诉讼现象”的关系更为恰当。这里的“诉讼现象”，大致包括“诉讼制度”“诉讼组织”“诉讼设施”和“诉讼活动”等表现形式。关于二者的关系，从静态看，二者是“本体”与“载体”“本质”与“现象”“事物”与“影像”之间的关系。从动态的辩证唯物史观来看，一方面，“诉讼文化”不是凭空而生的，而是在一定社会历史条件下的法律实践及其经验教训基础上形成的；另一方面，“诉讼文化”作为一种观念形态会反作用于社会，并外化为“诉讼制度”“诉讼组织”“诉讼设施”和“诉讼活动”等表现形式。为进一步阐明和验证我们的观点，特举以下两例。

例 1：关于“法院”。我国现有的各级人民法院，都是根据《中华人民共和国人民法院组织法》（以下简称《人民法院组织法》）组成的。现行《人民法院组织法》虽几经修订，但其初始版本实乃于 1979 年 7 月 1 日由第五届全国人民代表大会第二次会议通过的，当时的全国人民代表大会为什么要制定这样一部法呢？不能不说，这与“文革”期间砸烂公检法的法律虚无主义思想泛滥给社会带来的惨痛教训有关，人们（尤其是领导层）认识到了恢复法制建设的重要意义。正如 1980 年 8 月，邓小平在题为“党和国家领导制度的改革”的讲话中指出的那样，“我们过去发生的各种错误，固然与某些领导人的思想、作风有关，但是组织制度、工作制度方面的问题更重要。这些方面的制度好可以使坏人无法任意横行，制度不好可以使好人无法充分做好事，甚至会走向反面”[①]。而加强法制建设的第一步，就是要恢复司法组织系统，根据法律规则解决社会问题。在这里，“完善法制、恢复司法系统”的观念

① 《邓小平文选》第 2 卷，人民出版社 1994 年版，第 146 页。

源于先前的司法实践，这种观念反过来创制了“法律制度”（《人民法院组织法》），进而外化为“法律组织”（各级人民法院）。在这一过程中，真正的诉讼文化是“一种观念”，作为规范的《人民法院组织法》和作为组织的“各级人民法院”本身并非文化，而只是文化的“载体”。

例2：关于“法官袍”。我国法官在审判活动中统一着制式服装始于1984年，最初以“肩章”和“大檐帽”等军事色彩较浓的装饰为特点。2000年我国对法官制服进行了重大改革，新式法官制服统称“2000式审判服”,分“法官袍”和“西服式制服”佩戴胸徽两种款式。如果将“法官袍”视为物质形态的“法律设施”之一，那么这种服饰改革是如何实现的呢？一方面，这与官方关于法院职能认知的转变有关。在新中国成立后相当长一段时间内，法院和军队一样，被视为“无产阶级专政的工具”，法官穿军式服饰理所当然。但是，在20世纪90年代以来，随着市场经济的发展和国际交往的频繁，传统的“阶级专政理论”已经不适应社会发展需要了，法院不是专政的工具，而应当是依法公正审判的主体，服饰变革也就是大势所趋；另一方面，这与法律学者的研究和呼吁有一定关系。有人说，贺卫方是中国第一个倡导换法官服的人，他在法官换装前后的讲座和文章在社会上引起了强烈地反响和认同。① 在法官换装这一法治事件中，“法官袍”和“法官换装活动”都不是诉讼文化本身，而是文化的“载体”。诉讼文化的本体是“关于法院和法官的角色和功能的认知”这种观念，其革新动力来源于我国社会发展的需要和西方法文化的影响，其作用于社会的形式才是“法官袍”和“法官换装活动”。

2. 关于内在诉讼文化与外在诉讼文化的划分

美国学者弗里德曼认为，法律文化可分为“外在法律文化”（External Legal Culture）与“内在法律文化”（Internal Legal Culture）两种，前者是公众对法律和法律制度的了解、态度和行为模式，后者是法律专

① 参见贺卫方：“正义的行头——从法官换袍谈司法理念”，载雷欣主编：《北大演讲百年精华》，中国档案出版社2002年版，第393页。

业群体对待法律和法律制度的价值观念和心理态度；前者对法律制度的建设仅起到一定程度的影响，后者则在法律制度的形成和重塑过程中发挥着决定性的作用。[①] 我们认为，这是一种很有现实意义的理论划分，应当引入到诉讼文化的理论研究中，并初步作如下阐释。

所谓内在诉讼文化，是指法律职业群体对各种诉讼现象（诉讼制度、诉讼组织、诉讼设施、诉讼活动等）所持的心理和思想。在西方国家，法律职业群体职业化程度较高，法律职业共同体精神高度一致，因此他们整体上对法律制度建设发挥着决定性作用。与此形成鲜明对照的是，我国的官方法律职业群体与民间法律职业群体分化较为明显，所发挥的作用也有明显的不同。(1) 官方法律职业群体，从狭义上讲是指法官、检察官、立法者，从广义上讲在我国还包括党政领导、政法委、与官方有隶属关系的法律智囊等，后者对我国诉讼制度的设计发挥的影响甚至更大，尤其在涉及政治意识形态的领域。在实践中，各级党政机关，特别是中共中央政法委和地方政法委以文件批示等形式制定重大司法政策，以此指导司法实践，甚至修改立法的做法并不鲜见；[②] 其在司法实践中的效力，甚至比司法解释还要高，还要“管用”。(2) 民间法律职业群体，既包括从事法律实务工作的律师、其他法律工作者，也包括从事法学教学和研究工作的群体。在涉及政治意识形态和执政党的重大方针政策领域，民间学术团体的作用有限；但在无涉政治意识形态和执政党的重大方针政策领域，民间法律职业群体对法律制度的形成、修改和废止也能发挥重大影响，有时甚至是决定性的作用。例如，关于法院调解制度，20 世纪自 90 年代以来学术界结合市场经济的特点对法院调解制度提出了诸多批评，法院系统在 2000 年前后确实一度降低了调解结案率，但在 2004 年以后随着“建设和谐社会”政治目标的提出，中央政法委和最高人民法院等部门转而出台了一系列强化调解的举措，

① ［美］弗里德曼：《法律制度》，李琼英等译，中国政法大学出版社 1994 年版，第 228 页。

② 例如，《中共合肥市委办公厅、合肥市人民政府办公厅关于建立健全社会矛盾纠纷排查调处工作长效机制的意见》（合办［2007］15 号）；《中共中央政法委〈涉法涉诉信访案件终结办法〉》（政法［2005］9 号）；《中共中央政法委涉法涉诉信访责任追究规定》（政法［2006］10 号）等。

调解结案率又迅速回升。这表明，在官方的政治抉择与民间的学术批评之间，前者对民事诉讼制度的影响明显占据优势。又如，在无关政治意识形态领域，如诚实信用原则、小额诉讼、公益诉讼等领域，随着近年来民间学术研究的不断深化，最终促成了2012年《民事诉讼法》作出了某些修改，显示了民间学术力量对民事诉讼制度的影响力。

所谓外在诉讼文化，是指社会大众对各种诉讼现象（诉讼制度、诉讼组织、诉讼设施、诉讼活动等）所持的心理。外在诉讼文化内存于每个人的观念之中，必要时显露于外（尤其是诉讼活动），具有感性化、自发化、历史承继性、被动适应性等特性，对诉讼制度的立改废一般不会产生直接的影响。其产生影响的方法，主要是借助于诉讼个体对诉讼制度的不满或者反抗，当这种不满或反抗不断积聚，引起官方或者学术界关注或呼吁之时，它才间接地对诉讼制度的立改废发挥一些作用。但所有的诉讼制度都是为了应用，在司法实践中，显然不能忽视外在诉讼文化对诉讼制度的影响，虽然其影响要来得间接、滞后一些。有时，当社会不认同某种诉讼制度时，会导致该制度的虚化或名存实亡（如2002年最高人民法院司法解释中确认的“民事举证时限制度”）①；若强行实施这类制度，甚至可能会激化矛盾、降低司法公信力②。

综上所述，本章对“文化”“法律文化”和“诉讼文化”进行了学术梳理，最后落脚于诉讼文化基础问题的厘定上，重点解决了三个问题：一是坚持文化是一种主观观念的立场，以此重新界定了诉讼文化的内涵，认为诉讼文化是人们对于各种诉讼现象（诉讼制度、诉讼组织、诉讼设施、诉讼活动等）集体所持的心理、意识和思想体系等观念形态；二是提出了诉讼文化三层结构理论，认为诉讼心理、诉讼思想和诉讼价值观呈现“同心圆”状态，共同构成了诉讼文化的“本体”，与诉

---

① 参见李浩：“举证时限制度的困境与出路——追问证据失权的正义性”，载《中国法学》2005年第3期；安徽省高级人民法院民一庭：“《关于民事诉讼证据的若干规定》施行情况的调研报告”，载《人民司法》2007年第15期；江苏省高级人民法院民一庭：“关于证据规则在传统民事案件中适用情况的调研报告”，载《审判研究》2010年第3期。

② 沈明磊、朱千里：“司法国情的考量与司法公信力的生成——以民事诉讼举证时限制度的变迁为视角”，载《学习与探索》2013年第4期，第77页。

讼行为方式、诉讼法律规范和制度、诉讼设施和场所等“载体”相对应存在，它们彼此映现，相互解释；三是在诉讼文化的类型方面，对主流的“观念性诉讼文化”与“制度性诉讼文化”的分类进行了批判，同时倡导“内在诉讼文化”与“外在诉讼文化”的分类方法，认为其在运用诉讼文化冲突理论分析中国场景下的诉讼制度变革方面具有重要意义。

第二章　诉讼文化冲突的原理

对诉讼文化冲突的研究可分为两个层面：一是对基本原理的探究，包括诉讼文化冲突的表现形式、诉讼文化冲突的原因、诉讼文化冲突的功能，以及诉讼文化冲突与诉讼法制发展的关系等；二是应用性研究，即运用基本原理对特定社会场景下的诉讼文化冲突现象进行具体分析。本章主要侧重于前者，应用性研究将在后续章节中依次展开。对诉讼文化冲突基本原理的探究，对于超越传统的规范法学研究方法，透析诉讼制度立改废背后的深层次原因，有着重要的意义。

一、冲突的意蕴

哲学上的“冲突”有广、狭二义，狭义上仅指社会暴力、武力冲突，广义上是指事物之间的不协调、相互抵触、相反作用。[①] 广义上的冲突在世界上无时不在、无处不有，不仅存在于社会领域，也存在于自然界，如性格冲突、利益冲突、文化冲突、法律条文冲突、新旧社会体制的冲突、力的作用与反作用等。围绕冲突的含义、形式、类型和作用等话题的讨论，构成哲学上有关冲突问题的基本原理。

在社会科学领域，对冲突的认识存在多样性。美国社会学家科塞在《社会冲突的功能》一书中认为，社会冲突是“有关价值、对稀有地位的要求、权力和资源的斗争，在这种斗争中，对立双方的目的是要破坏以至伤害对方”。[②] 这是基于斗争哲学，而在社会资源分配领域提出的冲

---

① 周伟忠：《冲突论》，学林出版社 2002 年版，第 3—18 页。

② ［美］科塞：《社会冲突的功能》，孙立平等译，华夏出版社 1989 年版，第 4 页。

突理论。美国地缘政治学教授亨廷顿提出了一种“文明冲突论”，他认为，在世界范围内宗教将逐渐填补政治意识形态弱化之后的权力空白，现今能够影响世界格局的有八大文明，“伊斯兰和中华文明将出现联盟和合作，反对共同的敌人——西方”，其中，“美国和中国的冲突可能导致不同文明的核心国家之间的战争”。[①] 这是基于斗争哲学，对世界秩序未来发展态势所提出的政治冲突理论。除以上列举外，还有其他众多学者，从不同角度对文化冲突问题纷纷进行了一些多样化的论述。[②]

诉讼文化冲突是法律文化冲突之一，也是文化冲突和社会冲突的一种外在表现形式。法理学者刘作翔教授认为，法律文化冲突“是指某一具体的法律文化在其发展变迁过程中，由于其内在的矛盾性，使其已不适应不断发展变化的社会生活，加之各类不同法律文化之间存在的差异性等因素，所产生的一种社会文化冲突方式”。[③] 这是一种基于马克思主义的历史唯物主义哲学观的法律冲突观，其在我国法学界产生了广泛的影响。在诉讼文化领域，有关冲突的形式、原因和作用的认识，构成了诉讼文化冲突的基本原理的框架。对于文化冲突的成因和形式，以及文化冲突和法律文化冲突含义理解上的差异，主要是不同学者对于（法律）文化的概念、类型以及冲突的原因的认识不同所致。本文遵循文化冲突和法律文化冲突的一般原理，着重探讨诉讼文化领域冲突的特殊性。

二、诉讼文化冲突的形式

在诉讼文化领域，冲突主要有哪些表现形式？通常认为包括，制度性文化与观念性文化之间的冲突，理想（规范性）诉讼文化与真实诉讼

---

① ［美］亨廷顿：《文明的冲突与世界秩序的重建》，周琪等译，新华出版社 1998 年版，第 39 页。

② 参见贺龄慧、周晓阳：“论现代西方的文化冲突理论”，载《南华大学学报（社会科学版）》2009 年第 2 期；黄昕、周晓阳：“论马克思主义文化冲突理论及其现代价值”，载《湖南商学院学报》2010 年第 2 期；王立志：“塞林文化冲突理论的分析与适用”，载《法学论坛》2009 年第 2 期；葛吉霞：“中国传统文化的出路：传承与创新”，载《前言》2011 年第 21 期；郝耀武：“法律文化的冲突与消解——以法律全球化为视角”，载《行政与法》2011 年第 1 期；李庆霞：“社会转型中的文化冲突”，黑龙江大学 2004 年博士学位论文等。

③ 刘作翔：“法律文化冲突的原因和形式”，载《法律科学》1992 年第 4 期，第 9 页。

文化之间的冲突，不同的制度诉讼文化之间的冲突；不同的观念诉讼文化之间的冲突；不同的诉讼价值观之间的冲突；传统与现代诉讼文化之间的冲突等。[①] 本书采狭义的诉讼文化观（参见第一章导论），认为所有的诉讼文化冲突都是观念性诉讼文化之间的冲突，而不一味地遵循前述通常的分类方法。在诉讼文化冲突领域，以下四种形式的冲突对诉讼法制建设发挥着重要的影响作用。

（一）传统诉讼文化与现代诉讼文化之间的冲突

传统诉讼文化与现代诉讼文化之间的冲突，是诉讼文化冲突最为重要的表现形式之一。历史主义的文化冲突理论认为：文化是一种历史现象，即便在同一民族或国家，在不同的历史条件下其文化形态也是不同的；在人类社会发展进程中，人类文化依次经历了渔猎文化、农业文化、工业文化、信息文化四大历史形态，不同的文化形态有质的差别，在历史发展进程中就会发生冲突。正如历史学家斯宾格勒在《西方的没落》一书中所言，任何文化形态都存在一个发生、发展和衰亡的过程；在社会转型期，文化冲突会表现得特别突出。[②]

人们关于“传统”和“现代”的解读还存在一定的分歧，[③] 但这并不影响这种诉讼文化冲突的客观存在。结合中国国情，兹举几例。(1) 中国古代诉讼文化的特质之一，就是家族本位，伦理法色彩浓郁，以“亲亲”“尊尊”为基本原则，以维护宗法伦理秩序为己任；而现代法治社会环境下的诉讼文化，则强调国家法的观念，排斥家族法、习惯

---

① 参见刘作翔：《法律文化理论》，商务印书馆 1999 年版，第 232 页；谢佑平：“诉讼文化论——兼谈中国诉讼法制的现代化”，载《学习与探索》1993 年第 1 期；张铁红、李慧芬：“试析诉讼文化的冲突与选择”，载《沧桑》2008 年第 3 期等。

② 参见贺龄慧、周晓阳：“论现代西方的文化冲突理论”，载《南华大学学报（社会科学版）》2009 年第 2 期，第 18 页。

③ 关于何为传统、何为现代，人们认识不一。谢佑平教授认为，所谓传统诉讼文化，是指一个民族或国家自进入文明时代起在自己的经济土壤、政治氛围、法律传统等作用下孕育和生成的诉讼制度以及与其相适应的诉讼观念。所谓现代诉讼文化，是适应现代工业社会的经济、政治和法制要求的先进的诉讼文化。参见谢佑平：“诉讼文化论——兼谈中国诉讼法制的现代化”，载《学习与探索》1993 年第 1 期。这种将工业社会定义为现代社会的观点，显然失之于僵化、滞后。实际上，“传统”与“现代”只是一个相对的划分，传统诉讼文化尚可从古代社会寻求界定，而现代诉讼文化本身就是一个内涵相对模糊、正在生成和不断发展中的文化形态。

法，与伦理道德划清界限，以维护法治秩序和个人权利为己任。在社会转型期，这两种诉讼文化形态的冲突会非常激烈，甚至达到你存我亡的程度。比如，在清末修律过程中，以大学堂总监督刘廷深等为代表的“礼教派”激烈地反对对清律的现代化改造，他们认为，“礼教可废则新律可行，礼教不可废则新律必不可行……严饬该馆，凡新律草案中，此等条文概行删除净尽，不准稍有存留，悉本中国礼教”。[①]（2）中国古代诉讼文化的特质之二，就是崇尚权力，不管是宣扬以“权”“术”治国的法家的君主专制和集权思想，还是强调以“仁”“孝”治国的儒家的德治和礼治思想，只要有助于维护皇权为中心的国家政权，就会受到统治者的青睐；而现代司法理念追求的是法律面前人人平等，尊重人的权利、自由和个性。欧洲思想家在分析中国现代化的进程时，对中国历史上一度何等辉煌却最终悲壮落伍的问题，不约而同地认为是中国古代文化缺乏个性自由才导致了这个伟大民族的衰败。[②] 这种说法虽然有以偏概全之嫌，但却揭示了崇尚权力还是保障权利，这两种思想斗争的真实一面，即使在当今社会这种斗争仍然存在。比如，有些地方法院出于“大局”的考虑，对某些公民正当的起诉不予受理；某些政府机构恃强凌弱，以行政权力藐视司法，也藐视公民的合法权利等。[③]（3）中国传统的司法文化是一种工具主义文化，法律只是帝王驾驭臣民的工具；而现代法治的核心理念之一就是，法治是约束政府权力、保障人民权利的，正好与传统形成对照。有学者指出，“现代司法活动与历史上的司法活动相比，其重要意义不在于其纯法律功能的变化——实际上诸如解释法律和惩罚犯罪方面的基本功能可以说是亘古未变的，而在于司法与

① 刘廷深：“大学堂总监督刘廷深奏新刑律不合理教条文请严饬删尽折”，载故宫博物院明清档案部编：《清末筹备立宪档案史料》（下册），中华书局1979年版，第887—889页。

② 参见刘钝、王扬宗编：《中国科学与科学革命——李约瑟难题及其相关问题研究论著选》，辽宁教育出版社2002年版，第162—186页。

③ 例如，有的法院规定“某些群体性、敏感性、社会关注度高的案件，暂不受理”，参见广西壮族自治区高级人民法院《关于当前暂不受理几类案件的通知》（桂高法［2003］180号）；吕博雄：“黑龙江省高院一份内部文件成基层法院不立案依据”，载《中国青年报》2011年8月15日第3版；有的政府机关以会影响社会稳定为由，公然否定法院生效判决的效力，参见申欣旺：“还原陕西‘行政抗法’事件”，载《中国新闻周刊》2010年8月30日，第28—31页。

政治的关系发生了实质性的嬗变”。[①] 法律工具主义，甚至法律虚无主义，即使在新中国成立后也一度盛行，酿成了“文革”期间砸烂公检法的悲剧，于是才有了1978年的“拨乱反正”，传统法文化的影响及其与现代法文化的冲突，由此可窥一斑。（4）中国古代社会是以血缘为纽带形成的社会形态，传统的司法观念往往是先天理、人情，然后才是国法。在这种文化氛围下，“只会简单地按法办事的法官都被视为‘俗吏’，真正的士大夫为官处事，应该能够站在法律之上，瞻前顾后，以天理、人情协调法律，这才是理想的法官”。[②] 但是，现代法治和司法理念认为，审判活动应当独立，法官办案应当信奉法律至上原则，徇情枉法、枉法裁判应当追究法律责任。对于法官除了依法办案外，还要不要以及在多大程度上兼顾办案的社会效果，即使在当今司法界，也还存在认识上的分歧。

研究传统诉讼文化与现代诉讼文化之间的冲突，有助于我们以科学的态度对待传统诉讼文化，对传统诉讼文化的糟粕在当代社会的各种“变种”和“衍生品”保持警惕，不是简单地尚古、复古，甚至泥古；同时，有助于我们理性地探寻传统诉讼文化中真正优秀的因子，以此为生长点进行诉讼文化的整合创新，助力中国诉讼法制现代化的进程。

（二）本土诉讼文化与外来诉讼文化之间的冲突

不同地域的民族，经常会孕育出不同的法律文化形态，有地理决定论和价值决定论两种流行的观点。法国思想家孟德斯鸠在《论法的精神》一书中，大篇幅地讨论了气候、土壤等地理环境要素对人类社会的影响，并将地理环境视为影响民族精神、法律制度以及政权类型的直接原因，由此产生了法律文化的“地理环境决定论”流派。孟德斯鸠甚至认为，“气候不同，法律对人民的信任程度也不同”；中国人“把宗教、法律、风俗、礼仪都混在一起，所有这些东西都是道德，……就是所谓礼教”，因此，“中国并不因为被征服而丧失他的法律。……改变是必然的，不是征服者改变，就是被征服者改变。不过在中国，改变的一向是

① 胡伟：《司法政治》，中国大百科全书出版社1998年版，第225—226页。

② 丁义军、隋明善编：《法院文化研究》，人民法院出版社2002年版，第281页。

征服者”。① 可见，在孟德斯鸠眼里，中国的法律精神是由中国的地理环境决定的，中国本土的法律文化在对外交流中极难被改变。美国学者伯尔曼则从历史主义的视角，认为法律文化是一套价值观体系，他在《法律与革命——西方法律传统的形式》一书中开宗明义地宣称，有一种称作“西方的”（the Western）文明，发展出了独特的“法律的”（Legal）制度、价值和概念，并被有意识地世代相传数个世纪，由此形成一种“传统”（Tradition）。② 中国传统的价值观与西方价值观不同，因而形成了不同的法律文明或法律传统。

与中国法律传统相比，西方法律文化传统的特质是什么？伯尔曼在其著作中将西方法律的传统归结为十个方面，从与中国诉讼传统对比的视角，现择要分析其中的四点。(1) 在西方法律传统中，虽然法律受到宗教、政治、道德和习惯的强烈影响，但法律与其他现象能够明显地区分开来。而在中国，传统上“把宗教、法律、风俗、礼仪”等都混同在一起的本土法律文化，道德化法律、道德化司法的色彩浓厚，两者形成了鲜明的对比。(2) 在西方法律传统中，法律的实施被委托给一群专职的职业群体，如律师、法官、检察官等。在英国历史上，著名的大法官柯克与国王的对话中，这种法律职业化、法律与政治相对分离的传统已经开始形成。③ 而在中国封建社会，“朕即国家”，拥有无可争议的最高司法权威，且无论传统社会的科举取士，还是新中国成立后的司法的革命化、群众化，实施法律的主要是懂政治但不见得懂法律的人，“政”在前，“法”在后，一种独具特色的“政法传统”由此衍生开来。(3) 在西方法律传统中，法律职业者都在一种具有高级学问的独立的机构中接受专门的培训，英国早期的四大律师学院、现代的法学院承担了这一历史使命。而在中国，无论是古代，还是当今中国，都是通过考试

① ［法］孟德斯鸠：《论法的精神》，张雁深译，商务印书馆 1976 年版，第 208 页。

② ［美］伯尔曼：《法律与革命——西方法律传统的形成》，贺卫方等译，中国大百科全书出版社 1993 年版，第 1 页。

③ 1608 年，英国国王詹姆士一世表示希望亲自进行司法审判。大法官柯克反驳道，陛下并不适合进行司法审判。英王指责柯克公然挑战国王的权威，柯克却坚定地回答，“国王在万人之上，但是却在上帝和法律之下”。参见于明：“法律传统、国家形态与法理学体系”，载《法治与社会发展》2007 年第 2 期，第 50—51 页。

（古代的科举、当代的司法考试）取得一纸资格证书即可从事法律职业，法律职业化的程度、法律职业与其他职业的区别度较低。（4）在西方法律传统中，培训法律专家的法律学术机构与法律制度有着复杂的辩证关系。换言之，法律不仅包括法律制度、法律命令和法律判决等，而且还包括法律学者对法律制度、法律命令和法律判决所作的阐述。[①] 罗马法时期的法学家和现代西方的判例法，都是其表现。而在中国，古代的法律出自君主，如今的法律出自国家议事机关，法律专业人士更多地扮演一种智库或者专业顾问的角色，在法律实施中扮演了严格适用法律的角色。

自近代以来，西方法律文化对中国本土法律文化多次产生冲击，清末变法是其开端。在西法东渐的过程中，前述差异带来了激烈的诉讼文化冲突。例如，鸦片战争后，西方列强先后从清政府攫取了“领事裁判权”，原因之一就是两国诉讼文化的截然不同，西方难以认同清朝司法中不尊重人格的（如跪拜）、残酷的（如刑讯）、落后的（如罪从供定、罪疑从无）司法理念。在清末修律期间，修订法律馆起草的《大清刑事民事诉讼法（草案）》中有关于移植西方律师制度和陪审员制度的设想，主因之一就是与西方诉讼文化接轨、收回领事裁判权，但这一改革遭遇了封疆大吏们的强烈反对，他们认为，“用律师则恐启扛讼之端，用陪审员则恐多牵制之弊”。[②] 最终，清末变法以失败告终，法律文化冲突的惨烈由此可见一斑。

如何处理本土诉讼文化与外来诉讼文化之间的冲突呢？唐宋时期，中国一直是一个文化强国，在对外交往中处于文化输出国地位。元明清以后，日益强化的封建专制统治压抑了中国的文化创新精神，中国开始从文化强国蜕变为一个文化落后的国家。尤自清末以来，日本、欧美等国的法律文化先后对中国产生了重要影响。在对待外来文化的问题上，相继滋生了几种典型态度：第一种是“妄自尊大、盲目排外”，以清末大学堂总监督刘廷深为代表的顽固派，坚定地因循传统礼教、反对变法，就是其典型代表（参见本书第三章）。第二种是“中学为体、西学

① 参见舒国滢：“走近论题学法学”，载《现代法学》2011 年第 4 期，第 4 页。

② 赵静丽：《从变法修律过程中的礼法之争看清朝末期的中西法律文化冲突》，郑州大学 2009 年博士学位论文，第 4 页。

为用”，这是清末以张之洞为代表的洋务派的主张。“中学为体”，就是强调以中国儒家思想中的纲常名教作为决定国家社会命运的根本；“西学为用”，是效仿西方国家在教育、科技、赋税、武备、律例等方面的一些具体措施，以救亡图存。[①] 这是一种工具主义的社会改良思想。第三种是“妄自菲薄、全盘西化”，认为只有“彻底的全盘西洋化”才能救中国。[②] 但过于偏激的观点，注定在实践中要碰壁。从清末、民国和新中国成立以来借鉴外来法律文化的实践经验来看，最终只有一条路可走，即走本土文化与外来文化在冲突中融合之路，至于融合的时机、条件、方式方法等则有讨论的空间。

（三）官方诉讼文化与民间诉讼文化之间的冲突

任何社会都存在官方法律文化与民间法律文化之间的冲突，也包括诉讼文化方面的冲突。所谓官方诉讼文化，是指执政党、统治阶级、国家政权机关所持有的司法观念和诉讼观念，其往往外化为国家的诉讼立法、司法解释和司法政策等。所谓民间诉讼文化，是指广大人民群众、学术研究群体、非官方的法律职业群体等所持有的司法观念和诉讼观念，其往往以（反对或赞同诉讼立法或司法的）行为模式、理论学说、群体呼吁等形式表现于外。[③]

---

① 张之洞：《劝学篇·设学》。

② 戊戌变法时期，维新志士樊锥要求改革，提出从繁礼细故到大政鸿法，“唯泰西是效”的观点，开了全盘西化之先河。历史学家陈序经撰有《中国文化的出路》《中国西化观》等多种著作，认为中国“样样都不如人”，只有西洋近代文化的主力——个人主义能够救中国。胡适是主张全盘西化另一位大家，其全盘西化观有着牢固的思想基础和理论根据，其思想基础是崇洋亲美思想和民族自卑论，认为中华民族是“一分像人九分像鬼的不长进民族”，“我们必须承认我们自己百事不如人，不但物质机械上不如人，不但政治制度不如人，并且道德不如人，知识不如人，文学不如人，音乐不如人，艺术不如人，身体不如人”（《胡适论学近著·介绍我自己的思想》）。他的理论根据是实用主义和世界主义，认为有用即真理，反对民族主义，提倡“世界主义”。他认为中国不能革命，也没有资格革命，只能进行一点一滴的改良，实行全盘西化。

③ 这个划分与美国学者弗里德曼的内部法律文化与外部法律文化的分类有相似之处，与我国学者通常所谓的制度法律文化与观念法律文化、统治阶级的法律文化与被统治阶级的法律文化也有形似之处，但在出发点和内涵侧重上均有所不同。本书的出发点是，民间诉讼文化如何反作用于官方文化，进而推动诉讼法律制度的立改废。我们认为制度法律文化与观念法律文化不是并列关系，制度背后隐含的法律思想才是法律文化，制度只是观念的外化形式而已。将法律文化划分为统治阶级与被统治阶级的，在用于分析奴隶制、封建制、资本主义法律文化问题时是有效的，但在分析中国当下的问题时是模糊不清的，因为当前中国谁是统治阶级、谁是被统治阶级已经模糊处理了，理论上说全体人民都是统治阶级，那么，这一理论就失去了其分析工具的价值。

官方与民间诉讼文化之间的冲突，从古至今都有其或激烈或缓和的表现形态。例如，讼师（以提供诉讼策略、代写诉状为主）是中国传统诉讼文化的重要组成部分。但是，在儒家文化占主导地位的传统社会里，“讼师素来受人轻贱，他们的形象……是贪婪、冷酷、狡黠、奸诈的，最善于搬弄是非，颠倒黑白，捏词辨饰，渔人之利”。[①] 同时，官方历来通过立法严厉打击讼师，如《唐律·斗讼》规定，“诸为人作辞蝶，加增其状，不如所告者，笞五十。若加增罪重，减诬告一等”。再如，民国时期效仿西方，确立了“法律面前人人平等”的法律原则。但在1935年民国女子施剑翘刺杀军阀孙传芳、为父报仇一案中，被告人、辩护律师皆根据“父受诛，子可复仇”的古训为依据，提出“情有可原”的辩护意见；而且，此案经媒体报道还在社会上博得了普遍的同情，全国妇女界、工人团体、同乡会、商会等纷纷向国民政府请愿，将施剑翘的杀人行为描述为“为父报仇”“为民除害”“为国锄奸”，非但无罪，反应表彰为挽救世风的道德楷模。[②] 这可谓是官方诉讼文化与民间诉讼文化激烈冲突的又一实例。

长期以来，我国法学界有意或无意地忽略了官方与民间法律文化冲突这一重大而现实的理论命题。特别是在当前中国，社会价值观念日渐多元，一方面国家大力倡导社会主义核心价值观和马克思主义法律观；另一方面多种社会和法律文化思潮复杂纷纭、彼此争鸣，在这种形势下，以务实态度直面这一理论问题显得尤其必要。就官方诉讼文化与民间诉讼文化之间的冲突而言，研究重点应放在两个方面：一是执政党、统治阶级、国家政权机关的司法理念和诉讼理念，是如何凝聚社会共识，并固化为国家的诉讼制度的；二是官方诉讼制度的实施效果如何，特别是广大人民群众、学术研究群体、非官方的法律职业群体等对官方诉讼制度和诉讼理念的不赞同或反对的态度，这种态度产生的原因和所发挥的社会效应。在本书第八章有关涉诉信访与再审机制改革的讨论中，对于官方信访治理策略与民众申冤策略的交互分析中，对此有较为详细的分析。

---

① 梁治平：《法意与人情》，中国法制出版社2004年版，第275—276页。

② 参见任伟：“施剑翘案：‘罪行’与‘义举’”，载《看历史》2011年第5期，第65—67页。

（四）不同社会集团（群体）之间的诉讼文化冲突

在我国传统法学上，政治国家与市民社会的二元对立学说一度较为流行。对社会进行官方、民间二分的划分固然是重要的，但显得过于粗糙和简单。一种更为微观的研究思路是，将社会主体细分为若干集团（群体），进而研究不同社会集团之间的诉讼文化的差异及其冲突。例如，法官群体、检察官群体、律师群体、政党等，由于各自职业精神和角色定位的差异会产生不同的集团文化。

社会集团的诉讼文化，不是指该集团成员的某个个体的诉讼观念和诉讼意识，而是该集团整体上所拥有的与其职业角色相关的伦理观念、价值观念和意识形态。不同社会集团之间的诉讼文化冲突，有时会表现得非常激烈。比如，围绕审判独立与检察监督的关系，全国法院和检察系统于2000年前后展开过一场大规模的论争（详见本书第九章）。法院一方以事实认定具有内在性、法律具有不确定性等为由认为，为了保障审判独立、需要取消或限制检察监督；检察一方以宪政体制、司法实践中错案率较高等为由认为，为了保障司法公正，需要维持甚至强化检察监督。这是不同社会集团的诉讼文化的一次经典碰撞，通过碰撞深化了对审判独立和检察监督各自利弊的理解。需要注意的是，不同社会集团之间固然有基于不同的职业理想而爆发理念上的冲突，但有时出于狭隘的部门利益和“饭碗的顾虑”，导致“屁股决定脑袋”的现象也会相伴而生，需要谨慎识别。

三、诉讼文化冲突的原因

文化有其生长规律，一种新文化的生成是需要时间沉淀的；但一旦其在社会上稳定下来，就会产生很大的惯性，即便在这种文化的社会基础削弱或改变后仍然会对人们的思维方式和行为模式产生影响。这在历史上和现实生活中，已被反复验证。[①] 诉讼文化也是如此，一种诉讼文

---

① 参见凸凹：“文化、惯性与制度的‘笼子’”，载《北京文学》2014年第1期；刘砚月：“‘文化惯性’与‘雅俗冲突’：论元代地方儒学释奠雅乐的重建”，载《湖南大学学报》（社会科学版）2016年第2期。

化形态一经形成，便具有相对的稳定性和惯性，并成为社会成员日常生活方式的一部分。在一个成熟和稳定的社会中，诉讼文化之间发生剧烈冲突的可能性是比较低的。一旦出现诉讼文化冲突，就说明某种诉讼文化形态的整体或某个部分已不再适应社会发展，即出现了外部的不适应性，下面从四个方面揭示诉讼文化冲突的主要原因。

（一）社会物质生产方式的变化，造成新旧生活方式的矛盾

文化学者认为，文化是生活在特定社会的人们的生活式样。社会变迁带来人们生活式样的改变，而社会变迁的原因就是文化冲突的原因。根据历史唯物主义的观点，文化和法律文化都是上层建筑的一部分，其产生、发展和变化最根本的原因都在于经济基础，也就是特定社会的物质生产方式。恩格斯说，"生产以及随生产而来的产品交换是一切社会的基础；……一切社会变迁和政治变革的终极原因，不应当在人们的头脑中，在人们对永恒真理和正义的日益增进的认识中去寻找；不应当在有关的哲学中去寻找，而应当在有关的时代的经济学中去寻找"。①

中国传统诉讼文化与现代诉讼文化之间的冲突，在很大程度上就是基于这种原因造成的。中国传统社会是建立在自给自足的自然经济、小农经济基础上的乡土社会，乡土社会是一种熟人社会形态，调整人们之间关系的是基于熟人之间的信任和信用而形成的礼俗规矩。而近代以来，特别是改革开放以来，中国社会逐步由自然经济社会形态向商品经济社会形态过渡，"熟人社会"渐渐演变为市场经济条件下的"陌生人社会"，"陌生人所组成的现代社会是无法用乡土社会的习俗来应付的"，② 而主要依靠法律调整人们之间的关系。在社会变迁过程中，新旧两种不同的社会形态，两种不同的生活式样，诉讼文化冲突的产生就成了必然。以中国的调解文化为例，20 世纪 90 年代以后正是基于现代社会是以商品经济、市场经济为导向的"陌生人社会"的认知，我国诉讼法学界一度以偏重调解为特征的传统审判方式的不适应性愈加明显为

---

① 《马克思恩格斯选集》第 3 卷，人民出版社 1972 年版，第 424—425 页。

② 费孝通：《乡土中国》，三联书店 1985 年版，第 7 页。

由,[①] 产生了一种要求改革调解，甚至废除调解的主张。

需要指出的是，根据历史唯物主义的观点，社会物质生产方式是社会文化变迁的终极决定性因素，但不是唯一的因素。社会的发展变迁是一个极为复杂的过程，科学、政治、法律、哲学、宗教、文艺、习俗习惯等，往往相互交织，交互发生作用。正因如此，恩格斯说，“整个伟大的发展过程是在相互作用的形式中进行的”[②]。如果忽视社会变迁中各种因素的综合作用，就会沦为机械唯物主义者，难以对法律文化的冲突原因作出科学的解释。所以，在研讨中国诉讼文化变迁的问题时，重视但不唯一强调经济体制改革的因素，才是一种客观理性的立场。

（二）社会文化系统发展不平衡，催生了文化的结构性矛盾

20 世纪 60 年代以来，西方出现了“结构主义”的社会学流派。“结构”又称“系统”或者“共同体”，其最突出的价值在于其方法论意义，即在一个社会科学研究领域能够找出不寻求外在因素而作为解释依据的规律，并在系统内部建立解释说明问题的结构。[③] 循着这一思路，社会文化是一个由若干部分或方面构成的系统，在一个成熟而稳定的社会中，社会各个部分和各个方面平衡地发展着。但是，一旦社会文化的各个部分或各个方面的发展出现了结构上的不平衡，就会引发本土文化内部的冲突。在法律文化和诉讼文化领域，亦是如此。比如，伦理文化与法理文化之间的冲突，民间习俗与法理文化之间的冲突，法律政策与法理文化之间的冲突等。

首先，关于伦理文化与法理文化之间的冲突。社会伦理道德作为一种观念形态，与法律一样也是一种社会调整方式。在中国古代伦理与法律往往合为一体，所谓“出礼入刑”“外儒内法”，使得中华法系的法律呈现伦理法、道德法的特质。虽然现代社会道德、法律分离已经是大势所趋，但受传统文化潜移默化的影响，人们在潜意识中仍习惯于用伦理道德的视角或标准来看待司法问题，这就出现了民间所谓的“合理不合

① 参见江伟主编：《中国民事诉讼法专论》，中国政法大学出版社 1998 年版，第 412 页。
② 《马克思恩格斯选集》第 4 卷，人民出版社 1972 年版，第 487 页。
③ 参见［瑞士］皮亚杰：《结构主义》，倪连生等译，商务印书馆 1986 年版，第 102 页。

法”“合法不合理”的现象。例如，媒体频繁报道的“大义灭亲”事件，合乎传统的伦理，却违反了现行法律；再如，法院审判的某些案件，经常出现民众“联名上书”的现象，暗合了传统的伦理，却涉嫌干预法官的审判独立等。[①] 有时候，为了防止这种文化发展的不平衡带来法律困扰，立法机关会对一些违法行为的责任作模糊处理，俗称“法不责众”。例如，我国三大诉讼法均规定“证人有出庭作证的义务”，但同时对拒不履行出庭作证义务的人却未规定相应的制裁措施，这与我国实践中95%以上的证人均不出庭的现象有直接的关系，但细究起来，谁是因、谁是果，往往纠缠不清。

其次，关于民间习俗与法理文化之间的冲突。习俗是风俗习惯的简称，其与法律的关系密切。从社会演进历史看，法律是从习俗中产生的，但法律在产生之后总是试图凌驾于习俗之上。这从我国正统的法理学对“法”所下的定义中可窥一斑，即“由国家制定或认可并由国家强力保障实施的规范体系”。[②] 按此理解，未得到国家认可的习惯风俗不能成为国家法律，不能得到国家强制力的保障，这就产生了习俗与法律之间的冲突。例如，电影《马背上的法庭》中讲述了几个故事，都反映了现代法律在偏远少数民族地区实施过程中与习俗产生的冲突。其中，有“猪拱邻居祖坟赔偿案”中原告诉求“做法事”的（封建迷信习俗），有依据“乡规民约”别人家的羊吃了自己的庄稼、羊就归自己的，有即使领了结婚证但没按乡俗举行婚礼仍不算结婚的，有法官丢失了物品（国徽）却无从调查、不得不求助当地宗族长的。电影中反映的这些社会现象，无一不表明习俗与法律在现代社会的共生、竞争与冲突。究其原因，还在于社会发展不平衡所致，作为法律这种调整规范的基础的现代科学、文明、商品经济、陌生人社会等，在当地还没有得到充分发展。

最后，关于政策调整与法理文化之间的冲突。法理文化是一种西方文化，重视硬朗的规则之治，淡化人情、关系、政策的影响，或者将人

---

① 参见麦子：“‘大义灭亲’错了吗?”，《检察日报》2014年9月17日，第5版；孙毅蕾：“堂前‘求情’已太晚联名‘上书’添争议”，载《羊城晚报》2014年5月12日，A13版。

② 孙国华：《法学基础理论》，法律出版社1982年版，第62页。

情、关系、政策置于法律规则之下。这种外来的西方文化，从来就没有被中国社会彻底接受过。因为，中国自古以来就是一个政策主导型的社会。例如，西周时期倡导的“刑新国用轻典，刑平国用中典，刑乱国用重典”,[1] 到战国时期法家倡导的“法”（以严刑厚赏来推行法令）、“术”（人主操纵臣下的阴谋）、“势”（政府的威权）的结合，儒家倡导的“宽猛相济”[2] “执法原情”和“春秋决狱”，历代封建王朝推行的“教化为主、无讼是求”的民事司法政策和“宽严相济”的刑事司法政策，无不将灵活多变的政策放在法律规则之上。在当代中国，关于政策大于法还是法大于政策，也经历了一个渐变的过程，即使现在，政策仍然处于和法并重的地位。[3] 所以，近年来司法实践中推行的“调解优先”的司法政策，“涉法信访”的政策，“宽严相济”的刑事司法政策等，都在某种程度上修正了制度设计的法理初衷，当然也隐含了法律与政策某种程度上的冲突。

（三）社会政治领域的重大变革，要求诉讼文化同步革新

从广义上讲，社会变革包括经济变革、文化变革、政治变革等，从历史唯物主义的立场来看它们都属于上层建筑领域。其中，政治是经济基础的集中表现，并居于上层建筑的最高层；但社会政治领域的重要变革不但会反作用于经济基础，而且会带来其他上层建筑领域的重大变革，这也是符合历史唯物主义的立场。

政治变革催生法律制度变革的现象，在近代以来的中国社会变革中一再出现。例如，在清朝末年，统治阶级的腐化和制度的落后越来越滞碍社会的进步发展，列强入侵和民间革命最终导致统治集团不得不进行政治变革，政治变革的基本手段就是“变法图强”，于是出现了一场被动地学习西方法律文化的变法运动，最终导致了法理文化与中国传统礼

---

① 《周礼·秋官·大司寇》。

② 孔子认为，“政宽则民慢，慢则纠之以猛；猛则民残，残则施之以宽。宽以济猛，猛以济宽，政是以和”（《左传·昭公二十年》）。

③ 参见武树臣：“从‘阶级本位·政策法’时代到‘国、民本位·混合法’时代——中国法律文化六十年”，载曾宪义主编：《法律文化研究》第5辑，中国人民大学出版社2009年版，第212页。

教文化的剧烈冲突，在诉讼法领域当然也有体现（详见下一章）。再如，清末以来的“西法东渐”运动，经历民国时期而延续了近半个世纪，但随着中国共产党领导人民取得解放战争的胜利和新中国的成立，转而开始全面学习和引进苏联社会主义法律文化和制度，两种外来的法律文化即源自苏联的社会主义法律文化与源自欧美的资本主义法律文化产生了剧烈的冲突，冲突的结果是国民党“六法全书”被彻底废除了。又如，20世纪60年代的文化大革命本质上是一场政治运动，过于强调“以阶级斗争为纲”的社会发展观念，结果导致群众运动的扩大化，公检法机关和法治事业惨遭破坏。当然，在前述政治变革事件中，法律都是作为政治的手段而存在，作为弱势的法律制度没有真正发挥对权力、政治的有效约束作用。

（四）外来诉讼文化的大规模引入，对本土诉讼文化产生冲击

外来文化与本土文化之间产生冲突的原因，在于两者的地域性和价值观念上的异质性。法律文化与其他文化类型一样，都具有一定的地域性和排他性。“当一种外来文化传入时，区域文化的封闭体系就会产生一种排外性，因而发生文化冲突。”①

一部中国近代社会发展史，从某种意义上说就是外来法律文化的引进史。首先是日本和欧美法律文化在清末民国时期被大规模地引入，然后是苏联社会主义法律文化在新中国成立前后被全面引入，继而是20世纪80年代改革开放以来欧美法律文化的重新流行。外来法律文化的的大规模引入，对本土诉讼文化形成了强烈的冲击效应。法理学者公丕祥曾指出，“西方法律文化在中国的广泛传播，导致了中西两种不同质的法律文化之间剧烈撞击和冲突。这是两种价值体系的冲突，因为中国法律文化与西方法律文化是在不同文化条件下生长出来的两种法律精神的载体形态，他们之间无疑有着巨大的历史差异性”。② 当然，外来法律文化的大规模引入一般都发生在社会革命或变革时期，这种引入越是规

① 司马云杰：《文化社会学》，山东人民出版社1987年版，第372页。

② 公丕祥：“冲突与融合：外域法律文化与中国法制现代化”，载《法律科学》1991年第2期，第7页。

模大、时间短，冲突就越剧烈。

四、诉讼文化冲突的功能

（一）文化冲突的功能

文化冲突的功能，就是文化冲突对社会发展所起到的积极或消极的作用。

人们常对“文化冲突”抱有偏见，认为它对于社会来说是不好的、消极的或负面的东西，甚至意味着灾难来临，因而对“冲突”充满厌恶、恐惧和不安。从宏观层面看，随着全球化的发展，中外学者普遍对世界范围内的文化冲突怀有一种恐惧感。1994 年瓦茨拉夫·哈维尔曾在《纽约时报》上撰文指出，“文化的冲突正在增长，而且比以往任何时候都更危险”。[①] 亨廷顿在《文明的冲突与世界秩序的重建》一书中也认为，“在这个新的世界里，最普遍的、最重要的和危险的冲突不是社会阶级之间、富人和穷人之间，或其他以经济来划分的集团之间的冲突，而是属于不同文化实体的人民之间的冲突”。[②] 我国学者也认为，西方文化中的一些消极因素，如个人主义、新自由主义、实用主义、消费主义等思潮，对我国社会主义文化建设产生了极大的消极影响。[③] 从微观层面看，甚至有学者指出，“文化冲突是引发犯罪的最直接的、最近的原因”。[④] 从传统与现代的角度看，有人认为我国法律现代化进程中同时并存两种类型的法律文化，一种是以人治、强制、特权、义务、一元、依附、集体、他律、社会、封闭等价值取向为主体的传统法律文化，另一种是以法治、自由、民主、平等、权利、多元、独立、分权、自律、个体、开放等价值取向为主体的现代性法律文化，该学者不无忧虑地指

---

① I Vacal Haval, The New Measure of Man, New York Times, 8 July 1994, A. 27.

② ［美］亨廷顿：《文明的冲突与世界秩序的重建》，周琪等译，新华出版社 2002 年版，第 6 页。

③ 张红霞：“文化多元化态势中的西方文化对我国社会的冲击与借鉴”，载《当代世界与社会主义》2010 年第 6 期，第 76—85 页。

④ 孙颖：“文化冲突对犯罪的负面影响及对策研究”，载《湖北经济学院学报》（社会科学版）2006 年第 11 期，第 117 页。

出，“这种二元式的法律结构状态不应当长时间地持续下去，应当促成从人治型统治体系向法治型统治体系的尽快转化，尽可能避免或减少二元结构给社会稳定发展带来的负面作用”。[①]

文化冲突的确会对社会产生一定的负面影响，比如，导致社会思想动荡、政治动荡，导致社会秩序不稳定，导致社会发展方向处于不确定状态，影响经济发展速度，不符合人们对安全稳定利益的期待等。但是，不能片面强调或过于夸大文化冲突的消极影响，应当同时看到文化冲突的不可避免性和对社会发展的积极推动作用。哲学家认为，“把冲突看成只有消极作用，而无积极意义，是一种片面的观点”，“作为一种相互作用，冲突在事物发展变化中的意义在于，它是导致万事万物发生变化的根源和驱动力”。[②] 对于文化冲突的双重作用，美国学者埃尔曼曾做过形象的比喻，即一种文化形态如同一个人的肌体，对外来物（如细菌、病毒、异物等异己成分）会产生“排斥反应”，也就是“冲突”，通过对外来物的攻击、破坏、清除，来达到自我保护的效果。一方面，这种“冲突的结果会危及社会”；但另一方面，两种文化在一定范围内的并存和冲突也“并非完全有害”，它对文化的融合、创新和发展往往能产生推动作用，就像经济学家所说的“不平衡的经济发展所具有的那种能动作用”一样。[③] 从这些论述中可以发现，“冲突”是个中性词，也是一种客观现象，随着社会发展而不可避免；文化冲突既有负功能，也有正功能。

从社会学角度看，文化冲突有哪些功能呢？科塞在《社会冲突的功能》一书中，将社会冲突划分为外部冲突和内部冲突，并对社会冲突的功能进行了经典的阐述。以此为鉴，文化（包括法律文化和诉讼文化）冲突也可分为外部冲突（本土与外来法律文化之间的冲突）和内部冲突（传统与现代、官方与民间、不同社会集团之间的法律文化冲突）。我们认为，文化冲突主要发挥着以下四个方面的功能。

---

① 公丕祥：“中国法律文化现代化的概念分析工具论纲”，载《南京社会科学》1990 年第 1 期，第 68 页。

② 周伟忠：《冲突论》，学林出版社 2002 年版，第 5—6 页。

③ ［美］亨利·埃尔曼：《比较法律文化》，贺卫方译，三联书店 1990 年版，第 280 页。

第一，聚合功能。文化是一种观念形态，隶属于特定的社会群体。无论是外部文化冲突还是内部文化冲突，都能在一定程度上促进持有相同或相似（法律）文化观念的社会成员更加紧密的团结。科塞认为，一个群体“与外群体的冲突，可以对（该）群体身份的建立和重新肯定做出贡献，并维持它与周围社会环境的界限”。[①] 换言之，面临外来文化威胁或入侵时，某一文化共同体会本能地加强内部团结，通常以民族主义或维护传统的名义进行抗争。内部文化冲突也具有类似的功能，只不过，寻找对手的方向从外部转向了内部，即寻找叛徒或异端分子（或因素）。这样做的目的，可能是受到了外部某种强大文化形态的威胁或入侵，但是又不甘愿承认外部文化的强大，因而需要在内部寻找借口或者替罪羊。“通过他们的牺牲来洗刷群体自身的失败，并以此来重建群体的团结：忠诚的成员得到保证，群体作为整体没有失败，而仅仅是出了几个叛徒；而且他们现在可以通过一致反对叛徒的行动来进一步确定他们的正义。”[②] 内部文化冲突在寻找内部借口或替罪羊的过程中，往往还伴有文化体系自身的改良运动，我国新民主主义革命时期的“新文化运动”可谓其典范。总之，文化冲突的聚合功能一方面提高了文化共同体对法律本土资源的重视自觉，有利于传统文化的有效传承；另一方面也酝酿了文化改革或创新的契机。

第二，优化功能。在与外来文化冲突的过程中，为了提高本土文化的战斗力，文化共同体会对本土文化进行重新检视和体系优化，并形成以某种信仰或价值观为核心的、不容挑战的文化硬核。从历史上看，中国封建社会以儒家纲常伦理为核心的伦理法律文化，欧美国家以自由民主人权为核心的西方法律文化等，都是在长期的文化冲突进程中不断自我优化而形成的。在当代中国社会，特别是近年来，“法治”渐成社会公众的最大公约认知和社会主义法律文化的核心因素；在近来出现的一些明显违反法治精神的社会事件中，官方和民间在批判声浪中出现了空

---

① ［美］科塞：《社会冲突的功能》，孙立平等译，华夏出版社1989年版，第23页。
② 同上书，第93页。

前的团结。[①] 可见，文化冲突不是只有负面效应，本土文化通过与外来文化的冲突可发挥两方面的积极效应，一方面伴随着一定程度的文化革新运动，去除不合理、不先进的文化因素，优化了本土文化的内部结构体系；另一方面凝练了本土文化的精华，增强了本土文化的生命活力。

第三，联盟功能。无论是外部还是内部文化冲突，除了能促进文化共同体内部的聚合外，还具有促进不同文化联盟的功能。科塞认为，在社会冲突中，面对共同的敌人，"可以把其他方面毫无联系的个人和团体联系在一起"[②]，即促进不同文化群体之间的联盟。这种联盟，有时是权宜之计，但有时真切地促进了文化的融合及其在融合中创新。更为引人注目的是，这种联盟的出现会产生联动反应，联盟本来是基于相似的利益或文化认同而建立的，目的是防止一个社会群体的崩溃或恶性分化，但"在其他团体看来也是一种威胁性和不友好行为"，[③] 从而刺激新的联盟产生，激发了不同文化群体相互结盟的积极性。在 20 世纪 30 年代，中国社会为了在国民党统治下争取多元话语权，相继成立了中国左翼作家联盟（1930 年）、中国左翼美术家联盟（1930 年）、左翼戏剧家联盟（1931 年）等，形成了自五四运动之后影响最大的左翼文学思潮，[④] 就是这种联盟效应的直观体现。文化联盟或融合的趋势，会导致社会或文化冲突的加剧，从而为社会变革提供思想动力。

第四，保护功能。科塞认为，社会的内部冲突源于社会成员对精神利益和物质利益需求的差异性，而这些又是社会成员最重要的权利，如果采取高压措施不允许冲突的发生，"被压抑的冲突，假如要爆发，则

---

① 例如，2010 年 7 月 17 日，陕西省榆林市横山县波罗镇山东煤矿和波罗镇樊河村发生了群体性械斗，这一事件的根源是矿权纠纷，经榆林市中级人民法院判决，陕西省高级人民法院裁定，仍得不到执行；令人匪夷所思的是，面对生效的判决，陕西省国土资源厅召开协调会，以会议决定否定生效的法院判决，最终导致矛盾激化，事态升级。对此，《人民法院报》《新华网》《南方周末》新浪网等全国各大媒体和最高法院、陕西省高级人民法院、众多学者纷纷对涉事国土资源厅的做法表达批判，社会公众在讨论中加深了对行政权不得干预司法的法治精神的理解。

② ［美］科塞：《社会冲突的功能》，孙立平等译，华夏出版社 1989 年版，第 133 页。

③ 同上书，第 134 页。

④ 参见林伟民：《中国左翼文学思潮》，华东师范大学出版社 2005 年版；艾晓明：《中国左翼文学思潮探源》，北京大学出版社 2007 年版。

是更强烈”,[①] 最终会导致社会系统的崩溃。相反，创造多元宽容的社会发展环境，允许不同社会群体相互争鸣和碰撞，“通过释放被封闭的敌对情绪，冲突可以起维护关系的作用”。[②] 申言之，冲突所具有的保护共同体的功能与聚合功能相似，都是一种替罪机制，通过局部冲突和情绪的释放达到保护共同体的目的，这就是所谓的社会“安全阀”机制。这一机制的运用在我国有鲜活的例子，以群体性纠纷为例，在 1993—2003 年的十年间大幅攀升，从每年 1 万起增加到每年 6 万余起，参与人数也由约 73 万增加到约 307 万。[③] 究其原因，公众的利益诉求表达渠道不畅是主因（除了向政府表达以外没有别的渠道，而且地方政府官员出于政绩、私利等考虑，隐瞒下情、掩盖矛盾、堵塞言路、压制民意）。但从另一方面看，低烈度的冲突对于社会秩序的总体稳定来说也是一种保护机制，如果压制群体性纠纷和冲突，后果不可想象。正是认识到了这一点，2006 年党的十六届六中全会《关于构建社会主义和谐社会若干重大问题的决定》提出，要适应我国社会结构和利益格局的发展变化，拓宽社情民意表达渠道，把群众利益诉求纳入制度化、规范化、法制化的轨道。

（二）诉讼文化冲突、融合与创新

诉讼文化的冲突或者融合，还兼有推动诉讼文化创新的效应。文化冲突，是一方文化主体对另一文化的心理排斥，以及在此基础上进行的文化抗争或颠覆活动。文化融合，则是对另一文化的心理认同，以及在此基础上进行的文化吸收、借鉴或移植活动。文化创新，是指文化在纵向传承和横向传播过程中不断发展，文化发展的实质就是文化创新。就三者关系而言，冲突与融合似乎非此即彼、难以相容，实则相容相生；文化冲突是文化发展和创新的动力之一，而文化融合则为文化创新提供了渠道。

---

① ［美］科塞：《社会冲突的功能》，孙立平等译，华夏出版社 1989 年版，第 114 页。

② 同上书，第 33 页。

③ 参见覃道明：“多元利益格局需要创新诉求表达机制”，《湖北日报》2006 年 11 月 16 日，第 10 版。

1. 诉讼文化冲突与融合的关系

对于冲突与融合的关系，[①] 人们有着多角度和多样化的认识。哲学家认为，人类社会的冲突可以划分为四大类型，即协调型冲突、兼顾型冲突、排除型冲突与和解型冲突；[②] 在兼顾型与和解型冲突中，事实上包含着合作或融合的意思。国际关系学者认为，关于未来世界秩序存在三种理论模型，一是以普遍主义为标准，认为全球化将以资本主义体制的胜利为终结；二是以多元文化主义、文化冲突为基调，认为未来世界将充满基于族群、文化认同和主权观念之上的相互冲突和争夺霸权；三是以多元文化主义、文化共生为基调，认为未来是一个多种文化或文明在冲突中融合和共生的世界。[③] 社会学学者认为，社会冲突本身就意味着斗争、争夺和伤害，但是，“人们越是深入探讨，就会越清楚地看到冲突与合作是不可分割的，而且一个过程的每个阶段总是包含这两方面的内容”。[④] 从这些论述中可以看出，冲突与合作或融合并非总是呈现出非此即彼、你死我活的争斗状态，它们的关系状态存在多样性，比如，从时间上看，可能存在有时候冲突、有时候融合的状态；从局部与整体的关系看，可能存在一部分冲突、另一部分融合的现象；从动态发展过程看，可能存在冲突促进融合、融合过程中夹杂着冲突等现象。

结合本章前文有关诉讼文化冲突的原因和形式的内容，以诉讼文化冲突的运作过程和结果为视角，特提出以下三种诉讼文化冲突与融合的模式。

（1）“冲突—颠覆”模式。是指两种以上诉讼文化剧烈冲突，形成

---

① 在不同语境下，冲突与若干词汇形成对照。比如，在谈及社会秩序状态时，冲突与和谐相对；在谈及社会群体关系时，冲突与合作相对；在谈及文化相处关系时，冲突与融合或整合相对。

② 其中，协调型冲突，是指文化与社会发展变化不协调、不平衡的冲突，通常表现为发展滞后的一方成为制约另一方发展的“瓶颈”；兼顾型冲突，是指冲突双方互起反作用，存在此消彼长的关系，但在根本目的上又是一致的，冲突双方能够辩证统一；排除型冲突，是指双方根本对立、互不相容，冲突的解决方案就是要求一方克服、排除、战胜另一方；和解型冲突，是指人们在社会交往中出于利益追求、价值观等的差异，而出现的非根本利益对立的冲突。参见周伟忠：《冲突论》，学林出版社 2002 年版，第 18 页。

③ 参见苏国勋等：《全球化：文化冲突与共生》，社会科学文献出版社 2006 年版，第 25、98 页。

④ ［美］科塞：《社会冲突的功能》，孙立平等译，华夏出版社 1989 年版，第 4 页。

你死我活、势不两立的对抗局面，最终以一种文化形态排斥或取代另一种文化形态的结果收场。文化颠覆模式，可能在多元文化竞争的环境下发生，也可能在强力压制的环境下发生；两种环境下都会遭遇文化冲突的问题，共性是不容许（大规模地）文化共生或融合，但实现颠覆或对抗颠覆的手段不尽相同（一个依靠文化论战和文化竞争，一个依靠政治或军事手段压制）。例如，清末变法期间，面对西方法文化的大规模移植，守旧的封建官吏发起了绝地反击，两者激烈论战，形成“礼法之争”；在这一文化冲突的过程中，绵延了数千年的中国本土诉讼文化的威力显露无余，对抗“全盘西化”或“西学为主”的文化思潮获得成功，维新变法以失败告终。[①] 这是一个外来文化颠覆或取代失败的例子（尽管是暂时的），但也有颠覆成功的。例如，英国在 19 世纪末期租借中国香港岛，殖民当局不顾当地本地居民的反对，以高压政治强行推行英式诉讼文化和司法制度，经历近百年的历程，使得香港几乎全盘接受了英式诉讼文化。再如，1949 年新中国成立后，不但立即废除了国民党六法全书，还于 1952 年发起了一场司法改革运动，彻底清除国民党旧法传统和司法人员的旧司法理念，从而全面确立了社会主义的司法理念。可见，一种新的（通常也是外来的）法律文化对作为一个国家法律制度基础的旧有法律文化的颠覆作用，有时候会失败，有时候也会成功。

（2）“冲突—融合”模式。是指随着新的诉讼文化思想的传播，社会上不同群体对新、旧诉讼文化态度分歧，在争鸣、甚至低烈度抗争的过程中，相互妥协，以一定程度上的文化融合形态而告终。例如，我国 1982 年和 1991 年的民事诉讼法典在立法政策上采用“证据随时提出主义”，当事人可以在诉讼的任何阶段提出新的证据，但在实践中却导致了诉讼迟延、诉讼效率低的弊端，受“迟来的正义为非正义”诉讼法理思想的影响，并在借鉴欧美诉讼立法经验的基础上，最高人民法院于 2002 年在《关于民事诉讼证据的若干规定》第 34 条中对“举证时限”

① “礼法之争”虽然主要是思想论战，但显然也掺杂一些政治运作，所以，变法失败不纯粹是文化竞争的结果，但尚可说是以竞争为主。

和“证据失权”作了规定。[①] 但是，在学术界、司法界和社会公众中均引发了一些质疑的声音，有的学者从司法理念应当秉持“公正优先”，还是“效率优先”提出质疑，有的民众头脑中“法官是父母官，应当为民做主”的老观念难以转变，有的法院不敢，也不愿适用证据失权的规定，有关举证时限的规定几乎名存实亡。[②] 经过数年的争论，司法的价值目标应当“公正优先、兼顾效率”，逾期举证“不宜一概地不予采纳”，举证时限制度的“立法技术应当提高”等，渐成争鸣和妥协后的共识，并最终被2012年修改后的《民事诉讼法》第65条所确认。以克服司法实践中的弊端为起点，以借鉴欧美诉讼证据理念为对象，以理念妥当性争鸣和与中国国情的符合性为标准，这场围绕举证期限制度设计的大讨论，是诉讼文化冲突和融合模式的典型体现。再如，调解本是司法机关中处理民事经济纠纷的方式，但在近年来的政法实践中，出于“维稳”的需要，[③] 在刑事、行政诉讼领域被不正当地扩大化了，这样很容易招致当事人和社会公众的怀疑，甚至酿成群体性事件。发生于2008年的贵州瓮安事件就是典型的一例，该事件涉及的本是一起单纯的司法案件，但由于当地公安机关处置不当，政法委反复调解，未严格按法理

① 参见最高人民法院民事审判第一庭：《民事诉讼证据司法解释的理解与适用》，中国法制出版社2002年版，第193—195页。

② 参见李浩：“举证时限制度的困境与出路：追问证据失权的正义性”，载《中国法学》2005年第3期；田平安、马登科：“举证时限制度的冷思考”，载《法学论坛》2006年第1期；肖建华：“回归真实：民事诉讼法的真谛”，载《河南省政法管理干部学院学报》2006年第1期；江苏省高级人民法院民一庭：“关于证据规则在传统民事案件中适用情况的调研报告”，载《审判研究》2010年第3期。

③ “维稳”，即维持社会稳定，是伴随着社会不稳定因素（群体性事件）增加和中央提出建设社会主义和谐社会的施政理念，而出现的一种官方的社会治理文化和司法文化。据统计，1993年我国发生社会群体性事件0.87万起，2005年为8.7万起，2006年超过9万起，并保持持续上升的势头（参见谢彬：“检察机关在处理群体性事件中的作用”，载《人民检察》2012年第10期）。在此背景下，2004年9月19日中国共产党第十六届中央委员会第四次全体会议上正式提出了“构建社会主义和谐社会”的概念。之后，地方各级党政司法机关围绕中央提法纷纷出台了地方政策，无原则地调解、截访现象也开始出现，形成了一种以“维稳”为基调的政法文化氛围（参见唐皇凤：“‘中国式’维稳：困境与超越”，载《武汉大学学报（哲学社会科学版）》2012年第5期）。

和法定程序办案，酿成了惨烈的群体性事件。[①] 这起官民冲突事件，在深层次上是地方党政司法机关强调“维稳”的政策观念与在社会公众中越来越普及的“依法办事”的法理文化之间的冲突。这类事件的出现，对于党政司法机关更好地调整其政法理念，加强与现代法治精神和公民权利保障理念的融合，无疑起到了促进作用。

（3）“冲突—共生”模式。“和而不同”“和谐共生”，是中国传统文化对人际关系的概况，也是传统文化的精粹，这也适用于文化之间的关系。《论语·子路》载曰：“君子和而不同，小人同而不和。”和而不同，不是无原则地盲从附和，而是在保持自身独立性的前提下与人团结合作，以达到整体的和谐。团结合作应当坚持什么样的原则呢？《论语·学而》载曰，“礼之用，和为贵”，“不以礼节之，亦不可行也”。大意是说，礼的应用，以和谐为贵；如果只是为了和谐而和谐，而不依照礼制来节制，也是不可行的。时代转换，现代再固守儒家的礼制已经不合时宜，但其精神值得传承。继承和发扬“和而不同”与“和谐共生”的传统文化精神，要求我们必须做到几个坚持、几个反对，即坚持多元文化主义、反对一元文化主义；在处理与外来文化的关系方面，坚持文化冲突共生，反对文化霸权主义和狭隘的民族主义；在处理本土文化内部冲突方面，坚持法治基本精神，反对盲目复古或变通。从某种意义上说，新中国成立后一度彻底废除和批判源自欧美的旧司法制度和司法作风，由于缺乏宽容和多元的法律文化争鸣的氛围，失去了理论纠偏的机制，结果陷入法律虚无主义的“文革”浩劫；20 世纪 90 年代以后又回头重新向欧美诉讼法理学习借鉴，重视多元文化思潮并存和争鸣，不可不谓是历史的经验教训。

---

① 2008 年 6 月 22 日瓮安县公安局 110 指挥中心接到报警，说有一女孩跳河，警方赶到现场女孩已死亡，法医鉴定结果是“死者系溺水死亡”。死者家属怀疑是奸杀致死，县政法委维稳办于 6 月 24 日进行调解，但调解失败；后死者亲属到县公安局交涉，但被警察打伤，还被关押至看守所，6 月 26 日政法委反复组织调解。最后，社会上小道消息横飞，6 月 28 日不明真相的群众开始游行示威，从最初的几十人到最后 2 万余人，最终发展成烧毁县委、县政府、县公安局、县民政局、县财政局等被烧毁办公室 160 多间，被烧毁警车等交通工具 42 辆，致 150 余人受伤的打砸抢烧群体性事件。参见《瞭望》新闻周刊记者：“‘典型群体性事件’的警号：还原瓮安事件”，载《瞭望》2008 年第 36 期。

2. 诉讼文化创新的动力和形式

文化冲突有其消极的一面，也有其积极的一面。因为，文化冲突为文化创新提供了动力，而文化融合为文化创新提供了途径。法理学家公丕祥如是说，“文化冲突与文化压力常常是文化演化与发展的重要动力。正是在文化冲突的过程中，固有的文化体系产生的分化，并且在新的基础上走向新的整合”。①

在文化的兼容并蓄、融会创新方面，日本做得最为成功。这从其语言上即可窥一斑。日语是由汉字、假名、外来语有机融合的产物，因而兼有表意（汉字）和表音（世界上大多数文字）两种文字系统的优点，同时又自成体系。美国学者赖肖尔说，“从某种意义上说，日语从其他语言中吸收新词的能力是日语的荣誉之一”。② 日本学者认为，在每一个领域采用最好的模式，将会使日本尽可能地集各国之大成。③ 日本的法制发展亦是如此，从唐宋时期的“中为己用”到近代以来“脱亚入欧”，再到“二战”以后“嫁接英美”，同时还保留了日本传统法律文化中的一些精华成分，④ 但日本法律并未沦为一个大杂烩，而是通过融会各家之长不断实现发展和创新。

在中国古代，儒、法文化的冲突与融合也是典型一例。儒家文化和法家文化本是两种观念迥异的文化形态，在一定时期分别占据了主导地位，并长期相互论战。但是，两者其实各有长短，在交流中不断相互借鉴。例如，孔子主张统治者应当以德配天下，“为政以德，譬如北辰，居其所而众星共之”⑤。他还极力批评法家的“刑治”，褒扬儒家的“礼治”，他说，“道之以政，齐之以刑，民免而无耻；道之以德，齐之以礼，有耻且格”。⑥ 但是，晚年的孔子对其主张进行了修正。针对子产“唯有德者能以宽服民，其次莫如猛”的观点，孔子说，“善哉！政宽则

① 公丕祥：“冲突与融合：外域法律文化与中国法制现代化”，载《法律科学》1991 年第 2 期，第 3 页。

② ［美］赖肖尔：《日本人》，上海译文出版社 1980 年版，第 438 页。

③ ［日］森岛通夫：《日本为什么“成功”》，四川人民出版社 1986 年版，第 133 页。

④ 韩军玲：“论日本法的移植与创新”，载《法学杂志》2005 年第 4 期，第 118—119 页。

⑤ 《论语·为政》。

⑥ 《论语·为政第二》。

民慢，慢则纠之以猛。猛则民残，残则施之以宽。宽以济猛，猛以济宽，政是以和"[①]。也就是说，单纯地靠道德宣教和示范是无法使社会有序运转的，还必须靠法律。汉代以后，通过引礼入法，从儒法对抗逐渐走向儒法合流，"外儒佯宽，内法实猛，外儒内法就是宽猛相济的一种表现形式"。[②] 儒家文化与法家文化冲突的结果，不是一个完全取代了另一个，而是通过儒法合流、外儒内法，使得儒家文化重新获得了生机，从而备受封建统治者青睐而延续了上千年。

英国陪审团审判文化的形成也印证了这一点。现代陪审制度成型于英国，并且自英国传播至世界各地，成为世界诉讼文化中的一朵奇葩。那么，陪审团审判文化究竟是如何形成的呢？这一切源于1066年威廉一世对英国的征服。威廉一世本是法国诺曼公国的公爵，1066年率军入侵英国，并自封为英国国王。威廉一世征服英格兰后不久，就展开了对征税人口的调查统计（即1086年的《末日审判书》），王室官吏在调查中广泛地引入了法国的12人邻居"调查陪审团"，陪审团必须如实回答王室官吏提出的问题，否则要受罚。这一处理行政事务的经验，在英王亨利二世时期被广泛引入司法审判中。在亨利二世之前，英国司法权被地方封建势力所把控，王室的司法权一直是非正式的，王室干预地方司法被认为是违反自然法、不可容忍的。[③] 为了伸张王室的司法权，亨利二世做了几件重要的工作：一是改造了国王的"令状"，使其从传统的行政令状转变为司法令状，强制地方封建主将实施了"有碍国王安宁的行为"的违法当事人带到王室法官面前接受审判；二是王室法官审判案件均得采用12人陪审团的方式，以询问陪审团作为取证方法，以取代地方封建主法庭审判中普遍采用的宣誓断讼法或神裁法等原始的取证手段；由于召集的12人代表了其所在村社共同体的意志，故而审判更容易为当事人接纳和尊重，也增强了王室法院的司法威望，瓦解了地方封建主的司法权威。英国学者曾指出，采用陪审团的办法是"极其有效的

① 《左传·昭公二十年》。

② 张晋藩：《中国法律的传统与近代转型》，法律出版社2009年版，第21页。

③ ［法］勒内·达维德：《当代主要法律体系》，漆竹生译，上海译文出版社1984年版，第296页。

一项伟大的创举”，“它几乎使得地方特权不能得到保障”,[①] 王权由此开始深入到地方内部。英国法史学家 W. S. Holdsworth 直截了当地指出，陪审团是英王室向地方渗权的最为重要的工具之一。[②] 起初陪审团只适用于民事诉讼案件的审判，后来出于同样的原因（加强王室对全国的管理与控制），陪审团也被引入刑事诉讼之中。1215 年，忍无可忍的地方封建贵族逼迫约翰王签署《大宪章》（Magna Charta），同一时期，国王不得不允许在刑事诉讼中采用小陪审团（即裁判陪审团），并且陪审团成员逐渐由知情陪审员演变为不知情的裁判者。陪审团审判案件形成的规则，日积月累形成了普通法（习惯法），成为英美法系司法文化中最具特色的传统。从英国陪审团产生的过程看，在英国王室与地方封建势力斗争的过程中，本土的诉讼文化（封建法庭的审理方式）与来自法国的诉讼文化（12 名陪审员审理）发生了冲突，双方在冲突中妥协、创新，最终在英国特殊的社会背景下酝酿成了陪审团审判的诉讼文化。

需要补充说明的是，法律文化的冲突与融合是一个长期的演化过程，无法一蹴而就。诉讼文化的冲突不单纯是不同群体的观念冲突，其往往夹杂着政治利益、经济利益、宗族利益、民族利益等错综复杂的因素。在表面的诉讼文化观念论争的背后，往往是权势的激烈角逐，最终取得胜利的统治集团的立场往往主导着诉讼文化和诉讼制度的发展趋势。最终，在统治集团与各种利益群体的利益冲突与磨合的过程中，诉讼文化和诉讼制度不断修正，并不断创新。文化冲突与融合的速度不取决于人的喜好，而取决于两相冲突的文化各自依靠的社会力量的强大程度，以及社会上对新文化的接纳程度。依靠权力或者个人意志横加干预，往往会造成“夹生饭”，导致被“制造”出来的新文化出现水土不服的现象。

（三）诉讼文化冲突与民事诉讼法制的发展

1. 法律发展与法制现代化

“法律发展”理论出现于“二战”后，特别是 20 世纪 60 年代的西

---

① ［美］伯尔曼：《法律与革命——西方法律传统的形成》，中国大百科全书出版社 1993 年版，第 544 页。

② W. S. Holdsworth，A History of English Law，(3rd Edition)，London：Methuen & Co. Ltd.，1922. p. 316.

方出现了法律与社会发展运动（the Law and Development Movement）。[①]美国学者托达罗将法律发展作为社会发展的一部分来对待，他说，“每个国家都在为发展而奋斗。虽然经济进步是基本部分，但它不是唯一的部分”，“发展从其实质上讲，必须代表全部范围的变化。通过这个变化，这个社会制度把人们普遍不满意的生活条件变成被认为物质上和精神上都更好的生活状况或条件”。[②] 中国学者直到20世纪90年代中期以后才明确阐释“法律发展”这一范畴。应该说，中外法律发展理论的提出，都是被动地适应了社会发展的需要。

何为法律发展？它在主要讨论什么内容？总体上说，法律发展是包容于社会发展之中的，是社会发展系统的一部分。张文显教授认为，法律发展是一个整体性的概念，“是指与社会经济、政治和文化发展相适应、相协调，包括制度变迁、精神转换、体系重构等在内的法律进步或变革”。[③] 从发展的实质看，法律发展也可以称为“法律进步”“法律变革”或“法制现代化”。公丕祥教授认为，法律发展与法制现代化的基本内涵是等同的，“因为，在现代社会条件下，法律发展一词表征一种新的法律意识形态，它反映出各国政府主动关心各自社会法律变革，以及通过法律实现社会发展目标、推动社会现代化的时代潮流。在这一概念框架下，法律发展成了法律变革或法制现代化的代名词”。[④] 法律发展问题涉及未来法律发展的方向、模式、道路、动力等，我国学者的研究总体上是在两个层次上展开的，其一，宏观层面的基本理论问题，如法律发展的模式、道路、动力，中国传统法律文化，西方法律文化，法律发展与市场经济的关系等，又要由理论法学学者研究；其二，微观层面的具体问题研究，如宪法、行政法、诉讼法等部门法的完善与发展，立法、执法、司法、法律监督等法律运行机制的完善与发展，法律职业、

---

① 1969年，美国斯坦福大学法学院教授劳伦斯·M. 弗里德曼在美国“法律与社会评论”杂志上发表了题为《法律文化与社会发展》的论文，首次提出了“法律文化”的概念，并阐释了其在社会发展的作用。该文是推动“法律发展”理论产生的先驱之一。

② ［美］托达罗：《经济发展与第三世界》，印金强等译，中国经济出版社1992年版，第50、79页。

③ 张文显：《法哲学范畴研究》，中国政法大学出版社2001年版，第261页。

④ 公丕祥：《法制现代化的理论逻辑》，中国政法大学出版社1999年版，第20—21页。

法学教育的发展等。诉讼法的发展和完善，是法律发展理论关注的具体领域之一。

2. 法律发展的两种模式：“进化论”与“建构论”

在法律发展问题上存在两种截然不同的模式：一是进化论；二是建构论。

“进化论”认为，法律的发展和进步仰赖于社会自身的力量，经济和社会生活的需要、人民群众的需求和参与等，是法律发展的真正动力。进化论有古典进化论和现代进化论之分，其中，古典进化论是指大约18世纪末兴起、19世纪下半叶广为流行，以英国学者斯宾塞、美国学者摩尔根、英国学者泰勒等人为主要代表所创立的理论，其基本观点包括：(1) 与生物进化过程类似，社会和文化发展同样遵循“最适者生存（Survival of the Fittest）”法则；(2) 人类社会或文化的进化是一个从低级到高级、从不完善到完善的“进步”过程，具体是沿着蒙昧阶段、野蛮阶段和文明阶段的顺序依次进化；(3) 全世界各民族都是沿着同一进化顺序向前进化；(4) 欧洲文化或白人社会代表着人类社会进化所已经达到的最高阶段。[①] 古典进化理论带有明显的机械性，忽视了各民族社会文化发展的特殊性，且带有明显的种族主义色彩，因而在20世纪30年代遭到了文化历史学派的激烈批判。但是，借助于20世纪60年代的法律与社会发展理论的兴起，法律进化论又以新的面目出现，如美国学者斯图尔德提出的“文化生态学”，认为文化进化的程度越低，对地理和生态环境的依赖越大，反之，技术和精神因素的作用就越大；怀特提出的“文化进化能量说”，认为“技术”是文化进化之剧的“主角”。[②] 现代进化论去除了古典进化论中的种族主义因素，克服了人类社会发展单一线性发展路径的僵化，增添了唯物主义历史观的成分，但仍然强调社会客观因素是法律进化的决定性因素。

“建构论”则认为，法律和社会发展不能依靠社会自发地进化，缓

① 黄淑娉、龚佩华：《文化人类学理论方法研究》，广东高等教育出版社1998年版，第21页。

② 参见胡义成：“评述西方文化进化论的新进展”，载《上饶师范学院学报》2003年第5期，第2、4页。

慢的爬行式进化必然制约现代社会的发展；人类的主观能动性非常重要，人们（特别是政府）的法制发展规划是法律和社会发展的主导力量。有学者认为，就中国法律和社会的发展而言，强调要实现法律进步、建设社会主义法治国家，就需要坚持中国共产党的领导，必须由人大和政府规划实施。党的施政纲领、人民代表大会的立法规划和政府的法制建设计划，都是理性建构的体现。①

无论是进化论，还是建构论，解决的都是法律发展的依靠力量问题。二者区别在于，前者更注重社会自发的发展和客观因素的决定作用，后者更重视人（政府）的主观能动性。我们认为，将两者截然对立是一种错误的思路，中外法制发展史已经证明了这一点。在现代法制建设方面，中国是一个相对落后的国家，如果任由法律自发地发展，已经无法适应当今这个现代化进程日新月异的时代。由知识精英和政府出面进行法制发展规划，显然更能突显我们的后发优势，加快发展速度。事实上，历史上很多国家都是在落后或薄弱的法律文化基础上对法律制度进行建构并取得成功的。例如，美国独立时，其宪政架构完全来自于一些知识精英的精心设计，而设计的灵感直接是欧洲大陆最负盛名的思想家（如卢梭、孟德斯鸠、洛克等）的分权制衡理论学说；美国的司法制度并没有另起炉灶，而是在照搬英国司法制度的基础上，在美国的实践中不断修正和完善的。再如，日本也不是一个靠自身文化自然演进而实现现代化的国家，它先是派遣“遣唐使”大规模学习唐朝的文化和制度，后又在明治维新时期“脱亚入欧”大规模学习欧洲法律文化和制度，最终从一个法律文化相对落后的国家一跃成为与西方欧美国家比肩的现代化国家。

同时要注意，法学专家或国家机关（人民代表大会和政府）的立法发展规划也不能凭空而生，不顾社会发展需要、不顾民间诉讼文化的现状而盲目制定或修改诉讼法必然对社会造成破坏，遑论促进诉讼法的发展。例如，2008 年以后我国推行的“调解优先”政策，在实践中异化为片面追求调解率、调解结案率越高审判质量越高的盲动，由此给法院

① 参见张文显：《法哲学范畴研究》，中国政法大学出版社 2001 年版，第 262 页。

审判人员、当事人，甚至社会，都造成了一些不应有的负担和困扰，[①]最终不得不叫停回国到诉讼法原有规定的基础上去，即调解必须遵循自愿、合法的原则。再如，2002 年最高人民法院在《关于民事诉讼证据的若干规定》中确立了“举证时限”制度，一度被学者冠以“四最”称号——最具有制度创新、最具有颠覆性、争议最大、实施阻力最大的制度，在某种程度上甚至成了法院“备而不用”的条款。“究其原因，主要是司法解释规定的证据逾期提交就导致失权的后果过于严苛，由此使判决所认定的事实背离实体真实的可能性大增，裁判的正当性受到质疑。加之，以司法解释的方式限制当事人诉讼权利的立法模式亦存在瑕疵”，[②] 所以，最高人民法院不得不在 2008 年出台《关于适用〈民事诉讼证据的若干规定〉有关举证时限规定》，以柔化逾期举证导致证据失权的效果；因仍然不能令人满意，最终全国人民代表大会在 2012 年修改《民事诉讼法》时重构了这一制度。

在当代中国诉讼法发展的问题上，我们总体上持这样一种观点：社会经济发展和人民生活的需要，是诉讼法发展最根本的动力；但法学专家、法律职业群体和国家立法、司法机关等应当充分发挥主观能动性，在对社会需求进行充分调研的基础上建构诉讼制度，助推诉讼法的发展速度；这种建构方案是否合理，是否能满足实践需要，最终要接受司法实践效果的检验，并根据实践效果进行方案修正。换言之，我们不主张囿于哪一套理论体系，我们主张“实践—理论—实践”的诉讼法发展基本路线。

3. 诉讼文化冲突是诉讼法制发展的重要动力

任何社会的进步与发展，都是在社会内部或外部的矛盾与冲突中展开的，法律文化和法律制度的发展也不例外。刘作翔教授指出，法律文化现代化的历史过程，实际上是法律文化由传统形态向现代形态转变的

---

① 参见王德新：“中国调解主导性司法政策的检讨与转型”，载《河南社会科学》2013 年第 12 期。

② 熊跃敏：“传承与超越：举证时限制度的新发展”，载《检察日报》2012 年 10 月 15 日，第 3 版。

过程，“其间经历着许多曲折复杂的历史矛盾和冲突”。① 可以说，不同法律文化观念之间的矛盾与冲突，是法律制度得以发展进步的重要动力；在不存在矛盾和冲突的时代，法律变革就缺乏动力，因此通常会长期维持不变。

前文已经分析，诉讼文化发生冲突的原因主要有四种：社会物质生产方式的变化，造成新旧生活方式的矛盾；社会文化系统发展不平衡，催生了文化的结构性矛盾；社会政治领域的重大变革，要求诉讼文化需要同步革新；外来诉讼文化的大规模引入，对本土诉讼文化产生了冲击。换言之，社会物质生产方式的变化、社会文化系统发展不平衡、社会政治领域的重大变革和外来诉讼文化的大规模引入等社会层面的因素，经由诉讼文化冲突的媒介，最终推动着诉讼文化的发展变迁；而观念变革往往是法律变革的前奏，诉讼文化的发展变迁最终推动着诉讼法制的不断完善和发展（其间关系，参见下图 2—1）。所以，研究当代中国民事诉讼法制的发展问题，包括民事司法改革的一系列问题，离不开诉讼文化冲突的视角。不深刻研究分析当代中国诉讼文化冲突的形式、原因、途径等深层次的问题，对中国民事诉讼法和司法解释的立改废问题的研究往往会流于表面，难以把握诉讼法发展的规律和未来方向。

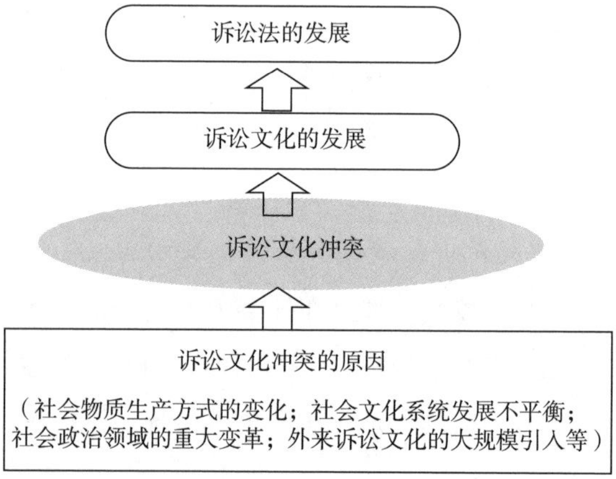

图 2—1　诉讼文化冲突与诉讼法制发展的关系

① 刘作翔：《法律文化理论》，商务印书馆 1999 年版，第 290 页。

有一种观点认为，按照法律文化冲突的原因主要来自内部还是外部的标准，法律发展可分为“内源性发展”和“外发型发展”两种类型。所谓内源性发展，是指法律发展的基本动力主要源自法律文化系统的内部，即主要来自国家和社会内部的需要，也可称为主动型发展。所谓外发型发展，是指法律发展的基本动力主要源自外部，往往是外部压力迫使一个国家和社会进行法律变革，故亦称被动型发展。① 根据辩证唯物主义的矛盾论观点，内因是事物发展的根本的、决定性原因，外因是事物发展的积极或消极的条件，能够促进或延缓社会的发展步伐。这种划分的主要意义在于，应当认识到一个国家和社会内部的需要是进行法律变革的根本原因，在文化层面上不能盲目跟风、崇洋媚外、追求所谓的普世价值标准，在制度层面上也不能罔顾国情地进行照抄照搬。反过来说，也不能顽固地固守中国法律传统，盲目地排斥外来有益的法律文化理念和法律制度设计。当一个国家的法律文化和法律制度完全与世界大多数法律文化和制度相脱节时，往往在国际社会交往中处于不利地位，缺乏对话的话语基础，并在一定条件下可能被迫进行改革，清末变法不可谓不是外发型变法活动的典型。我们认为，在我国诉讼法发展过程中，全盘西化和固守法律本土资源的主张都显得过于偏激，不利于诉讼法的健康发展，不利于在不同法律文化形态冲突过程中融合、创新。

综上所述，诉讼文化冲突是诉讼法制发展的重要动力，正确认识诉讼文化冲突、融合与创新的关系，深刻认识诉讼文化冲突形式的多样性和冲突原因的复杂性，是正确看待中国民事诉讼法制现代化进程的前提。当前，中国传统诉讼文化、社会主义诉讼文化和西方欧美诉讼文化等诉讼文化思潮仍在激烈地冲突和角逐，这也为中国诉讼文化和诉讼制度在冲突中不断融合和创新提供了难得的契机。当前，在处理诉讼文化的冲突、融合与创新的关系方面，第一是要克服文化绝对整体主义，既要破除将中国传统文化与西方文化绝对对立、只能二选一的简单思维，也要警惕所谓的“碎片化”的引进外来文化和制度意义不大，或引进外

---

① 参见张文显：《法哲学范畴研究》，中国政法大学出版社 2001 年版，第 263 页。

来文化会对中国本土文化的整体性形成破坏等论点；第二是要捅破本位主义的法律发展视界，反对戴着“有色眼镜”（无论是中国传统文化的有色眼镜，还是西方文化的有色眼镜）看问题。当然，如果想深刻揭示诉讼文化冲突和诉讼法制发展的规律，还需要从诉讼文化冲突的历史场景中寻求更多的经验启示，并从中国诉讼法制现代化的进程中进行更加细致的梳理。

第三章　诉讼文化冲突的历史场景

中国古代有约5000年的法律文化演进史，形成了独具特色的法律文化传统；但在1900年后的一百余年时间里，却受到欧美资本主义法文化和苏联社会主义法文化的极大影响，至今仍处在多元法律文化冲突与融合的进程中。本章着眼于历史场景分析，对中国传统诉讼文化的演进规律和文化特质、中国近代诉讼文化的发展转型和中国当代的诉讼文化的发展变革进行全景式描绘，以期在历史发展的宏观视野中观察诉讼文化冲突与融合的规律。

一、中国古代的诉讼文化

（一）中国古代诉讼文化的萌芽

中国古代诉讼文化是与“法”“刑”“狱”等法律现象相伴而生的，其萌芽于原始社会后期，即传说中的黄帝与尧舜禹时期（约前28世纪至前21世纪）。

在原始社会，原本既无法律现象，也无诉讼现象。但随着社会发展，原始社会晚期出现了“内刑”“外兵”的现象，也就是“统治者”对内用刑法维持秩序，对外用军队讨伐敌人。这时的“统治者”（始于黄帝），[①] 虽说仍是部落联盟首领，但已开始对民众施行刑罚，以维持其

① 黄帝（约前2717年至前2599年）是中国古华夏部落联盟首领，本姓公孙，生长于姬水（在今河南新郑）之滨，故改姓姬。居轩辕之丘（在今河南新郑），故号轩辕氏。以土德王，土色黄，故称黄帝。黄帝在位期间，播百谷草木，大力发展生产，始制衣冠、建舟车、制音律、创医学、作礼仪，内施刑罚、外用甲兵。黄帝以统一华夏部落与征服东夷、九黎族而统一中华的伟绩载入史册，被尊为中华“人文初祖”。

统治秩序。据《商君书·画策》描述，“神农之世，男耕而食，妇织而衣，刑政不用而治，甲兵不起而王。神农既没，以强胜弱，以众暴寡，故黄帝作为君臣上下之义、父子兄弟之礼、夫妇妃匹之合，内行刀锯（行刑工具——笔者注），外用甲兵（军队讨伐——笔者注），故时变也”。尧即位后，[①] 初步制定了刑法，但尚未见司法官职或诉讼活动的文献记载。舜即位后，不但完善了刑法，还设有专门的司法官职“士”，[②] 而且有了司法官皋陶审判刑事案件的记载。《尚书·舜典》记载：“（舜）帝曰：‘皋陶，蛮夷猾夏，寇贼奸宄，汝作士，五刑有服’。”东汉王充在《论衡·是应》中记载了“中国法官鼻祖”皋陶用獬豸“治狱”的传说（獬豸，xiè zhì，“一角之羊也，性知有罪。皋陶治狱，其罪疑者，令羊触之，有罪则触，无罪则不触。故皋陶敬羊”）。除“皋陶治狱”外，类似的司法官利用“獬豸”断案的传说，还有其他一些文献记载。[③] 从此，以神兽“獬豸”以及由其衍生的中国古代的法文化和诉讼文化开始出现，并呈现以下特点。

第一，中国古代的法观念或法文化与诉讼文化几乎是同时产生的，均源于原始社会晚期的“神兽断狱”司法活动。据考古发现，中国有文字记载的历史始于商朝，甲骨文是最早的汉字形态。但甲骨文中尚未见“法”字；“法”字最早出现于金文（又称“钟鼎文”，盛行于周代），

---

① 尧（约前2317至前2200年），祁姓，名放勋，起初被封于陶，后迁徙到唐（今临汾和襄汾），又称唐尧。传说尧是黄帝的后裔，在位时曾设官掌管天地时令，观测天象，制定历法，敬授民时，谘询四岳，用鲧治水，征伐苗民，推行公平的刑法。据《国语·鲁语上》记载：“尧能单均刑法以仪民。”另据元代学者金履祥所著《通鉴前编》记载：“帝尧七十有六载，制五刑。”这表明，尧在位时已经制定了刑法。

② 舜（前2277至前2178年），名重华，生于姚墟（今山西垣曲东北），故姓姚。舜出身寒微，虽是颛顼帝的后裔，但家族已五世为庶人，处于社会下层。在成为部落联盟首领之前，曾被封在虞地（今山西平陆西南），又称虞舜；即位后，都于蒲坂（今山西永济蒲州镇）。舜在位期间，重用禹、皋陶、契、弃、伯夷、夔、龙、垂、益等人，并每三年考察一次政绩。据清康熙年间编订的《古今图书集成》载曰：“帝尧命舜居摄，制五刑及流宥、鞭扑、赎赦之法。流共工于幽陵，放驩兜于崇山，蹿三苗于三危，殛鲧于羽山，四罪而天下咸服。”综合来看，舜帝时刑事立法和刑事司法都已经比较完善，还任命了专门的刑事司法官员。

③ 如先秦时期的《墨子·明鬼下》就有神羊断狱的记载：“昔者齐庄君之臣有所谓工里国、中里徼者，此工子者，讼二年而狱不断。齐君由谦杀之恐不辜，犹谦释之，恐失有罪，乃使之人共一羊，盟齐之神社，工人许诺。于是诎洫，捂羊而洒其血，渎王里国之辞既已终矣。中里徼之辞未半也，羊起而触之，折其脚，祧（tiāo）神之社而槁之，殪之盟所。”这一记载说明，神羊能断狱的传说由来已久。

最初的字形是“”（即灋）。秦废六国文字，将小篆作为统一文字，法的字形简化为“”（左水右去）。东汉许慎在《说文解字》十部上“廌”部解释说：“灋，刑也。平之如水，从水。廌所以触不直者去之，从去。法，今文省。”这是中国最早记载的表示法律含义的文字之一，“法”即是“刑”。由于汉字是一种表意文字，汉字的初始含义与其文字结构密切相关。从造字结构看，“灋”包含“廌”部，“廌”最早在甲骨文中写为“”，就是“皋陶治狱”传说中的神羊（考古出土的先秦以前的文物均将“廌”描绘为“带翼独角羊”）。① 综上可见，中国古代的法观念与原始社会晚期的神兽断狱传说有关联，“灋”与“诉讼”几乎是合体的，“灋”就是刑事诉讼活动及其体现的公平执法的精神。

第二，在原始社会晚期虽然制定有刑法，有专门的司法官员（职责主要是刑事审判，即“治狱”），但尚无刑事、民事诉讼的区分。在当时，诉讼文化就是刑事诉讼文化，而刑事诉讼文化与法文化几乎是等同的，即“公平、公正执法”“去除邪恶”。这从古体“灋”字的构造可以看出，“灋”字从水，代表着执法公平如水；“灋”字含“廌”部，从去，“古者决狱，令触不直”，代表着执法公正、明断曲直和去除邪恶。由于文献资料有限，我们无法对当时诉讼活动的情形有更多的认识。但是，“公平、公正执法”和“去除邪恶”的法律意识和诉讼意识，却影响了中国社会数千年，后世司法官员头戴“獬豸帽”、身穿“獬豸服”、腰挂“獬豸玉佩”（参见下图3—1），正是这种文化最生动、最直接的表现。②

---

① 不过，《说文解字》将其描述为“似牛”，“廌，解廌兽也，似山牛，一角；古者决狱，令触不直；象形，从豸省”；而且，《论衡》中的“皋陶治狱”的故事换成了“黄帝治狱”，“荐，兽之所食草，从鹿，从草。古者，神人以廌遗黄帝，黄帝曰：‘何食？何处？’曰：‘食荐。夏处水泽，冬处松柏’”。

② 据说，战国晚期的楚国曾获得了一只能辨别是非曲直的神兽，名曰獬豸。獬豸头上有独角，能触邪，楚惠文王下令制作一种有獬豸独角形象的冠，常常戴在头上，众官员纷纷仿效。这种冠被称为“柱后惠”“文冠”“楚冠”“法冠”等。秦始皇灭楚后，以其冠赐给近臣御史。汉代的执法官，如御史、廷尉，均戴这种獬豸冠。其后，魏晋、隋唐以至宋元时期的执法官，相袭不易。明清两代执法官的公服上因绣有獬豸图案，獬豸冠才被废除。可见，獬豸图腾成了历代法官刚正执法的象征。

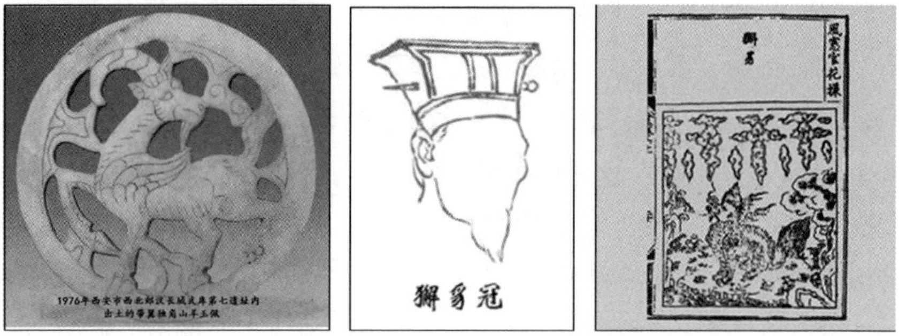

图 3—1　獬豸玉佩、獬豸冠、獬豸服

第三，虽然无从知晓原始社会晚期的诉讼结构、诉讼程序和诉讼制度等详细情况，但崇尚“公平、公正执法”和“去除邪恶”的诉讼理念是可以推知的；实现这种理念的方法或手段，在很大程度上依赖于“神判”，这与当时人类认识世界的能力不足有很大关系。换言之，原始社会的法律有神判法的色彩。神判法是指一种借助于神灵来判断案情，并且用一定的方法把神意显示出来，由司法官员根据神意的启示来裁断案件是非曲直的司法制度。法律人类学家霍贝尔在研究原始社会的法律现象后指出，[①] 当时人们在解决棘手案件时，还缺乏一定的能力，“从法律这一方面来说，一旦其手段不能收集到充分确凿的证据材料来解决案件正义时，它便总是转而求助于宗教。在初民的法律中，通过占卜、赌咒、立誓和神判等方式求助于超自然来确定案件事实是非常普遍的”。[②] 可见，神判法的出现与人们实现正义的手段匮乏有关，反映了法律与宗教的密切联系。

（二）中国古代诉讼文化的思想渊源

在中国历史的早期阶段，“法”与“刑”“狱”“律”通用，[③] 在后

① 原始社会到底有没有法律？人们围绕这个问题一直争论不休。原始社会是否存在法律，取决于人们对法律的界定。法律不是某一天突然出现的，从法律文化的角度看，中国原始的部落或者氏族中存在的“五刑”“断狱”现象，即使不算是现代意义的法律诉讼，也已经具备了法律诉讼的基本特征，或可称之为“准法律诉讼”现象。

② ［美］霍贝尔：《初民的法律》，中国社会科学出版社 1993 年版，第 299 页。

③ 据《尔雅 · 释诂》解释：“法、则者，典、刑者。”典、法、则所用异，异其名也。“律者，常法也。”“范者，模法之常也。矩者，度方有常也。”刑、范、律、矩、则皆谓常法也。《唐律疏议》更明确地指出，“法亦律也，故谓之律”，并称，战国时李悝“集诸国刑典，造《法经》六篇……商鞅传授，改法为律。”

来发展中才逐渐体系化、制度化和内容分化。其中，夏商周是诉讼制度初步形成时期，秦汉至唐是民事诉讼制度定型时期，两宋至清是民事诉讼制度发展时期。中国古代诉讼法制总体上具有以下特点：一是立法上诸法合体，不存在单独的诉讼法典；二是司法系统复杂，行政长官兼理司法；三是司法伦理化色彩浓重，神判法消失较早；四是重刑轻民，但随着社会的发展民刑事诉讼程序相对分离。①

诉讼制度是一定的诉讼观念和诉讼思想的外化形式，诉讼观念和诉讼思想又与特定时期占主导地位的社会治理思想密切相关。在中国历史上，东周是一个社会剧烈变革的时期，② 出现了众多思想流派争鸣的现象，也奠定了影响中国数千年的法律文化基础。其中，儒、法、道思想分别被后世统治者所着重采用，对古代诉讼文化的影响巨大。

儒学思想，是指以孔子为代表的儒家创立的思想体系，其内在以“仁”、外在以“礼”为思想核心。孔子创立儒学思想之际，正值春秋时期“礼崩乐坏”，如何重建一个有序的社会是其儒学思想的初衷。孔子热衷于“复古”，希望从上古社会的经验中寻找思想启迪。孔子自称，“述而不作，信而好古，窃比于我老彭”③。孔子创立的儒学思想包括“内圣”与“外王”两部分，前者涉及个人修养，后者涉及政治主张。(1) 在个人修养方面，儒家的中心思想是“仁”。何谓“仁”呢？孔子说，仁者，“爱人”；“己欲立而立人，己欲达而达人。能近取譬，可谓仁之方也已”④。简而言之，“己所不欲，勿施于人”。后来演化为儒家的“忠、恕”思想。如何实现“仁”呢？孔子说：“克己复礼为仁。一日克己复礼，天下归仁焉。为仁由己，而由人乎哉？”又说：“非礼勿视，非礼勿听，非礼勿言，非礼勿动。”⑤ 孔子这里说的“克己复礼”，

① 中国古代的民事诉讼制度不是本书研讨的重点，可参见张晋藩：《中国古代民事诉讼制度史》，巴蜀书社 1999 年版。

② 公元前 771 年，少数民族犬戎攻破镐京，杀死周幽王，西周灭亡。次年，周平王迁都洛邑，史称东周。东周又分为春秋（公元前 770 年至公元前 476 年）与战国（公元前 475 年至公元前 221 年）两个时期。

③ 《论语·述而》。

④ 《论语·雍也》。

⑤ 《论语·颜渊》。

是指要严格遵循“周礼”古制，方能达致理想的社会秩序状态。(2) 在政治主张上，儒家的核心思想是“仁政”“王道”和“复礼”。儒家倡导积极的入世哲学，要求人要有抱负有毅力，“士不可不弘毅，任重而道远”。[①] 儒家不但主张“克己复礼”，而且认为礼的精髓就是追求社会和谐，“礼之用，和为贵。先王之道，斯为美”[②]。儒家还将“仁”的学说推广到国家治理上，重视德治，“为政以德，譬如北辰，居其所而众星共之”；同时，对法家“以法治国”的思想持批判态度，认为“道之以政，齐之以刑，民免而无耻；道之以德，齐之以礼，有耻且格”[③]。(3) 儒家的最高社会理想是追求世界“大同”。《礼记》载曰：“大道之行也，天下为公。选贤与能，讲信修睦，故人不独亲其亲，不独子其子，使老有所终，壮有所用，幼有所长，矜、寡、孤、独、废疾者皆有所养。男有分，女有归。货恶其弃于地也，不必藏于己；力恶其不出于身也，不必为己。是故谋闭而不兴，盗窃乱贼而不作，故外户而不闭，是谓大同。”[④] 儒家所追求的大同世界理想，以尚贤、博爱、等级制为特征，实际上是主张恢复到西周“礼制”下的社会秩序，并夹杂着对尧舜时期生活状态的向往。

法家思想，是倡导以法治国、富国强兵为核心思想的学派，春秋战国时期亦称刑名或刑名之学。法家思想的源头可追溯至春秋时的管仲、子产，战国时经李悝、吴起、商鞅、慎到、申不害、乐毅、剧辛、韩非等人的大力发展，遂成一个学派。法家的思想观点经常与儒家针锋相对。(1) 法家反对儒家的复古思想，主张锐意改革。如商鞅说，“治世不一道，便国不法古。故汤、武不循古而王，夏、殷不易礼而亡，反古者不可非，而巡礼者不足多”[⑤]。是故，历史上的重大改革运动皆称“变法运动”，实为社会政治经济体制的综合变革，只不过强调了法在变革中的核心作用。(2) 法家反对儒家的“克己复礼”，认为“周礼”在本

---

① 《论语·泰伯章》。
② 《论语·学而》。
③ 《论语·为政》。
④ 《礼记·礼运》。
⑤ 《商君书·更法第一》。

质上是一套等级特权秩序，公然强调人与人之间不平等，所谓“刑不上大夫，礼不下庶人”。法家倡导法律面前人人平等，“法不阿贵，绳不挠曲。法之所加，智者弗能辞，勇者弗敢争。刑过不避大臣，赏善不遗匹夫”[1]。法家的这一观点，无疑具有进步意义，与现代法治思想有相通之处。但儒家并不买账，反驳道，“法家不别亲疏，不殊贵贱，一断于法，则亲亲尊尊之恩绝矣。可以行一时之计，而不可长用也，故曰‘严而少恩’”[2]。（3）法家反对儒家仁政、重义轻利的义利观，倡导厚赏重罚，主张通过“赏罚二柄”使人们趋利避害，“赏莫如厚，使民利之；誉莫如美，使民荣之；诛莫如重，使民畏之；毁莫如恶，使民耻之”[3]。正因如此，法家经常被诟病为重刑主义，其实也包含了实用主义和工具主义的意蕴，其学说最终是为了服务于统治秩序。（4）法家特别强调法的作用，以法治国；崇尚霸道，倡导耕战，富国强兵。韩非提出，“事在四方，要在中央，圣人执要，四方来效”[4]。法家的富国强兵、以法治国的主张，一度为秦帝国所采纳，为结束诸侯割据、建立统一的中央集权的国家，提供了思想基础。

道家思想，以“天道”为核心，认为天道无为，主张道法自然、无为而治，是“诸子百家”颇具哲学品格的思想流派。道家的代表人物有老子、庄子、杨朱、列子等，其社会治理思想一度被汉朝、唐朝和元代统治者采纳。（1）入世社会哲学上，道家与儒家、法家的思想相异。道家主张，“人法地，地法天，天法道，道法自然”。“道”为何物？道即宇宙本源，统治宇宙中一切运动的法则。老子说，“有物混成，先天地生。寂兮寥兮，独立而不改，周行而不殆，可以为天地母。吾不知其名，强字之曰道”[5]。（2）在治国方略上，与儒家“克己复礼”、法家“变法图强”的有为而治不同，道家主张“无为而治”。老子反对儒家的仁义道德思想，认为“大道废，有仁义；智慧出，有大伪；六亲不和，

---

① 《韩非子·有度》。
② 《史记·列传·太史公自序》。
③ 《韩非子·八经》。
④ 《韩非子·扬权》。
⑤ 《老子》第二十五章。

有孝慈；国家混乱，有忠臣”；[①] 也反对法家的富国强兵策略，认为“兵者不祥之器，非君子之器，不得已而用之，恬淡为上。胜而不美，而美之者，是乐杀人。夫乐杀人者，则不可以得志于天下矣”。[②] 那么，道家主张如何治理社会呢？老子说，“圣人处无为之事，行不言之教。”[③]（3）在治国手段上，与儒家“尚贤”、法家“重利”不同，道家主张，“不尚贤，使民不争。不贵难得之货，使民不为盗。不见可欲，使民心不乱。是以圣人之治，虚其心，实其腹；弱其志，强其骨。常使民无知无欲，使夫知者不敢为也。为无为，则无不治”[④]。就这一点来说，道家的主张可谓是“愚民政策”，而且有违社会的发展规律。（4）在社会理想上，道家崇尚淳朴的民风，民不争名夺利，国无战争讨伐，“小国寡民，使有什伯之器而不用，使民重死而不远徙。虽有舟舆，无所乘之；虽有甲兵，无所陈之。使民复结绳而用之。甘其食，美其服，安其居，乐其俗。邻国相望，鸡犬之声相闻，民至老死不相往来”[⑤]。这种社会理想，充满了对生产力落后，但社会安宁祥和的原始社会生活状态的无限怀念和留恋。

人们经常追问，中国法律文化传统到底是儒家、法家、道家，抑或其他思想流派？其实，构成传统的文化绝不是某种单一的思想体系，从先秦时期的“礼法之争”到汉初的“黄老之治”，再到汉以后的“儒法合流”，不同文化形态的冲突与融合的现象从未停息。从表面上看，是不同历史时期的统治者对治国思想和文化形态的选择和偏好不同，但在其背后，社会生产力的发展、特定历史时期的历史使命和统治者的政治需要是三个决定性的力量。

先秦时期的“礼法之争”，是文化冲突的一次典型体现，也是在极其特殊的社会背景下发生的。一是东周王室日渐衰落，各诸侯国纷纷变法图强，然后会盟天下，先后出现了“春秋五霸”和“战国七雄”，周

① 《老子》第十八章。
② 《老子》第三十一章。
③ 《老子》第二章。
④ 《老子》第三章。
⑤ 《老子》第八十章。

朝“礼崩乐坏”的现象愈加严重。在此情况下，以“克己复礼”维护旧有的等级特权制度为核心的儒家思想开始出现。二是铁器的使用和牛耕的推广，标志着社会生产力的显著提高，旧的井田制（公田）逐渐被封建土地私有制所取代，不断壮大的新兴地主阶级开始有自己的政治诉求，要求改变旧有制度来保护自己的利益。恰逢其时，法家思想兴起，法家主张废除旧贵族世袭的“世卿世禄”制度，而用军功和耕织作为爵禄奖励标准，既满足了新兴地主阶级的经济和政治愿望，也满足了诸侯国君富国强兵、称霸称雄的需要。因此，法家思想备受诸侯国的欢迎。相比较而言，法家思想的胜出，在当时是顺应了社会发展需求的。另外，“礼法之争”的本质是两种法律文化之争，体现在诉讼法领域，主要是以何种手段来更好地维护统治秩序？换言之，目的都是服务于统治者如何更好地维护其统治利益的，只不过方法、思路不同而已。儒家主张，统治者要恢复周礼，要重视“礼”对人民的教化作用，让人民安于本分，以达到“和谐”“无讼”的社会治理效果。而法家则宣扬“重刑”思想，认为“禁奸止过，莫若重刑”，只有施以重刑才能到达“以刑去刑”的效果。① 法家使用重刑的方法，一方面是“厚赏告奸”，另一方面是“连坐其罪”。总之，虽然法家思想中的“事断于法”的法治思想有积极的进步意义，但其“重刑”思想最终导致了秦王朝的严刑峻法，很快就灭亡了。儒家对此是这么评价的，“法家不别亲疏，不殊贵贱，一断于法，则亲亲尊尊之恩绝矣。可以行一时之计，而不可常用也”②，正是这样的认识，为后来儒家思想在汉朝的再度复兴埋下了伏笔。

西汉初年遵循“黄老思想”，同样是顺应了社会发展的需要。“黄老”即黄老道家，是道家的一个分支，在战国末期产生并在汉初达到鼎

---

① 《商君书·去强》说：“以刑去刑国治，以刑致刑国乱，故曰：行刑重轻，刑去事成，国强；重重而轻轻，刑至事生，国削。”《韩非子·饬令》也说：“行刑重其轻者，轻者不生，重者不来，此谓以刑去刑也。”《韩非子·六反》进一步解释道：所谓重刑者，奸之所利者细，而上之所加焉者大也。民不以小利蒙大罪，故奸必止者也。所谓轻刑者，奸之所利者大，上之所加者小也。民慕其利而傲其罪，故奸不止也。重与轻不只是以刑罚的外部形式为标准，而是以能否止奸为标准。足以使臣民畏其罪而不敢犯的刑，就是重刑；否则，是轻刑。

② 《史记·太史公自序》。

盛状态。它假托黄帝立言，对老子学说加以改造，同时吸收了法、儒、名、阴阳等诸家学说，从而创造性地发展了原始道家的思想。王充《论衡》说：“黄者，黄帝也；老者，老子也。黄老之操，身中恬淡，其治无为。”西汉初年，经过连年战争，社会经济状况极端凋敝，汉初的几位皇帝顺应历史发展趋势，践行了“与民休息”的道家思想。在法律这一方面，汉初统治者吸取了周、秦严刑峻法造成人民动辄违法，进而引发民怨、导致农民起义的经验教训，贯彻“无心与为，而民自化”的道国思想，力求“轻刑慎罚”，为恢复生产和社会安定创造了良好的法制环境。

汉朝以后的“儒法合流”，体现了统治者对稳定统治秩序的需要。西汉政权建立后，经历汉初的黄老之治后，社会生产力有所发展。到了汉武帝时期，西北强悍的少数民族的侵扰令汉朝边境无法安宁，汉初“无为而治”的思想无法使国家强大，于是转而寻求一种新的治国思想。这时，一批儒者顺应社会发展需要开始论证儒法结合的问题，如刘向在《说苑》中说，“治国有二机，刑德是也。王者尚其德而布其刑，霸者刑德并凑，强国先其刑而后德”。[①] 董仲舒引入阴阳五行来论证“刑者，德之辅也”，“厚其德而简其刑”[②]。这就是董仲舒倡导的德主刑辅的施政理念。董仲舒还著有《春秋决事》一书，主张根据儒家经典《春秋》的精神来解释法律，并以此指导司法官员的审判活动，确立了“引礼入司法”“论心定罪”的原则，初步完成了“引礼入法”。“春秋决狱”自两汉时起，被践行了七百余年，至唐朝才逐渐衰落。经魏晋南北朝至唐，中国封建社会开始进入兴盛时期，儒家的封建宗法等级思想与作为社会调整规范的“礼”，基本上完成了法制化的进程。唐律几乎是“一准乎礼”，所谓“德礼为政教之本，刑罚为政教之用，尤昏晓阳秋相须而成者也”[③]。

综上所述，在秦以前，儒家以礼、德、仁政、爱人为其学说支撑点，法家以凡事一断于法、君主专制、重刑为其学说特征，儒法对立，彼此冲突争鸣。汉代以后，儒法合流，外儒内法、礼法结合成了中国古

---

① 《说苑》卷七“政理”。

② 《春秋繁露·基义》。

③ 《唐律疏议·名例律》。

代法文化最基本的特征，构成了中国古代诉讼法制形成和发展最为重要的法文化背景。当然，就文化的冲突、融合与创新而言，也绝非儒法合流一种，南北朝和宋代的儒释道合流[①]也再次诠释了文化融合的力量。正如前文所述，构成传统的文化绝不是某种单一的思想体系，实际上儒家的“和谐”“无讼”“引礼入法”“春秋决狱”，法家的“重刑”“厚赏告奸”“一断于法”，道家的“人与自然和谐”“无为而治”，墨家的“兼爱”等思想，均对中国法律文化传统的形成产生了重要影响。

（三）中国古代诉讼文化的精神特质

当儒家学说为统治者所崇尚、为人民大众所接纳之后，就在社会生活中逐渐形成一种“儒家文化形态”[②]。儒家文化在汉代初步形成，两千多年来，一方面远播海外，形成了一个包括中国、朝鲜半岛、日本列岛和中南半岛在内的儒家文化圈；另一方面又自居轴心，在与其他文化形态的冲突中融会创新，并适应社会发展需要不断调整。总而言之，儒家文化是中国传统文化的主流和基干，传统的法律和诉讼活动也深受儒家文化的影响。[③] 在以儒家文化为主的传统文化的综合影响下，中国古代形成了一种独具特色的诉讼文化形态，其具有五个方面的精神特质。

1.“家族本位，权尊于法”的伦理司法观

中国传统法律是以家族为本位的，而西方则是以个人为本位的。孟子说，“人有恒言，皆曰，‘天下国家’。天下之本在国，国之本在家”[④]。家族本位的法文化最早形成于夏商周（春秋）时期，当时的国

---

① 参见张永路：“经学与玄学之间——论汉魏之际的儒道合流”，载《青海师范大学学报（哲学社会科学版）》2015 年第 1 期。

② 一般认为，儒学与儒家文化有联系，又有区别。儒学主要指儒家的思想、理论、学说，儒家文化则是儒学走向社会，化成天下、移风易俗而形成的包括制度、礼俗、观念等在内的社会文化形态。儒学通常为知识分子所掌握，儒家文化则为广大社会成员所接受。参见林存光：《与权力对话：儒家政治文化》，山东教育出版社 2011 年版，序言。

③ 关于中国法律文化传统的研究，可参见张晋藩：《中国法律的传统与近代转型》，法律出版社 2009 年版；武树臣：《中国法律文化大写意》，北京大学出版社 2011 年版；范忠信：《情理法与中国人》，北京大学出版社 2011 年版；高鸿均等：《美国学者论中国法律传统》，清华大学出版社 2004 年版；张世明等：《世界学者论中国传统法律文化（1644—1911）》，法律出版社 2009 年版。

④ 《孟子·离娄下》。

家实际上是由许多父系大家族联合组成的宗族国家，“聚家成族，聚族成国”，家和族的利益受到法律的优先保护。[①] 战国至秦，诸侯国相继“变法”图强，“隆君”“重法”，[②] 导致西周以来的“家族本位”的社会存在有了改变，君主专制取代了家族共治。但好景不长，秦亡后，西汉统治者采纳董仲舒的建议“罢黜百家，独尊儒术”，儒学成为社会正统思想，而儒家所倡导的正是西周的以“家族本位”为特征的“礼治”。此后，维护家族利益与维护君主专制利益如何调和，就成了一个重大的历史使命问题。对此作出重大贡献的首推汉代大儒董仲舒：他一方面提出“君权神授”，迎合和满足了对神话专制皇权和强化中央集权政治体制的要求；另一方面又提倡“春秋决狱”，引“礼”入法，进而改造了国家法律，以维护家族的伦理秩序。[③] 汉代以后，“礼”“法”文化进一步融合，逐渐形成了礼法结合、一准乎礼、出礼入刑的状态，家族本位的法文化开始形成。

中国古代家族本位的文化传统是建立在“家国同构”的社会政治架构之上的，[④] 它自形成时起便向社会各领域广泛渗透。在诉讼和司法领域，古代家族本位文化主要体现为：诉讼司法制度直接服务于以皇权为

---

① 西周建国之初，实行宗法制和分封制。宗法制，是指利用血缘关系的亲疏来维护政治关系的上下尊卑贵贱秩序的社会政治制度，是分封制和井田制的基础。宗法制的基本原则是“立嫡以长不以贤，立子以贵不以长”（《春秋公羊传》隐公元年）。分封制，是根据与周王血缘关系的亲疏，功劳的大小（辅佐与同盟），封邦建国。受封的前提是承认周王的统治，或古帝王之后，但受封诸侯国的绝大多数是姬姓宗亲。据《荀子·儒效篇》记载，“（周公）兼制天下，立七十一国，姬姓独居五十三人”。彼时，“国”是“家”的联合体，国家政权由联合体中代表各个家族利益的家长（贵族）共同执掌；周王室只相当于天下共主，绝非后世的皇帝之谓。家族伦理中“孝”的观念居优先地位，而对国家、对君王的“忠”的政治伦理观念直至东周（春期时期）才初步出现。参见张继军：“先秦时期忠观念的产生及其演化”，载《求是学刊》2009 年第 2 期，第 35—39 页。

② “隆君”就是抬高君主和国家的权威，变贵族（家族）共政制为君主专制。“重法”就是抬高法律和制度的权威，变“礼治”为“法治”，变众家族之“家法”为君主独裁之“王法”。

③ 易丽华：“‘春秋决狱’的国本位与家本位思想”，载《长江大学学报》（社会科学版）2004 年第 6 期。

④ 在中国古代，社会最基础的单位是“家”和“族”，“个人”没有独立存在的空间。在血缘关系的基础上，集家成族，聚族成国，“家—族—国”三位一体，高度同构。家庭、家族好比一个个小国家，家长、族正犹如皇帝；国家好比是一个大家庭、大家族，皇帝犹如家长、族正。家庭伦理强调“孝”，国家伦理强调“忠”，忠孝是儒家伦理的核心。同时，上至皇帝、下至家长、族正都深深地认识到，“家之有规犹国之有典也，国有典则赏罚以饬臣民，家有规寓劝惩以训子弟，其事殊，其理一也”（安徽：“祠规引”，《仙原本溪项氏族谱》）。在“家国同构”的社会基础之上，由家法族规和国家法构成的古代法律体系成为中华法系最重要的特色之一。

中心的“纲常”伦理秩序,[①] 国家（皇帝）、家族（族长）、家庭（家长）不但享有特权，而且其利益优先得到保护，司法屈从于以皇权、族权、家长权为代表的社会权力体系。具体表现有以下几个方面。

（1）承认家族司法的合法性。中国传统司法的一个重要特征是其二元结构，即国家司法与家族司法并存。[②] 随着汉代法律儒家化的开始，汉律已明确家长对子女的惩处权，强化了对不孝罪的惩处。元明清时期，国家赋予家族长更大的权力，甚至包括生杀予夺大权。如按元律，“诸父有故殴其子女，邂逅致死者免罪”；明清律也有规定，“子孙违反教令而依法决罚，邂逅致死者勿论”。总之，既承认家族法规的合法性，又承认家长、族长拥有一定的司法权，家长、族长对民事纠纷和轻微刑事案件享有独立的审断权，是中国的一项司法政策。

（2）家族、政治伦理一体化。在诉讼立法精神上，既维护家族伦理，又维护政治伦理，是秦汉以后法律儒家化的基本表现。秦律规定，当事人向官府起诉，“贼杀、伤、盗他人为公室告，子盗父母，父母擅杀、刑、髡子及奴妾，不为公室告”，“非公室告，勿听”。[③] 当然，为了维护君主专制的利益，当维护家族伦理与保障政治伦理二者冲突时，优先保障政治伦理秩序。如《唐律・斗讼》规定，“年八十以上，十岁以下及笃疾者，听告谋反、逆、叛、子孙不孝及同居之内为人侵犯者，余并不得告”；“告祖父母、父母者，绞”。这表明，家族伦理是诉讼法保护的重要内容，但在遭遇谋反、逆、叛等重大危害政治伦理秩序的行为时，家庭伦理的重要性便退而居其次，君主专制统治的利益优先得到保障。

（3）权尊于法，司法不独立。中国古代的思想家们，大多主张“权

---

① 三纲五常，是儒家伦理文化中的基本架构，其提法源于西汉董仲舒的《春秋繁露》一书，但最早渊源于孔子。孔子曾提出“君君臣臣、父父子子”和“仁义礼智”等伦理道德观念，孟子进而提出“父子有亲，君臣有义，夫妇有别，长幼有序，朋友有信”的“五伦”道德规范。董仲舒按照大道“贵阳而贱阴”的阳尊阴卑理论，提出了“君为臣纲，父为子纲，夫为妻纲”，认为这是世间最重要的人伦关系；又提出“仁、义、礼、智、信”五常之道，认为这是处理君臣、父子、夫妻、上下尊卑关系的基本法则。董仲舒以此确立了君权、父权、夫权的统治地位，把封建等级制度、政治秩序神圣化为宇宙的根本法则。

② 李交发：“论古代中国家族司法”，载《法商研究》2004 年第 4 期，第 135 页。

③ 《云梦睡虎地秦简・法律答问》。

尊于法”，鼓吹“法者，君之所独制也”①。到了清朝，法律几乎完全成了皇权的附庸，在清末立宪改革中虽然一度围绕“权尊于法”还是“法尊于权”展开激辩，最后仍然以“大权统于朝廷，庶政公诸舆论”而告终。在一个君权至上、权大于法的社会里，一方面，皇帝控制了最高司法权，司法权难以独立；另一方面，基于“教化无讼”的理念，历代官府重视调处息争、打压讼师、惩处兴讼者、干预私权处分等，无不体现了统治者把司法视为管理和控制社会的工具的观念，而不重视当事人权利的保障。

2. “刑民有别，重刑轻民”的司法政策观

重刑或重民，本质上涉及的是社会治理的优先手段或方式问题，是一个司法政策的选择问题。从实体法来看，有学者认为中国古代“只有刑法，而无民法”或者“刑民不分”，这种认识是与历史不符的。在西周时期，民法与刑法不但分别法典化，而且内容同样发达。据《尚书·吕刑》记载：西周穆王任命吕候为司寇，制五刑，“墨罚之属千，劓罚之属千，剕罚之属五百，宫罚之属三百，大辟之罚其属二百：五刑之属三千”。而据《礼记·礼器》记载：“经礼三百、曲礼三千。”曲礼三千条，主要是用来确定“下黎庶车舆衣服宫室饮食嫁娶丧祭之分”的，与如今之民法规范作用相当。② 只不过，随着战国时期重刑主义的法家的兴起，尤其是秦汉以后封建法律的儒家化，作为独立法典的“礼”消失了。秦汉以后“礼”的发展有两种趋势：一是“引礼入刑，出礼入刑”，出现了诸法合体的现象；二是礼转而以习惯法、礼俗、家族法规等面目出现，在社会生活中仍发挥规范作用。这种趋势，可谓是“重刑轻民”在实体法领域的体现。

---

① 《商君书·修权》。

② 《周礼》《仪礼》《礼记》合称三礼。其中，《周礼》又称《周官》，讲官制和政治制度；《仪礼》记述有关冠、婚、丧、祭、乡、射、朝、聘等礼仪制度；《礼记》是一部先秦儒家有关礼仪制度的论著选集。《礼记·礼器》云：“经礼三百、曲礼三千。”郑康成注曰：经礼谓《周礼》，曲礼即《仪礼》。另有《中庸》记载：“礼仪三百，威仪三千。”孔颖达疏曰：礼仪三百即《周礼》，威仪三千即《仪礼》。那么，礼的作用是什么呢？据《史记·礼书》描述，“君臣朝廷尊贵卑贱之序，下黎庶车舆衣服宫室饮食嫁娶丧祭之分”，皆靠礼来确定。据此推断，《周礼》大致相当于如今的行政法规范；《仪礼》大致相当于如今的民法规范。

在诉讼法或司法领域，“刑民有别、重刑轻民”也是统治者稳定的司法政策和理念。

（1）刑民有别。早在西周时期，就已出现了刑事诉讼与民事诉讼的初步分野。据《周礼·秋官·司寇》记载：“争罪曰狱”，“争财曰讼”；办理刑事案件称“断狱”，办理民事案件称“弊讼”。秦汉以后，尽管始终没有形成独立而完善的民事诉讼程序，但民事案件与刑事案件的办理仍然存在一些重要的区别。一是起诉条件不同。如秦代“公室告”与“非公室告”的区分，唐代以后规定只在每年十月一日至三月三十日的农闲时节受理民事起诉，明代将里老、乡约的调处作为民事起诉的前置程序等，都是民事诉讼独有的司法政策。二是审理方法不同，民事案件重视调解，刑事案件重视听审、刑讯。三是审级制度不同。如汉代刑事案件由乡、县令、郡守、廷尉四级审理；民事案件则由乡、县令、郡守、州刺史四级审理，无法上诉至中央司法机关；清初民事案件实行一审终审，州县判决后即可执行。四是适用的实体法不同。在各朝代，都要求刑事案件必须依律断案；但民事案件除了依律断案外，还存在依礼断案、依情理断案、依习惯断案，甚至调处息讼等结案方法。①

（2）重刑轻民。“重刑轻民”的传统不仅仅体现在实体法领域，在诉讼和司法领域也同样存在。总的来看，诉讼领域的“重刑轻民”具有三重意蕴。

一是从诉讼活动看，“重刑狱，轻民讼”。从社会治理的宏观视野看，古代社会之所以“重刑狱”，原因就在于刑狱有利于维护社会稳定，有利于维护统治阶级的利益。重视刑狱的思想源头是法家倡导的“重刑主义”。如商鞅认为，重刑才能达到预防犯罪的目的，“禁奸止过，莫若重刑”，“重刑连其罪，则民不敢试，故无刑也”②；还说，“德生于刑”③，重刑才能淳朴民风。秦朝贯彻了法家的重刑思想，迅速强盛起来并统一了六国，但也很快土崩瓦解。据《史记·秦始皇本纪》评说，

① 参见张晋藩：《中国法律的传统与近代转型》，法律出版社2009年版，第27、157、207—214、218页。

② 《商君书·画策》。

③ 《商君书·说民》。

"秦之盛也，繁法严刑而天下振；及其衰也，百姓怨望而海内叛矣"。汉唐吸取了秦亡的教训，"德主刑辅""明德慎罚"的思想渐成主流；但及至宋元明清，社会矛盾日趋激化，统治者经常不自觉地重拾"治乱世用重典"的传统观念。据《宋史·刑法志》称："太宗在御，常躬听断。"明帝朱元璋说，"吾治乱世，刑不得不重"（《明史·刑法志》）。封建社会统治者一方面重视"刑狱"，另一方面却轻视"田土户婚"等民事案件，表现有二。其一，与封建社会的农业生产大计相比，个人的民事权利保护是微不足道的。因此，在农忙季节，往往限制民间争讼。如唐《杂令》规定："诉田宅、婚姻、债负，起十月一日，至三月三十日检校，以外不合。"这一做法，被后世历代所沿袭。① 其二，民事案件因不涉及命盗重案，故称为"细故"。清律规定，"州县自行审理一切户婚、田土等项"，即户籍、继承、婚姻、土地、水利、债务案件由州县长官一审终审，无须惊动中央司法官员和皇帝。

二是从程序制度看，"重视刑事诉讼程序制度的构建，轻视民事诉讼程序制度的构建"。中国古代虽然没有独立的诉讼法典，但司法组织和诉讼程序还是存在的，主要规定于以刑为主的综合法典中。但是，无论司法机关的设置、诉讼原则的确立，还是审判程序制度的设计，无不以保障刑法的实施为重心。例如，司寇（西周）、廷尉（汉）、大理寺、刑部、御史台（唐以后）等中央司法机关，以及乡士、县、州、府等地方司法机关，均以承担刑事审判职能为主；确立了以"慎刑"为中心的刑事诉讼原则，"三司会审"等特色刑事审判制度。尤其是，在刑事司法中确立了"程序法定"原则。如唐律规定，司法官"皆须依所告状鞫之，若于本状之外，别求他罪者，以故入人罪论"。宋代规定，州县长

---

① 《宋刑统·户律》设"婚田人户"门，除引用唐《杂令》外，又补充规定，这些诉讼只能在十月一日至正月三十日的三个月内受理，并在三月三十日之前审理完毕。后来，这种"婚田入务"的制度又被元朝沿袭，施行达七八百年之久。明朝取消了"婚田入务"，原则上可以随时提起诉讼，然而地方官府都自行规定只能在特定的"放告日"才能起诉，大多采用每三日、五日放告一次，因此每年受理诉讼的日子不过百日。清康熙年间制定"农忙停讼"条例，规定在每年自四月初一至七月三十日农忙季节受理民事案件是官员的一项政务劣迹。地方官府经常在四月一日起就在衙门两侧树立"农忙""止讼"木牌，禁止民间起诉，在其余的八个月里也沿袭明代惯例，要在"放告日"才允许起诉，每年受理诉讼的日子不过数十日。

官必须亲自听审刑狱，“州县不亲听囚而使吏鞠狱者，徒二年”[①]。与此截然相反，民事案件由刑事司法官兼理，民事案件的审理依附于刑事诉讼程序；由于追求“无讼”的理想，民事案件往往实行宗族调处、官府调解，诉讼程序充满了随意性，程序法定无从谈起，这就大大阻碍了民事诉讼程序制度的完善。

三是从程序违法后果看，“重视刑罚制裁手段的运用”。以刑罚手段处理民事程序违法问题，是古代民事程序法制不健全、重刑轻民的另一个表现。例如，自秦、汉以降，历代法律都规定了“诬告反坐”的原则，对恶意诉讼者追究刑事责任。《唐律·斗讼》诬告反坐条：“诸诬告人者，各反坐。”明朝曾定《诬告法》：“凡诬告三四人者，杖一百、徒三年；五六人者，杖一百、流三千里；所诬重者，从重论；诬告十人以上者，凌迟处死，枭首其乡，家属迁化外。”再如，禁止越级告诉是历代通例，否则当事人和司法官都要受处罚。唐律规定，“诸越诉及受者，各笞四十。推抑而不受理者，笞五十，三条加一等，十条杖九十”。

3. “义务本位，权利等差”的诉讼秩序观

中国传统社会的秩序观，以确定行为主体向对方履行一定的义务为核心内容。这种秩序观是传统文化上“忠恕礼义”思想化育的产物。[②]中国传统社会秩序是建立在人伦的基础上的，人伦秩序以差序性为基本特征，并在家庭秩序、政治秩序和社会秩序中铺展开来。人伦秩序的有序运作离不开“礼”的作用，“故先王制礼仪以分之，使有贵贱之等，长幼之差，知贤愚、能与不能之分，皆使人载其事而各得其宜”[③]。在调整人际关系方面，儒家文化中不存在权利义务的范畴，只有“义利”思想。在儒家“义利观”中，重义而轻利，所谓“君子喻于义，小人喻于利”[④]。儒家“义利观”要求，每个人都要尽义务、履本职，在付出的同时不能主动索取，否则，便会被斥为无礼、不义。在社会纠纷解决领域，进而产生了“和而不争”的和谐观，正所谓“礼之用，和为贵。先

① 《文献通考》卷一百六十七《刑六》。
② 陈顾远：《中国文化和中国法系》，三民书局1969年版，第55页。
③ 《荀子·荣辱篇》。
④ 《论语·里仁》。

王之道斯为美，小大由之”①。

“义务本位”的秩序观与“和而不争”的和谐观，必然导致在诉讼中“强化义务、漠视权利”的后果。具体表现有以下几个方面。

（1）压抑诉权，打击讼师。对于民间争执，儒家倡导道德自律，通过反思个人是否尽到本分、义务来息讼。同时，历代统治者也几乎都采取了压抑诉权、打击讼师的政策。压抑诉权的措施主要有，一是子孙不得告尊长，奴婢不得告主，否则处死。二是妇女一般不能直接告诉，须有父兄或子孙代理。元代还进一步规定，“妇道有伤风化”，“今后不许夫人告事”（《元典章·刑部·诉讼》）。三是唐代以后规定，民事诉讼不得妨害农业生产，只能在官府指定的农闲时段起诉。四是直接规定不许轻易告官。如明朝朱元璋在“教民榜文”中曾要求，“民间户婚、田土、斗殴、相争一切小事，不许轻便告官，务要经本管里甲老人理断。若不经由者，不问虚实，先将告人杖断六十，仍发里甲老人量断”。为了抑制民间争讼，统治者还严厉打击“讼师”“代书人”等。如明朝法律规定，“凡教唆词讼，及为人作词状，增减情罪，诬告人者，与犯人同罪”，“代人捏写本状……全诬十人以上者，俱问发边卫充军”。②

（2）漠视实体权利，裁判“和稀泥”。古代官府对于受理的案件，往往淡化权利和是非观念，对双方“各打五十大板”。不少封建官吏的办案经验是，“与原告以六分理，亦必与被告以四分理，与原告以六分罪，亦必与被告以四分罪，二人曲直不甚相远，可免忿激再讼”。③ 可见，在古代司法中，封建统治秩序的安稳是被优先考虑的，其次是官员维稳的个人政绩，最后才是案件的是非曲直和当事人的权利保障。

（3）漠视人权，动辄刑讯。中国古代诉讼不分刑民，官府对原告、被告、证人皆动辄实施刑讯，而且刑讯合法化。秦朝已有刑讯，据《睡虎地秦墓竹简·封诊式》记载，“治狱，能以书从迹其言，勿笞掠而得人情为上，笞掠为下”。汉承秦制，魏晋南北朝至唐代刑讯开始制度化、规范化，如《唐律·断狱》规定，“诸应讯囚者，必先以情审查辞理，

---

① 《论语·学而》。

② 《明代律例汇编》卷二二《刑律五·诉讼》。

③ 海瑞：《海瑞集》（上册），中华书局1962年版，第117页。

反复参验；犹未能决，事须讯问者，立案同判，然后拷讯”，“拷满不承，取保放之”；如果“诸拷囚限满而不首者，反拷告人”。宋元明清皆沿袭唐制，略有出入，直至晚清1910年颁布的《大清现行刑律》才在中国法制史上第一次明确宣布废除刑讯。

中国古代义务本位的社会秩序观，一方面将儒家宗法伦理观念引入诉讼，强调臣对君、子对父、妻对夫、下属对上级、庶民对贵族的义务；另一方面也将君、父、夫、上级、贵族的特权合法化，根据其在伦理秩序中的地位不同而享有不同的司法特权。概括来说，这些司法特权主要有以下表现形式：一是适用的法律不同，如西周时对诸侯、卿大夫、庶民，分别适用典、法、成三种类型的法律；二是承办司法机关不同，如清朝皇室的人涉案一律由宗人府审办理；三是行刑方式不同，如西周时期“凡王之同族有罪不即市”，即所谓“刑不上大夫”；四是子孙不得告尊长，奴婢不得告主，否则处死；五是贵族官员时常可以免于刑讯，如清朝审办三品以上大员，不得用刑夹，“有不得不刑讯之事，请旨遵行”①。从古代司法的行为模式看，“权利等差”观念充斥在诉讼之中，并非某一朝一代的个例。

4. “教化为先，无讼是求”的纠纷解决观

儒家的社会理想是建立大同社会，其诉讼理想则是“无讼”。作为儒家思想的创始人，孔子曾任春期时期鲁国的司寇，其施政理念便是“听讼，吾犹人也，必也使无讼乎”。古人认为，“词讼繁多，大抵皆因风俗日薄，人心不古，唯己是私，见利则竞”，“不知讲信修睦，不能推己及人”。② 而解决的方法就是，通过教化使民不争，敦厚人心，来达到减少讼争的目的。“教化为先，无讼是求”的理念主要通过以下举措来落实。

一是宣传先王之道，正面引导舆论。孔门弟子宣扬，“礼之用，和为贵，先王之道斯为美”，这实际上借尧舜等先王的思想和例子，来论证儒家建设“和谐无讼”社会的主张的正当性，以及以“礼”教化民众

---

① 《大清律例·名例律》，“应议者犯罪”附例。

② 梁治平：《寻求自然秩序中的和谐》，中国政法大学出版社1997年版，第203页。

的重要性。据《历记·五帝本纪》记载:“历山之农者侵畔，河滨之渔者争坻”，舜亲耕于历山、亲渔于雷泽，以自己的言传身教终使“历山之人皆让畔”，使“雷泽之人皆让居”。这是一个典型的托古说今的例子。

二是宣扬狱讼的危害，恐吓兴讼者。如《周易·讼卦》说:“讼，终凶”，“讼不可妄兴”，“讼不可长”。宋代曾任提点刑狱官职的名臣黄震说，“讼乃破家灭身之本，骨肉变为冤雠，邻里化为仇敌，贻祸无穷，虽胜亦负，不祥莫大焉”①。清代理学家陆陇其曾任河北灵寿县知县，其审理民事案件，经常将当事人传唤到庭后作如下劝导:“尔原被（告）非亲即故，非故即邻，平日皆情之至密者，今不过为户婚、田土、钱债细事，一时拂意，不能忍耐，致启讼端。殊不知一讼之兴，未见曲直，而吏有纸张之费，役有饭食之需，证佐之友必须酬劳，往往所费多于所争，且守候公门，费时失业。一经官断，须有输赢，从此乡党变为讼仇，薄产化为乌有，切齿数世，悔之晚矣”。② 前述劝言的核心观点就是，通过诉讼并不能使矛盾真正得到解决，反而破坏人伦，给当事人带来更大不幸。

三是推行“抑讼”和“调处息争”的司法政策。“无讼”只是理想，争讼在现实生活中难以避免。官府是如何应对争讼的呢？其一，“抑讼”，即通过限制起诉主体、限制起诉时间、限制起诉事由等，抑制民间动辄兴讼的冲动。其二，“调处息争”。早在西周时期，就设有“调人之职”。秦汉之后，调处息争已成办案原则。“调处息争”主要针对民事案件与轻微刑事案件，具体有三种形式。第一种是官府调处，由州县官主持和参与，注重息事宁人，忽视是非曲直，以息讼为宗旨。案件诉至官府，优先考虑调处，当调处不成时，才令公堂对簿，剖明曲直。第二种是民间调处。在宋代，以官府调处为主，民间调处为辅，调处息讼已趋于制度化。民间调处由亲邻、族长主持和参与。明帝朱元璋曾诏谕，凡户婚、田宅、斗殴，均须由里老先行调处，然后才须诉至县官。

① 《黄氏日抄》卷七十八《词诉约束》。
② 周红兴编:《中国历代法制作品选读》，文化艺术出版社 1988 年版，第 263 页。

第三种是官批民调。主要存在于清朝，是指官府经初步堂审，如果认为案件事属“细微”，则“批令”由保甲长、宗族长、会首、亲邻、中人等居中调处；调处不成，再予以堂审、判决。[①]

“无讼”思想是中国精英阶层的传统，代表着官方和士人阶层的价值判断和政治理想。那么，普通老百姓又是如何看待这一问题的呢？

通常认为，在儒家文化上千年的熏陶下，古代民众产生了强烈的厌讼、耻讼、贱讼心理。正如民谚所说，“饿死不做贼，屈死不告官”。但经缜密分析就会发现，老百姓在心理上并非主动、自愿、自觉地对接精英阶层的“无讼”思想，他们所表现出来的厌讼、耻讼、贱讼心理，更准确地说是惧讼、畏讼心理。范忠信教授也认为，“中国人之‘贱讼’，其实并非真正鄙视诉讼，而是害怕诉讼。故‘贱讼’实为‘恐讼’”[②]。老百姓为何惧讼、畏讼呢？原因不外乎以下几点，即对官府的贪腐受贿、滥施刑罚感到惧怕，对争讼可能导致生活中伦理秩序的紊乱充满不安，对封建专制统治下无力改变现状的境遇充满无奈。[③]

但也有史学研究表明，即便争讼危险重重，古代民间社会也不是铁板一块地厌讼、耻讼。尤其是宋代以后，随着商品经济的发展、造纸术的发明和讼学的兴起，江南地区“好讼”之风盛行。[④] 据《宋史·地理志》记载，当时京东东路、江南东西路、荆湖南北路、福建路的民众，都有好讼的风气。其中，尤以江南西路（近江西省）最为突出。南宋时期，“江西人好讼，是以有簪笔之讥，往往有开讼学以教人者，如金科

① 田平安、王阁：“论清代官批民调及其对现行委托调解的启示”，载《现代法学》2012年第4期。

② 范忠信：“贱讼：中国古代法观念中的一个有趣逻辑”，载《比较法研究》1989年第2期。

③ 山东曲阜孔庙石碑上刻了一首《忍讼歌》，在一定程度上揭示了老百姓惧讼、畏讼的心理原因：“世宜忍耐莫经官，人也安然己也安然。听人挑唆到衙前，告也要钱诉也要钱。差人奉票又奉签，锁也要钱开也要钱。行到州县细盘旋，走也要钱睡也要钱。约邻中证日三餐，茶也要钱烟也要钱。三班人役最难言，审也要钱和也要钱。自古官廉吏不廉，打也要钱枷也要钱。唆讼本来是奸贪，赢也要钱输也要钱。听人诉讼官司缠，田也卖完屋也卖完。食不充足衣不全，妻也艰难子也艰难。始知讼害非浅鲜，骂也枉然悔也枉然。”但徐忠明教授认为，老百姓畏讼除了经济方面的原因外，还有人格方面的原因。参见徐忠明：“从明清小说看中国人的诉讼观念”，载《中山大学学报》1996年第4期。

④ 许怀林：“宋代民风好讼的成因分析”，载《宜春学院学报（社会科学）》2002年第1期，第50—57页。

之法，出甲乙对答及哗讦之语。盖专门于此，从之者常数百人”。[①] 在清代前期，中国东南沿海商品经济发达的地区民风依然好讼；及至清代中后期，好讼之风开始向四川、黑龙江、山东、河南、陕西等地区扩散。清代地方官员对潮洲地区的健讼态势有如下描述，“吾思潮人好讼，每三日一放告，收词状一二千楮，即当极少之日，亦一千二三百楮以上”。[②] 上述史料表明，在儒家文化传承的过程中，官方和民间对待争讼的态度是存在差异的，至少在追求“无讼”的社会和民间“好讼”态势这一方面确实如此。[③]

5. “重实质正义，轻形式正义”的诉讼价值观

在讨论法的正义价值时，存在三对对立的范畴。一是实体正义与程序正义，前者强调实体法的实施和实体法秩序的维护，片面强调前者就会导致程序工具主义，即程序法只是实施实体法的工具，甚至会导致程序虚无主义。二是实质正义与形式正义，实质正义又称社会正义，“社会正义主要是指社会基本结构的正义，它是一种实质正义。……相对于社会正义而言，一切法律上的规定，不论是实体法规定的权利义务内容还是程序法上的程序规则，都属于形式正义。这种意义上的形式正义就是法治本身”[④]。三是抽象正义与具体正义，抽象正义是一种形式正义，强调对每个人同样地对待，在法律上就表现为“法律面前人人平等”；具体正义是个案中的正义，它试图通过强调个案的特殊性，来否认一般规则的适用性。

中国古代法律的主要传统之一，便是“恭行天理，执法原情”。所谓“天理”，本意是指自然规律、社会规律。《诗经·大雅》中说，“天生万民，有物有则。民之秉性，好是仁德”。意思是说，天生万民万物，各有法则，人的秉性是爱好德行的。按此逻辑，“法体现着天理，它来

① 《明会典》卷七七《礼部·科举》。

② 蓝鼎元：《鹿洲公案·五营兵食》，刘鹏云、陈方明注译，群众出版社1985年版，第5页。

③ 这一现象显示了前文有关“外在法律文化”与“内在法律文化”区分的必要性；同时也说明，研究法律文化不能仅仅根据正史和官方的制度，否则就有可能得出有偏差的观点。

④ 孙笑侠：“法的形式正义与实质正义”，载《浙江大学学报》（人文社会科学版）1999年第10期，第6—7页。

自天理或天道”。[1] 但西汉以后，天理观逐渐被扭曲，主要用来指称被神化了的、儒家所倡导的“三纲五常”的政治伦理和家族伦理秩序。如董仲舒根据天人感应的学说，大肆宣扬“王道之三纲，可求于天”，初步使纲常秩序天理化。到了宋代，程朱理学直接将“三纲五常”抽象为“天理”。程颢则认为，“万物皆只是一个天理”，“万事皆出于理”。[2] 朱熹认为，“其张之为三纲，其纪之为五常，盖皆此理之流行，无所适而不再”[3]。而且，天理是永恒不变的，“三纲五常，终变不得，君臣依旧是君臣，父子仍旧是父子”。天理体现为国法，国法是天理的化身，天理与国法同构化，这是汉代以后“引礼入法”、法律道德化和伦理化的必然产物。所谓“人情”，据《礼记·礼运》记载，“何谓人情？喜、怒、哀、惧、爱、恶、欲，七者弗学而能”。人的七种情感的共同基础就是人情，亦即“人之常情”。但从人情的社会本质看，它是以血缘伦理亲情为基础的，表现为亲族之间根据宗法伦理原则而形成的权利义务关系。[4]“法不外乎人情”，这成了古代人的一般共识。天理、国法、人情三者互补互用，共同构成封建时代司法的准据，并刻在官府的匾额上，形成了中国古代法律最具特色的一种传统。

天理、国法、人情作为三种不同的司法准据，冲突在所难免。当冲突出现时，何者优位就显得至关重要。古代司法贯彻的往往是“曲法就理”“执法原情”的实质正义理念，而现代法治倡导的“法律至上”“法律面前人人平等”等形式正义理念受漠视。

第一，奉行天理优位主义。在逻辑关系上，天理难容者，国法必难容；但是，国法难容的，天理却未必难容。这种天理优位的司法理念的后果是，凡对伤“天”害“理”者，无论司法者如何处置，哪怕是违法办案，亦被传统的司法价值所认可。[5] 例如，清朝嘉庆年间，大名府知府张五纬在审理一起儿子遭殴打、父亲代为寻仇结果也被殴的案件时，

① 范忠信等：《情理法与中国人——中国传统法律文化探微》，中国人民大学出版社 1992 年版，第 17 页。

② 《二程遗书》卷二上。

③ 《晦庵先生朱文公文集·读大纪》。

④ 参见张晋藩：《中国法律的传统与近代转型》，中国政法大学出版社 2009 年版，第 103 页。

⑤ 参见徐显明：“何谓司法公正”，载《文史哲》1999 年第 6 期，第 87 页。

在裁判中对儿子进行了责备，“揆诸天理、人情、国法，实属罪无可逭”。也就是说，虽然父受伤不是儿子殴打所致，但子不孝致父受伤，实在是天理难容、罪无可赦。天理不但优位于国法，也优位于人情，因此常用来调和国法、人情的矛盾。例如，清道光末年，江西发生一件因两家斗殴而毁弃婚约的案件，负责审案的鄱阳县令沈衍庆也颇感为难，因为从国法的角度，仅因双方斗殴而解除婚约是不能承认的；但从人情的要求看，又不应强迫不情愿的女子嫁给对方，怎么办呢？县令采取了折中的办法，“盖闻父子夫妇，并重于大伦。国法人情，必衷诸天理”，最终判决该女终生在父家中守节，男方则不得娶妻，但可纳妾，“如此一变通间，庶伦纪足以相维，而情法似觉兼尽”①。

第二，奉行人情优位主义。人情，尤其是宗法伦理关系下的亲情，在古代司法中是法官办案的重要考量因素。如汉代董仲舒著《春秋决事》，主张根据儒家经典《春秋》一书来解释法律、指导定罪量刑，从而确立了“论心定罪”的原则，凡“志善而违于法者，免；志恶而合于法者，诛”②，以致法官断罪时有出入于律者。有宋代司法官员说，“法意、人情实同一体，循人情而违法意，不可也，守法意而拂人情，亦不可也。权衡于二者之间，使上不违于法意，下不拂于人情，则通行而无弊矣”③。但是，要想每个案件都既合情、又不违法，谈何容易？实践中，更为常见的情形则是“曲法就情”。例如，明朝时有父亲遭到诬告，儿子直接到刑部喊冤，按明朝律法属于“越级控诉”，司法官员打算治罪；明太祖朱元璋却批示说，“子诉父枉，出于至情，不可罪”④。根据父子人伦关系，免除违法者的法定罪责，是人情优位主义的一个典型表现。

二、清末民国时期诉讼文化的转型

（一）清末西方法文化的输入

自汉唐以来，中国与周边邻邦的交往已延续了上千年，一直扮演着

① 韩伟：“中国传统法文化中的‘天理观’”，载《人民法院报》2015年4月3日，第7版。
② 《盐铁论·刑德》。
③ 《明公书判清明集》，中华书局1987年版，第267页。
④ 《明史·刑法志》。

文化输出国角色，未曾发生域外文化大规模输入的现象。1644 年满清入关，清王朝在经历康雍乾三代一百余年的盛世之后，至嘉庆年间（1797—1820 年）开始急剧衰败。同一时期，始于 1640 年的英国资产阶级革命极大地解放了生产力，继而从 18 世纪 60 年代到 19 世纪 70 年代完成了第一次工业革命，一跃成为世界上最大的经济大国和文明强国。世界格局在变化，文化话语权也此消彼长，为西方法文化输入中国埋下了伏笔。

在西法东渐的过程中，传教士扮演了急先锋的角色。传教士以传播基督教义为己任，[①] 兼有改造中国的使命感。1834 年传教士伯驾在来华的轮船上吟诵道，“天堂清风欢畅，伴君横渡大洋，肩负上帝重托，志在解放中国”。[②] 事实上，他们不仅传播宗教，还办报、译书，广泛介绍西方的政治、经济和法律思想。在 1810—1867 年间，新教徒在中国出版的非宗教著作就有 108 种之多。其中，1887 年成立的广学会规模最大、出书最多，影响也最广。[③] 其翻译出版的书籍广泛介绍了伏尔泰、卢梭、孟德斯鸠等人的法律学说，宣传了人权、平等、自由、法治观念。可以说，上至光绪皇帝，中央和地方高级文武官员，下至举人以上的士大夫，以及全国应考的秀才，都广受其影响。特别是，其在“维新变法”人士中间产生了广泛共鸣，康有为曾说，“我信仰维新，主要归功于两位传教士，李提摩太牧师与林乐知牧师的著作”。梁启超 1890 年路过上海阅读了广学会翻译的书籍后也说，这一年是“伟大的世界开始对他说话的一年”。[④] 总之，以传教士为先锋力量，洋商、洋幕宾、侨居海外的华人、留学生、开明士绅和知识分子等民间力量，借助于办报纸、译书籍、著书立说、成立学会等形式，广泛、深入地介绍了西方法律文化，

① 据统计，1876 年在中国的新教传教士有 473 人；1889 年增至 1296 人；到 1910 年已超过 5000 人。参见许美德：《中外比较教育史》，上海人民出版社 1990 年版，第 65 页。

② ［美］乔纳森·斯潘塞：《改变中国》，曹德骏等译，三联书店 1990 年版，第 39 页。

③ 广学会先后在北京、沈阳、天津、西安、南京、烟台等地设立分支机构，历年所出宣传神学及政法、史地、实业、理化等书达 2000 多种。除广学会外，江南制造局附设的翻译馆、上海《申报》、上海商务印书馆等，也在介绍西方法律文化知识方面发挥了重大作用。

④ ［美］卢茨：《中国教会大学史（1850—1950 年）》，曾钜生译，浙江教育出版社 1987 年版，第 39 页。

对于后来的资产阶级革命也发挥了思想启蒙的作用。

官方对待西方文化的态度，也逐渐由排斥转向学习借鉴。清朝从雍正、乾隆年间，就拒绝接受西方传教士和访华使节，禁止与洋人通商，还立法规定，“严禁私通洋人，禁止民间学习‘夷人’文字，甚至对能用外语与西方人交流沟通的人要加以治罪”。[①] 但在高级官员中，也不乏开明和远见之人。如林则徐在广州禁烟期间，不但“日日使人刺探西事，翻译西书，又购其新闻报”，[②] 还在1839年请美国传教士伯驾（P. Parker）将《国际法，或运用于国家和主权的行为和事务上的自然法原则》翻译成中文，这是中国近代翻译的第一部法学著作。但当时清政府总体上对西学是持抵制态度的，时任闽浙总督的裕谦就反对林则徐的做法，并发布命令，“见有传抄夷书夷事者，即行销毁，不准传播”[③]。中英鸦片战争后，1861—1894年，清朝政府内的洋务派官员（以李鸿章、曾国藩、左宗棠为代表）在全国各地掀起了“师夷之长技以制夷”的改良运动，主张摹习列强的工业技术和商业模式，为此雇佣了一些洋幕僚。至此，清政府高级官员对待西方文化的态度开始出现转变。1862年，李鸿章等还奏准在北京设立同文馆，附属于总理衙门，以官办的形式翻译了大量的西方法学著作。但是，翻译工作是在“中学为体、西学为用”的指导思想下进行的，目的是解决中西通商贸易中语言不通问题，不像民间传教士和知识分子介绍西方法律知识那么全面系统。至于变法图强，此时仍不被最高统治阶层所接纳。例如，1898年以康有为为首的改良主义者试图通过光绪皇帝推行政治改革，史称“戊戌变法”，当时实际最高权力者慈禧太后以违背“祖宗大法”、有损“满洲权势”为由，进行了残酷的镇压。直到1901年慈禧太后在八国联军侵华战争中仓皇出逃，“既内恐舆情之反侧，又外惧强邻之责言”，才被迫表示，“世有万古不易之常经，无一成罔变之治法”，“法令不更，固习不破，欲求振作，当议更张”。[④] 可见，清朝最高统治者是在内外交困的情势

---

① 田涛、李祝环：“清末翻译外国法学书籍述评”，载《中外法学》2003年第3期。

② 魏源：《魏源集》（上册），中华书局1976年版，第174页。

③ 《裕忠节公遗书》卷二十。

④ 张晋藩：《中国法律的传统与近代转型》，法律出版社2009年版，第406页。

下，才不得不进行变法图强的。

就诉讼法和诉讼文化的输入而言，在清末变法之前就已经开始了。例如，京师同文馆教习法国人毕利干于1880年翻译了第一部西方法律《法国律例》，含刑律、刑名定范、贸易定律、园林则律、民律、民律指掌等内容。其中，“刑名定范”即为刑事诉讼法，“民律指掌”即为民事诉讼法。当时，由于清政府备受通商、战争交涉事宜困扰，国际公法颇受重视，而诉讼法虽然较早被翻译，但实际上被冷落而无人问津。在官方冷漠以对的同时，民间对西方诉讼文化的接触、学习、赞美，甚至反过来对中国诉讼制度的反思和批判正式开始了。例如，由于受租界内西方法庭文化的影响，上海《申报》在19世纪70年代曾激烈地批判中国衙门的刑讯逼供，同时主张学习西方，推行公开限时审判，倡导建立律师制度等。[①]《申报》是当时全国最大、最有代表性的一家报纸，“上海各士绅无不按日买阅”，[②] 其影响力可见一斑。从某种意义上说，《申报》对西方诉讼文化的传播，对中国民间社会发挥了早期的思想启蒙作用，在西法东渐过程中功不可没。

（二）清末变法与“礼法之争”

中国诉讼文化与西方诉讼文化的短兵相接，发生在20世纪初的“清末变法”期间。其标志是，1906年修律大臣沈家本等借鉴西法起草了《大清刑事民事诉讼法（草案）》，朝野各方遂围绕该草案展开了激烈的论争，史称“礼法之争”。

1. 沈家本等“尽学西法”的变法指导思想

清末变法的推行，有收回被西方列强攫取的“领事裁判权”的考虑。1842年鸦片战争后，中英《南京条约》规定，“凡系大英国人，无论本国、属国军民等，今在中国各管辖地方被禁者，大清大皇帝准即释放”。其后，《中美五口贸易章程》《滇案条约》《天津条约》《中日通商行船条约》《中葡北京条约》等一系列不平等条约，均确认了外国在华

---

① 宋向宾：“《申报》与西方诉讼文化的传播（1872—1882年）”，载《文史博览（理论）》2011年第2期，第46页。

② 张仲礼：《近代上海城市研究》，上海人民出版社1990年版，第931页。

享有领事裁判权。各国根据这些条约纷纷在华设立领事法庭，造成了“外人不受中国之刑章，而华人反就外国之裁判”的局面，严重损害了中国的司法主权。在后续交涉中，外国列强表示，如果中国整顿律例、采用西法的话，可以考虑放弃这种“领事裁判权”。[①] 例如，英国在1902年《中英续议通商行船条约》第12条中就表示：“中国深欲整顿本国律例，以期与各西国律例改同一律，英国先愿尽力协助，以成此举。一俟查悉中国律例及其审判办法，及一切相关事宜皆臻妥善，英国即允弃其治外法权。”此后，美、日、葡等国也作出类似的承诺。而此时，恰逢清廷在八国联军侵华战争中一败涂地，威信尽失，在内忧外困中不得不宣布变法图强。1902年光绪皇帝发布变法上谕：“现在通商交涉，事益繁多，著派沈家本、伍廷芳，将一切现行律例，按照交涉情形，参酌各国法律，悉心考订，妥为拟议，务期中外通行，有裨治理，俟修订呈览，候旨颁行。”综上可见，中外通商交涉的需要和战争失败引发清廷对“师夷长技以制夷”思想的被迫认同，共同构成了清末变法的主因；但是，通过变法以自强，并收回列强攫取的领事裁判权，不能不说是清末变法的一个重要动力。[②]

1904年5月，清廷设立“修订法律馆”，在修律大臣沈家本、伍廷芳的领导下，“延聘东西各国精通法律之博士、律师以备顾问，复调取留学国外卒业生从事翻译”，[③] 开始大量研究和翻译各国法律制度，并着手修订和起草各大法典。1906年4月25日，沈、伍奏进了一部合刑事、

---

① 西方列强当初攫取领事裁判权，理由之一便是中国法律野蛮落后。“中国法律，不仅是极为专断地和极为腐败地实施的”，而且“在许多方面与欧洲人公平和正义的观念不相容”（参见 H. B. Morse，Chronicles of the East India Company to China（Oxford），转引自高道蕴：《美国学者论中国法律传统》，中国政法大学出版社1994年版，第450页）。关于清朝司法腐败，西人的评价并非完全杜撰。满清官员龚自珍曾揭露刑名幕吏架空主官的状况，“天下无巨细，一束之于不可破之例，虽则以总督之尊，而实不能行一谋、专一事”。而包世臣以其多年刑幕经验，痛指“天下无一不犯法之官”，整个清朝司法更是“无非同有非，无罪同有罪”（参见张晋藩：《中国法律的传统与近代转型》，法律出版社2009年版，第401—402页）。

② 学者李启成也认为，“晚清司法改革的主要动力，来自于领事裁判权对清政府维护其统治造成了巨大的危害，列强适时表达其态度恰恰构成此改革的主要契机”。参见李启成：“领事裁判权制度与晚清司法改革之肇端”，载《比较法研究》2003年第4期，第16—28页。

③ 沈家本：《删除律例内重法·历代刑法考四》，邓经元点校，中华书局1985年版，第2023页。

民事诉讼于一体的《大清刑事民事诉讼法（草案）》，这是中国有史以来第一部单独的诉讼法典。[①] 在“修律大臣奏呈刑事民事诉讼法折”中，沈、伍二人清楚地表达了该法起草的指导思想。[②]

第一，关于实体法与程序法的关系，提出了“实体为本、程序为用、两者并重”的思想。沈在奏折中说，“法律一道，因时制宜。大致以刑法为体，以诉讼法为用。体不全无以标立法之宗旨，用不备无以收行法之实功。二者相因，不容偏废”[③]。这种思想虽仍把程序法作为实施实体法的工具，有浓厚的程序工具主义的色彩，但较之历史上“以刑为主、程序虚无”的认知已经前进了一大步。到了1910年，沈家本等修律大臣受西方诉讼文化的影响，在认识上又前进了一步，开始强调程序法在保障人权方面的价值，“查诸律中，以刑事诉讼律尤为切要。西人有言曰：‘刑律不善，不足以害良民；刑事诉讼律不备，即良民亦罹其害’”[④]。

第二，关于刑、民事诉讼法的关系，主张二者分别立法，相互独立。中国古代诸法合体、在程序法上“刑民合一、以刑为主”。但环顾当时世界，中国的传统已经远远落后于世界潮流了，沈家本清楚地认识到了这一点，他说：“泰西各国诉讼之法，均系另辑专书，复析为民事刑事二项。凡关于钱债房屋地亩契约及索取赔偿者，隶诸民事裁判；关于叛逆伪造货币官印谋杀强劫窃盗诈欺恐吓取财及他项，应遵刑律定拟者，隶诸刑事裁判。”[⑤] 基于这种认识，沈家本等在1905年提出《大清刑事民事诉讼法（草案）》之后，又于1910年分别提出《大清刑事诉讼律（草案）》和《大清民事诉讼律（草案）》。当然，除了学习西方经验、与世界接轨的意图之外，修律大臣们还有两个考量。一是对外，有

---

① 这是中国历史上第一部近现代意义上的诉讼法草案，草案分总则、刑事规则、民事规则、刑事民事通用规则、中外交涉时间处理规则等5章260条，打破了中国法律编纂中实体法与诉讼法不分的传统模式。

② 沈家本、伍廷芳：“修律大臣奏呈刑事民事诉讼法折”，载《东方杂志》1906年（第3卷）第9期，第1页。

③ 参见何勤华：“西法东渐与中国司法的近代化”，载《人大法律评论》2001年第2期，第251页。

④ 同上。

⑤ 同上。

借鉴日本明治维新的经验以期收回“领事裁判权”的考虑。沈家本说：“日本旧行中律，维新而后踵武泰西，于明治二十三年间先后颁行民事刑事诉讼等法，卒使各国侨民归其钤束，藉以挽回法权，推原其故，未始不由于裁判诉讼咸得其宜。”① 二是对内，中国古代旧法已不能适应社会发展需要，到了不得不改的地步。“然民事刑事，性质各异，虽同一法庭而办法要宜有区别。”②

第三，改革司法机构体系，追求司法权独立。皇权至高无上，司法行政不分，是中国数千年不变之传统。西学东渐之后，洛克、孟德斯鸠的三权分立学说开始被严复等人大力提倡。1898 年维新变法之时，康有为的核心主张就是革除专制，实行君主立宪，实行君主立宪的前提就是三权分立，“三权立，然后政体备”。③ 1906 年 11 月，清廷下诏推行官职改革，实行大理院独立审判，并颁布《大理院审判编制法》。为配合大理院独立审判，1907 年 2 月沈家本在《各级审判厅试办章程》的奏折中希望尽快推行诉讼法：“中国行政司法向来未分离，前者臣家本等奏陈民刑诉讼法时，立宪之诏未颁，故斟酌旧日情形，尚非裁判独立主义。今者仰承谕旨，以臣院专司审判，则法权继属独立，自应将裁判各职司编为专章，方足以资遵守。惟裁判以诉讼为归宿，分之则两端，合之为一事。”因诉讼法实施受阻，1907 年的《各级审判厅试办章程》只是过渡性立法；直到 1910 年制定《法院编制法》，才真正确立了司法独立、公开审判、审检分离和合议制度等现代诉讼原则和制度。

第四，引进西方人权保障的理念，特别是主张废除酷刑。重视人权保障，是西方法律文化最主要的传统之一。④ 沈家本等在起草《大清刑事民事诉讼法（草案）》时，也将西方司法中的人权保障理念一并植入，

---

① 参见何勤华：“西法东渐与中国司法的近代化”，载《人大法律评论》2001 年第 2 期，第 251 页。

② 同上。

③ 康有为：“上清帝第六书”，载翦伯赞编：《戊戌变法》（第 2 册），神州国光 1953 年版，第 199 页。

④ 从 1215 年英国颁布《自由大宪章》以后，人权保障就逐步进入司法制度运作的领域。英国 1628 年的《权利请愿书》、1679 年的《人身保护法》、1689 年的《权利法案》，美国 1776 年的《独立宣言》、1789 年的《人权法案》，法国 1789 年的《人权宣言》，对人权包括被告的人权保障都作出了详细的规定。

加强了对诉讼参与人人格权、身体权、自由权的保障。如第 15 条规定，“凡审讯原告或被告及诉讼关系人，均准其站立陈述，不得逼令跪供”；第 17 条规定，“凡审讯一切案件，概不准用杖责、掌责及他项刑具，或语言威吓，交逼令原告被告及各证人偏袒供证”；第 18 条规定：“凡承审官、巡捕官及各项官员违背前两条之例者，即行降革治罪”。此外，还明确规定非有裁判权之法院不得审判、拘留或监禁罪人，民事案件中被监禁之人不得与刑事案件之人关押在一起，不得被勒令充当苦工等。

第五，引进一些西方司法制度，特别是律师制度和陪审制度。这两项制度本是西方法律文化的产物，是保障公民权利、制约法官擅权的司法理念的派生。英国等列强在华领事法庭的审判中大量采用了律师辩护和陪审员陪审的做法，对中国社会起到了思想启蒙作用。受此影响，沈家本在奏折中称，对于欧美诉讼法制，“惟其中有为各国通例而我国亟应取法者，厥有二端：一宜设陪审员也。……一宜用律师也。按律师一名代言人，日本谓之辩护士。盖人因讼对簿公庭，惶悚之下，言词每多失措，故用律师代理一切质问对诘覆问各事宜”。在《大清刑事民事诉讼法（草案）》第四章中设“律师”一节，并在第 208—234 条详细规定了陪审制度。其中，第 209 条规定：刑事案件，为监禁 6 个月以上、罚金 500 元以上、处刑在徒流以上者；民事案件，诉讼金额在 300 元以上者；对于上述案件，当事人可以请求适用陪审制度。

综上可见，沈家本等在起草大清刑事民事诉讼法之际有这样一些认知。（1）直接目的是收回列强在华的领事裁判权，恢复国家司法主权。在起草过程中，沈家本曾上奏称，“臣等奉命修订法律，本以收回治外法权为宗旨”①。（2）基本路径是移植西方诉讼法律原则和制度，当然也连带移植了西方诉讼文化，且认为法律移植是无可厚非的。沈家本认为，西国，尤其是东邻日本，“政治日臻美善”，“国势日盛”，都是“以改律为基础”的，“我法之不善者当去之，当去而不去是之为悖。彼法（西法）之善者当取之。当取而不取是之为愚”②。（3）基本方法是

① 张国华、李贵连：《沈家本年谱初编》，北京大学出版社 1989 年版，第 104 页。
② 《沈寄移先生遗书》，《寄移文存》卷六。

兼顾中西，既不守旧，也不排外。沈家本认为中西法律文化源流不同，政教风俗各异，墨守先型，则修律将止于空谈；照搬西人之举，又必然与中国政教、风俗、习惯违悖，只有“会而通之，古今中外，归于一致，不必为左右袒，方可行而无弊”。①

2. 张之洞等“勿碍礼教”的反对声音

《大清刑事民事诉讼法（草案）》于中国的“民情风俗”，究竟能否通行？为稳妥起见，光绪皇帝指示，“著各将军、督抚、都统等，体察情形，悉心研究其中有无扞格之处，即行缕析条分，据实具奏”②。事实表明，对实体法与程序法分立、刑民事诉讼程序分离、诉讼时限、公堂书记官等技术性立法问题，各将军、督抚、都统并未反对，甚至赞许；但在涉及“政教风俗”等法律文化层面的一些原则和制度，遭到了封疆大吏们的激烈反对，引发了一场“礼法之争”。所谓礼法之争，即以张之洞、劳乃宣为代表的“礼教派”与以修律大臣沈家本为代表的“法理派”，围绕新式法典的修订思路而产生的理论争执。③

“礼法之争”的实质，乃是西方诉讼文化与中国传统诉讼文化之间的冲突，这集中体现在以下几方面。④

第一，关于人权保障。《大清刑事民事诉讼法（草案）》引入西方人权保障理念，在第17条中废止刑讯，在第76条中确立了罪刑法定原则。地方督抚则认为，废止刑讯不能“一刀切”，“偏小州县风气未开，民情强悍”，“良莠不齐”，完全废止刑讯将致“决讼永无定期”“凶焰日长”。⑤ 礼教派还反对罪刑法定原则，认为中国古代的“比附援引”的做法更有利于预防犯罪，否则，将“足以长刁风”，“恐为政废弛之渐”。

---

① 《沈寄移先生遗书》，《寄移文存》卷六。

② 《张文襄公全集·奏议》卷六九。

③ 从过程来看，礼法之争分为四个阶段进行：1906年围绕《大清刑事民事诉讼法（草案）》的争论是第一阶段；1907年以后围绕《大清新刑律》的修律原则产生的争论是第二阶段；1910年围绕《暂行章程》是否列入修订后的《大清新刑律》产生的争论为第三阶段；1909年以后围绕家族主义还是国家主义的立法指导思想产生的争论为第四阶段。

④ 参见胡瀚：“《大清刑事民事诉讼法》草案之论争”，载《陕西理工学院学报》（社会科学版）2010年第4期，第55—61页。

⑤ 赵彬：“诉讼法博驳议部局”；陈刚主编：《中国诉讼法制百年进程》（第一卷），中国法制出版社2004年版，第144页。

从这些议论来看，诉讼立法是改行西方“个人权利本位”，还是固守中国传统的“个人义务本位”思想，是法理派和礼教派论争的一个焦点。

第二，关于财产执行。《大清刑事民事诉讼法（草案）》引入西方人人平等、自我责任的理念，在第133条中规定，为执行生效裁判，不得查封下列财产：“一、本人妻所有之物；二、本人父母、兄弟、姐妹及各戚书、家人之物；三、本人子孙自得之物。”这一规定，显然对中国奉行千年的“亲亲尊尊”“男尊女卑”“家庭共有”的宗法伦理观形成了强烈的冲击，因而引起礼教派的强力反弹。如时任陕甘总督升允认为，“中国民风有父债子还一说。即定律亦严别籍亦财之罪，迥与外洋情形不同。……若本同居，或祖父母、父母欠债无偿，不能以子、孙、妻之财备抵……有长天性凉薄之风”。[①] 张之洞认为，“今以查封备抵之故，而强为分析财产，则必父子异宅，兄弟分炊，骨肉乖离，悖理甚矣”；[②] 他还进一步指出，这一规定“袭西俗财产之制，坏中国名教之防，启男女平等之风，悖圣贤修齐之教，纲沦法败，隐患实深”，因此，“中西政教各异，此法万不可行”。[③]

第三，关于证据制度。《大清刑事民事诉讼法（草案）》第242条规定，“凡职官、命妇均可由公堂知会到堂供证，但公堂须另置座位以礼相待。若系三品以上大员为证人者，即由公堂遣员就询”。这条规定本是引入西方证据理念，强调为查明真相，国人皆有配合司法、出庭作证的义务。但由于其中暗含了法律面前人人平等的理念，而与权利等差的中国传统纲常名教存在冲突，因而也遭到反对。张之洞认为，“至命妇到堂，则必不可，……将夫人提审，永行禁止，所以养廉耻、全名节也。以言经义则如彼，以言国法又如此。然则妇女到堂供证，为万不可行之事，……此为名教所关，断不宜借口于男女平权之说”。[④]

第四，关于律师制度。《大清刑事民事诉讼法（草案）》第四章第一

---

① 赵彬：“诉讼法博驳议部局”；陈刚主编：《中国诉讼法制百年进程》（第一卷），中国法制出版社2004年版，第167页。

② 同上书，第144页。

③ 苑书义等编：《张之洞全集》卷六十九《遵旨核议新编刑事民事诉讼法折》，河北人民出版社1998年版，第1773、1784页。

④ 同上书，第1796页。

节，引入了西方的律师制度。大多数封疆大吏并不反对律师制度，而是以“人才不备”为由，反对骤然推行律师制度。如张之洞认为，“近日骤难造就如许公正无私之律师，即选拔各省刑幕入堂肄业，而欲求节操端严法学渊深者，实不易得。遽准律师为人辩案，恐律师品格尚未养成”。[①] 但也不乏有人以看待“讼师”的旧眼光来看待律师这一新兴事物，如杭州将军瑞兴忧虑道，“用律师则恐启杠讼之端”。[②] 制度设计是利于维持统治秩序，还是利于保护人民权利，这是礼教派与法理派争论的又一焦点。

第五，关于陪审制度。《大清刑事民事诉讼法（草案）》引入陪审制度，与伍廷芳早年留学英国的经历不无关系，引入这一制度的目的就是制衡承审法官的权力、防止司法擅断。但是，长期浸淫于司法行政化传统文化的地方官员，显然无法接纳这种先进的司法民主理念，他们往往以无讼、贱讼的传统理念对陪审制度大加鞑伐。如张之洞认为，“中国束身自爱之绅士，必不肯至公堂”，反之，愿意到公堂陪审的，“非敢于词讼之劣绅，即横行乡曲之讼棍”。[③] 如果不是地方绅士，而令其他人充当陪审员，必定是“颠倒是非，变乱黑白”。[④] 陪审制不被接受的根本原因，在于陪审制度所蕴含的民主、分权思想，与中国传统的高度集权政治体制相冲突。

第六，关于立法指导思想。宪政编查馆特派员杨度认为，中国传统的家族制度阻碍了国家的进步，只有变家族主义为国家主义才能使中国由弱变强，因此，修律中应当减少家族制度的条文。而劳乃宣则针锋相对地指出，法律的制定与政体密切相关，政体的形成又有其礼教和风俗传统背景。因此，修订法律必须要“本乎我国固有家族主义，修而明

---

① 苑书义等编：《张之洞全集》卷六十九《遵旨核议新编刑事民事诉讼法折》，河北人民出版社 1998 年版，第 1790 页。

② 赵彬：“诉讼法博驳议部局”；陈刚主编：《中国诉讼法制百年进程》（第一卷），中国法制出版社 2004 年版，第 182 页。

③ 张之洞：“遵旨核议新编刑事民事诉讼法折”；苑书义等编：《张之洞全集》（第 3 册），河北人民出版社 1998 年版，第 1792 页。

④ 赵彬：“诉讼法博驳议部局”；陈刚主编：《中国诉讼法制百年进程》（第一卷），中国法制出版社 2004 年版，第 186—187 页。

之，扩而充之，以期渐进于国民主义，事半功倍，莫逾乎是”。[①] 具体来说，两派这方面的争论主要集中在两个刑律的问题上，一是子孙卑幼能否对尊长行使正当防卫权的问题；二是“无夫奸”应否定罪科刑的问题。因礼教派和法理派各执己见、难以调和，最后资政院只好用投票的办法进行表决；结果是，法理派的观点被否定，礼教派的观点被通过。

在礼法之争中，最终礼教派占了上风，法理派步步妥协。1909 年初，宣统皇帝针对修律过程中的争议发布上谕，“凡我旧律义关伦常诸条，不可率行变革，庶以维天理民彝于不敝。该大臣务本此意，以为修改宗旨，是为至要”[②]。后来，担任大学堂总监督的刘廷深还强硬地要求，“礼教可废则新律可行，礼教不可废则新律必不可行……严饬该馆，凡新律草案中，此等条文概行删除净尽，不准稍有存留，悉本中国礼教民情，妥为修正”。[③] 由于礼教派的坚决反对，《大清刑事民事诉讼法（草案）》被无限期搁置了，虽然沈家本等 1910 年又分别提出《大清刑事诉讼律（草案）》和《大清民事诉讼律（草案）》，但未及颁布实施，1911 年辛亥革命爆发，清王朝灭亡了。

（三）民国时期诉讼法文化的继续转型

以孙中山为首的资产阶级革命派通过武装斗争推翻了清王朝的统治，之后按照民主、共和的目标开始创建国民政府。随着君主专制被民主共和所取代，传统封建法律文化受到了大规模的批判，西方先进的法制文明在知识分子、政府官员和普通民众中得到了更为广泛的认同，由“清末变法”开创的中国诉讼法制的近代化转型向着纵深方向推进。但这一进程不是一帆风顺的，法律文化的冲突无时无处不在。

1. 关于民主、共和与法治的治国理念

孙中山是推翻帝制、建立民国的精神领袖，其代表的资产阶级民主共和观念直接指导了辛亥革命的发动。1903 年孙中山在檀香山对华侨演讲中提出，要“效法美国选举总统，废除专制，实行共和”。1905 年他

---

① 李贵连：《沈家本传》，法律出版社 2000 年版，第 329—340 页。

② 《大清法规大全·法律部》（卷首），台北考证出版社 1972 年版，第 1661 页。

③ 故宫博物院明清档案部编：《清末筹备立宪档案史料》（下册），中华书局 1979 年版，第 889 页。

对“建立民国”的政纲作了如下解释，“今者由平民革命以建国民政府，凡为国民皆平等享有参政权。大总统由国民共举，议会以国民共举之议员构成之。制定中华民国宪法，人人共守，敢有帝制自为者，天下共击之”[①]。后来，他又提出“民族”“民权”“民生”的三民主义，和由“行政权”“立法权”“司法权”“监察权”“考试权”构成的五权宪法，描绘了中国特色的宪政构架。

按照西方传统，共和国的治理需仰赖议会民主表决，奉行法律至上的理念。但无论孙中山本人，还是同时代的革命志士，在认识上都还存在一些偏差。例如，孙中山提出，“国家除了官吏之外，次重要的是法律”。[②] 这种重视“贤官”甚于“法律”的观念，多少有点“有治人、无治法”的儒家贤人政治传统的痕迹。后来，1915 年袁世凯称帝，1917 年张勋复辟，显示当时社会受封建专制传统的影响仍然至深。由于辛亥革命后中国非但没有走向民主共和，反而陷入了军事强人政治的泥沼，促使孙中山于 1923 年提出中国革命分“军政、训政、宪政”三步走的政治路线图。[③] 军政时期，政府重在全国用兵扫除革命障碍，促进国家统一；训政时期，重在开启民智，培育国民民主、共和、法治的理念；宪政时期，召开国民大会，创制宪法，国民大会行使国家统治权。从某种意义上说，孙中山的“军政、训政、宪政”三步走理论符合了政治法律文化的发展规律，其转型往往是一个长期的过程，非一朝一夕所能完成。但在军事强人蒋介石治下，1946 年召开的国民大会只是国民党一党意志的体现，其制定的宪法被称为是“伪宪法”“蒋记宪法”，在饱受专制文化熏陶的中国大地上，欧美资产阶级民主政治观念有花无果，法治理念也只流行于知识分子阶层而已。

2. 关于司法独立的司法理念

“司法独立”是西方三权分立学说的派生物，它是资产阶级大革命

---

① 《孙中山选集》（上卷），人民出版社 1956 年版，第 69 页。

② 《孙中山全集》（第 3 卷），中华书局 1984 年版，第 41 页。

③ 1923 年 1 月 29 日孙中山于《申报》五十周年纪念专刊上发表《中国革命史》一文，称：“从事革命者，于破坏敌人势力之外，不能不兼注意于国民建设能力之养成，此革命方略之所以必要也。余之革命方略，规定革命进行之时期为三：第一为军政时期，第二为训政时期，第三为宪政时期。”

以来用以制约政府权力、保护人民权利的一种手段。民国时期以欧美法制为榜样，大力倡导司法独立。《中华民国临时约法》就规定，“法官独立审判，不受上级官厅之干涉”，“法官在任中不得减俸或转职”。为保证法官胜任，还规定“所有司法人员，必须应法官考试合格人员，方能任用”。这些规定具有划时代的意义，至少从立法上看是如此，都是清末变法期间想提而未敢提、想做而做不到的。

但民国时期的司法实践显示，除少数知识分子和司法界人士外，司法独立观念并未被社会普遍接受。从以下三个案例中，可窥一斑。

第一个案例是姚荣泽案。1911 年 11 月，江苏山阳县原县令姚荣泽杀害了两名同盟会会员。革命军进驻后，南通州总司令张察将其捕获，但拖延不办，在革命志士中引起强烈反响。沪军都督陈其美致电南京临时政府抗议，甚至打算派兵攻打南通，强行惩办姚荣泽。孙中山于 1912 年 2 月电令南通州总司令张察，要求迅将姚荣泽及此案证据卷宗“解送沪军都督讯办”，“以彰国法，而平公愤”。陈其美收押姚荣泽后，迅速成立军事法庭，打算审判姚泽荣。但时任司法总长伍廷芳反对这种做法，他主张此案依法应由法部主导审理，并提议“审理姚荣泽一案，须组织合议裁判所。派陈贻范君为所长，丁君榕、蔡君寅副之，应设陪审员三人或五人，临时配定”。此案中，伍廷芳、陈其美之间的争执，源于孙中山将审判管辖权指定于上海都督陈其美，而非司法机构，有违司法独立的理念。[①] 如果说此时中华民国南京临时政府百废待兴，司法机构和诉讼程序都还一片空白，因此该案做法还情有可原的话，那么，1913 年宋教仁被刺杀后，案件本已循司法途径处理，而孙中山却执意要武力解决，发动“二次革命”。综上可见，以孙中山为代表的革命者的法治意识和司法独立观念是较为淡漠的。

第二个案例是罗文干案。1922 年 11 月，众议院议长吴景濂、副议长张伯烈，以时任财政总长罗文干涉嫌受贿为由，要求总统黎元洪下令逮捕罗文干。京师地检厅厅长调查后，认为受贿事实不成立，将罗文干无罪释放。对此，直系军阀曹锟携直系 11 个省区的将领通电全国，要求

---

① 参见刘永峰：“姚荣泽案：司法独立第一案”，载《看历史》2011 年第 5 期，第 24 页。

重新查办罗文干。京师地检厅不得不再次侦办，因缺乏证据，1923年1月再次作出不起诉决定，并根据检察一体原则报上级检察厅同意。对此，众议院、教育总长和司法总长等纷纷介入，再拘了罗文干，并撤换了京师高等检察长周贻柯、地方检察长熊元襄及主办罗案的检察官。对于权贵的非法干预，知识分子和司法界奋起抗争，如北京大学校长蔡元培宣布，教育总长干涉司法，羞与其为伍，辞职出京，由此引发抗议学潮；修订法律馆总裁江庸，副总裁石志泉、陆鸿仪，总纂郑天锡等，均以司法总长破坏法令，司法独立无望而通电全国，并愤而辞职；东三省特别法庭通电痛斥罗文干案中干预司法独立的行径，湖北、安徽、奉天、河南、山东、直隶、江西等地纷起响应。在各地司法界人士的支持下，办理本案的法官、检察官坚守法律，于1923年8月宣布罗文干无罪，将其释放。[①] 在北洋政府时期，军阀强权、议会、政府经常藐视司法权威，肆意破坏司法独立；但同时，知识阶层和司法界也出现了一批坚守司法独立理念的精英，有力地推动了司法独立观念的传播，罗文干案就是其中的代表性案例。

第三个案例是闻一多案。在蒋介石执政时期，实行个人独裁和国民党一党专政，诉讼和司法制度建设虽有长足进步，但在专断的权力之下司法独立无从谈起，闻一多案就是一例。1946年7月15日，西南联大教授闻一多被刺身亡。军统很快查明，暗杀闻一多是云南警备总司令部指使人干的。鉴于社会各界压力，国民党做出了“重视”此案的姿态，先后派遣唐纵、顾祝同等党政要员赴昆明调查，但司法缺席。民盟要求成立“公民代表团”，参与调查。后来，国民党陆军总司令部军法处等组建军事法庭，让两名军官顶罪，隐瞒云南省警备司令指挥暗杀的真相。蒋介石对处置方案是知情的，他在日记里写道，“如此将闻案解决告一段落，再观舆论之变化也”。[②]

3. 对传统儒家伦理观念的批判及其社会存在

自清末变法时期，康有为、谭嗣同等维新派即已先后批判“三纲”、

---

① 参见周益：“罗文干案：民国司法界的独立战争”，载《看历史》2011年第5期，第32页。

② 参见何书彬：“闻一多案：民国司法之死”，载《看历史》2011年第5期，第82页。

抨击旧礼教。及至民国，是否继续尊孔，仍有不同认识。袁世凯就任临时大总统后，文化领域的复古主义抬头。1912 年 9 月袁世凯颁布《整饬伦常令》，下令“尊崇伦常”，提倡“礼教”，认为“中华立国，以孝悌忠信礼义廉耻为人道之大经。政体虽更，民彝无改”。1914 年，袁世凯为配合复辟帝制，加紧进行尊孔活动。国人甚至请愿，要求北洋政府定“孔教”为“国教”，列入“宪法”。袁氏的文化复古，表明传统儒家伦理观念在当时社会上还相当根深蒂固。

1915—1923 年的新文化运动，正是在这种社会背景下展开的。陈独秀在《旧思想与国体问题》一文中一针见血地指出，袁氏病殁、帝制取消之后，中国人仍旧生活在封建专制的生活方式中，“此时，我们中国多数国民口里虽然是不反对共和，脑子里实在装满了帝制时代的旧思想，欧美社会国家的文明制度，连影儿也没有。所以口一张，手一伸，不知不觉都带君主专制臭味”。[①] 高一涵在《非“君师主义”》中也说：“共和政治，不是推翻皇帝，便算了事。国体改革，一切学术思想亦必同时改革；……中国革命是以种族思想争来的，不是以共和思想争来的；所以皇帝虽退位，而人人脑中的皇帝尚未退位。所以民国以来，总统之行为，几无一处不摹仿皇帝。……这就是制度革命、思想不革命的铁证。”[②] 新文化运动期间，一方面对传统封建纲常伦理秩序进行了彻底的批判，另一方面大力宣传了民主与科学思想，甚至是苏俄社会主义革命思想，使得一大批知识分子、青年学生的思想和生活方式有了根本改变。

但是，想在短短几年内就涤除沿袭了千年的传统儒家伦理观念是不可能的。1935 年民国女子施剑翘刺杀军阀孙传芳一案所引发的争论，表明儒家忠孝文化在民间有强大的影响力。施剑翘（1905—1979 年），原籍安徽桐城，从小生长在山东济南。1925 年第二次直奉战争时期，孙传芳俘虏了施剑翘的父亲施从滨，并残酷地将其斩首。施剑翘当时 20 岁，缠过足、未受过新式教育，立志为父报仇。1935 年 11 月，施剑翘在天

---

① 陈独秀：“旧思想与国体问题”，载《新青年》1917 年第 3 卷第 3 号。

② 高一涵：“非‘君师主义’”，载《新青年》1918 年第 5 卷第 6 号。

津刺杀了孙传芳，当场被警察逮捕。该案审理期间，律师、司法官员、权贵阶层、知识精英、普通百姓的表现，生动地展示了儒家伦理与法治理念的激烈冲突。第一，施剑翘的律师根据“父受诛，子可复仇”的古训，提出“情有可原”的辩护意见。而检方则以“法治无情”相诘难，指斥被告以数千年之旧伦理，文饰其罪。第二，该案经三级法院审理，法官们一直试图找借口轻判施剑翘。天津地方法院一审认定自首，但不接受“情有可原”的辩护意见，判处有期徒刑十年。河北高等法院二审否定自首，但接受“情可悯恕”的辩护意见，改判为有期徒刑七年。第三，施剑翘以“弱女子含恨十年，卧薪尝胆，最终刺杀大军阀，实现为父报仇之夙愿”的壮丽故事，博取了社会舆论的极大同情。该案判决后，施剑翘家乡安徽各师范学校、工人团体、同乡会、商会等，全国妇女界，纷纷通电向国民政府请愿，施剑翘的行为被描述为“为父报仇”“为民除害”“为国锄奸”，非但无罪，反为挽救世风的道德楷模。第四，即便在法学家内部，也存在重大分歧。如《法律评论》《独立评论》均刊登数文，力图阐释“人情是一事，法律又是一事”的现代法治理念。但也存在不同声音，芜湖律师公会就致函司法院，请求“原情特赦”；而法学家胡宝蟾也提出，“论法还是要讲理，讲理首先还是要推情”的观点。[①] 从这些纷纷扰扰的言行中，不难看出传统的儒家忠孝文化和“援情定罪”的司法观念的影响之深刻，“法律至上”的观念距当时一般民众还很遥远。

4. 民国诉讼法制的完善及对西方经验的借鉴

从辛亥革命后1912年成立南京临时政府到1949年蒋介石政府败逃台湾地区期间，中国的诉讼法制建设取得了极大的成就。但民国成立伊始，百废待兴，战事不断，诉讼立法难以一蹴而就，因此援用前清诉讼立法就成了便宜之计。前清《民事刑事诉讼律（草案）》《各级审判厅试办章程》《法院编制法》等，相继被北洋政府暂时援用，设立了四级审判、检察机关。20世纪20年代，中国南北各省分别实施着不同的民事诉讼法。1921年3月广州军政府率先将前清《民事诉讼律（草案）》

① 参见任伟：“施剑翘案：‘罪行’与‘义举’”，载《看历史》2011年第5期，第64页。

加以修正后颁行实施，这事实上是我国有史以来第一部颁布实施的民事诉讼法典，主要在西南省份施行。1922 年 7 月，北洋政府颁布了《民事诉讼条例》，该条例在借鉴了德国立法、法理的基础上，主要参考了晚近的奥地利、匈牙利的民事诉讼法，并兼采英美立法经验。[①] 1928 年南京国民政府统一全国后，直到 1932 年才颁行《民事诉讼法》共 600 条，结束了南北省份分别适用不同的民事诉讼法的分裂状况。该《民事诉讼法》以北洋政府《民事诉讼条例》为基础，并结合西方最新诉讼法理和中国的司法实践经验修订而成。1931 年 1 月还实施了《民事调解法》共 16 条，改变了从清末修律到北洋政府的民事诉讼条例均对调解制度未作规定的状况，反映了当时对待中国调解传统更加务实、理性。

在广泛借鉴外国先进经验的基础上，民国政府建立了一套在世界范围内堪称先进的诉讼法体系。对此，清末以来留学海外并学成归国的法律家群体可谓是功不可没，[②] 他们充当了欧美法律知识的传播者，以及我国法律规则的起草者、解释者、批判者等多重角色。但是，民国时期民事诉讼运作的真实情况如何呢？黄忠智教授在研究清末和民国的诉讼档案后认为，“在民国时期，法律制度的变化主要在城市而不在农村，主要在其表达而不在实践。比较民国和清代的诉讼记录，就可以看到民事裁判的实践在县城和村庄这一层次的基本延续”。[③] 特别是，中国的乡土社会并没有根本改变，大多数乡村纠纷并没有演变成诉讼，而是在社区内部以民间调解的方式解决的，而官方的诉讼制度对乡村生活的影响是极其有限的。

---

① 吴泽勇：“动荡与发展：民国时期民事诉讼制度述略”，载《现代法学》2003 年第 1 期，第 49 页。

② 在 1895 年甲午战争（尤其是清末新政）以后，法政人才日益受重视，留学生学习的专业开始转向法政。1896 年到 1912 年间共有 39056 人留学日本，辛亥革命前仅毕业于法政大学的中国留学生就有 1346 人。在清末和民国时期，留学欧美学习法律的著名人物有王宠惠、罗文干、王世杰、王铁崖、顾维钧、唐绍仪、杨兆龙、倪征奥、梅汝敖、钱端升、沈钧儒等。参见韩秀桃：“民国时期法律家群体的历史影响”，载《榆林学院学报》2004 年第 2 期，第 19 页。

③ 黄宗智：《民事审判与民间调解：清代的表达与实践》，中国社会科学出版社 1998 年版，第 4 页。

三、新中国成立前后诉讼文化的革命化、群众化

“十月革命一声炮响，给我们送来了马克思列宁主义。”[①] 无论是中国共产党的成立，还是中共领导下的政权和法制建设，从一开始就深受共产国际和苏联模式的影响。中国共产党在主动地学习借鉴苏联法的同时，也对中国乡土社会中绵延存在的传统文化给予了充分重视，两者交相作用，逐渐形成一种意识形态色彩浓厚的社会主义革命政法文化新传统。

（一）苏联法影响中国诉讼文化的方式与途径

苏联作为社会主义阵营的老大哥和当时的世界强国，从 1921 年中国共产党成立到 1949 年新中国成立，在不同的历史时期，以不同的方式与途径对中国发挥着影响作用。

在 20 世纪 20 年代的大革命时期，苏俄即已开始从意识形态上对国共两党产生影响。首先是在俄国十月社会主义革命的鼓舞下，1921 年中国共产党成立，在党纲中明确宣告，“本党承认苏维埃管理制度，把工农劳动者和士兵组织起来，并承认党的根本政治目的是实行社会革命”。虽然党纲中明确“承认无产阶级专政”，“承认苏维埃管理制度”，但新生的中国共产党无论在理论、经验上，还是在实力上都相对弱小，无力独立领导当时的中国革命。自 1923 年起，孙中山领导的中国国民党决定与苏俄和共产国际合作，中共也在苏俄的建议下与国民党开展革命合作。苏俄给予国民党大量的财政援助，协助建立黄埔军校，提供武器装备，并派军事顾问协助国民革命军北伐。在北伐期间，苏俄通过共产国际和援华顾问的媒介不断向中国共产党和中国国民党灌输其司法“党化”“民众化”和“革命化”的理念。例如，武汉国民政府 1927 年为审判北洋军阀将领刘玉春而专门制定了《反革命罪条例》，[②] 法院采用由

---

① 《毛泽东选集》第 4 卷，人民出版社 1991 年版，第 1471 页。

② 1926 年 9 月国民革命军“北伐”攻打武昌城，北洋军阀吴佩孚麾下名将刘玉春奉命守卫武昌城，抵抗 40 余天，致使城内二三十万民众饿殍累累。同年 12 月，国民政府由广州迁到武汉，在苏俄顾问鲍罗廷的影响下，参照苏联 1927 年 1 月 1 日开始施行的新《苏俄刑法典》，于 1927 年 2 月专门制定出一个《反革命罪条例》。参见王奇生：“刘玉春案：审判‘反革命’”，载《看历史》2011 年第 5 期，第 48 页。

农、工、商、妇女等民众团体推选参审员参与审判等，这是苏联对中国诉讼文化产生的第一波影响。

在20世纪30年代的中华苏维埃共和国时期，基本上照搬了苏联的司法制度和司法理念。1931年中华苏维埃共和国成立后，颁布了包括宪法大纲在内的一系列法律文件。其中，1932年《中华苏维埃共和国裁判部的暂行组织及裁判条例》兼有组织法、实体法和程序法的功能，基本上照搬了苏联的司法理念和诉讼制度。例如，工农兵苏维埃代表大会既是议事机构，又是执行机构，裁判机构受其领导，这与苏联的政权结构和司法体制如出一辙；关于司法机关的性质和主要任务，被定位为“是阶级斗争的工具，是压迫敌对阶级的武器”，“一切裁判机关的工作，应当向着镇压反革命的方向，以镇压反革命为裁判机关的主要任务”；[①] 司法工作人员大多来源于工农群众，是对列宁的主张的回应，即通过民主选举法官、陪审员实现司法民主。[②] 总的来看，“从司法的价值观、制度规范到司法实践，中国苏维埃根据地的司法制度可以说全方位仿效了苏联的司法制度”[③]。但苏维埃是在战火中艰难生存的政权，随着1934年中央红军在第五次反围剿中失败后被迫进行长征，中华苏维埃共和国的历史事实上结束了。

在20世纪30年代的陕甘宁边区政府时期，其法律制度与苏维埃政权时期相比最大的变化是对国民政府法律的承认。因为按照国共合作计划，1937年7月陕甘宁边区政府被改组为国民政府辖下的一个地方政府，边区高等法院被改组为一个省级司法机构，正如改组报告中所述，边区法院将“遵行南京政府颁行之一切不妨碍统一战线的各种法令章程”。[④] 1938年时任陕甘宁边区高等法院院长的雷经天在“陕甘宁边区

① 彭光华:《人民司法摇篮　中央苏区人民司法资料选编》(内部资料)，赣州市中级人民法院2006年编印，第175—176页。

② 《列宁全集》第34卷，人民出版社1985年版，第448页。

③ 刘全娥:《陕甘宁边区司法改革与“政法传统”的形成》，吉林大学2012年博士学位论文，第28页。

④ 按照国共建立抗日民族统一战线的合作计划，中共领导的中央政府司法部改为“陕甘宁边区高等法院”。参见西北五省区编纂领导小组、中央档案馆编:《陕甘宁边区抗日民主根据地·文献卷》(上)，中共党史资料出版社1990年版，第207页。

的司法制度”一文中指出，“边区高等法院去年七月间才成立。是遵照国民政府司法制度，执行司法工作的任务；同时，它也是承受过去苏维埃政权时代司法制度的革命传统。因为边区的法律是建立在人民的基础上的，保障人民的利益，巩固抗日的人民的政权，就是边区法律的最高原则。”① 但是，当时不得不面临的一个严峻的现实是，陕甘宁边区的社会经济政治文化背景是极端落后的，文盲率高到93%—95%，老百姓耻讼、厌讼，在很多方面仍延续着传统的法律文化观念。② 在这种情况下，陕甘宁边区以极大的勇气推进了大众化司法的路线，并形成了以“马锡五审判方式”为代表的新诉讼制度和文化。从某种意义上说，这一时期的司法奠定了新中国诉讼法制的经验基础，“新中国的法律传统形成于陕甘宁边区政府时期”③。

在1949年新中国成立前后，中国对苏联法理论的学习和模仿达到了空前的程度。在1949年2月前夕，中共中央发表了“关于废除国民党六法全书与确立解放区司法原则的指示”，这与1917年俄国革命胜利后的做法如出一辙。④ 这并非巧合，而是党的政治决策。正如毛泽东在1949年7月1日《论人民民主专政》一文中畅想新政权时所言，“一边倒，是孙中山四十年的经验和共产党二十八年经验教给我们的，深知欲达到胜利和巩固胜利，必须一边倒，……不是倒向帝国主义一边，就是倒向社会主义一边，绝无例外”。⑤ 在这种政治形势下，新中国对苏联法律和法学理论的学习是主动的、全面的，其主要表现有以下几个方面。

---

① 雷经天：“陕甘宁边区的司法制度”；载西北五省区编纂领导小组、中央档案馆合编：《陕甘宁边区抗日民主根据地·文献卷》（下），中共党史资料出版社1990年版，第163—164页。

② 李维汉：《回忆与研究》（下），中共党史资料出版社1986年版，第566页。

③ 强世功：《法治与治理——国家转型中的法律》，中国政法大学出版社2003年版，第78页。

④ 1917年11月7日，俄国“十月革命”胜利。11月24日，苏俄的人民委员会颁布了《关于法院的第1号法令》；1918年3月，颁布了《关于法院的第2号法令》，这两个法令在宣布废除旧的司法制度和旧法的同时，还暂时允许适用革命以前同革命利益和劳动人民的法律意识不相抵触的法规。但随着社会主义社会关系的建立和发展，1918年7月和11月先后颁布了《关于法院的第3号法令》和《俄罗斯联邦人民法院条例》，开始完全禁止适用旧法。1922—1923年，苏俄相继制定了《刑法典》《民法典》《土地法典》《劳动法典》《刑事诉讼法典》和《民事诉讼法典》等，保障了审判有法可依。

⑤ 《毛泽东选集》第4卷，人民出版社1991版，第1410页。

一是办大学，培养苏式法律人才。1949年10月新中国成立，12月中央政府决定设立中国人民大学，人大法律系当时的职能就是“为全国高校法律系培养师资和从事法学研究的专家”①，其教学采用苏联的课本，聘请苏联专家授课，讲授苏联的法律和法学理论。人大法律系专修班培养的学员，有不少成了政法干部和宣传干部，也有一些对中国诉讼法学的奠基做出了重要贡献的学者。②

二是译著作，传播苏联法学理论。1952年教育部发文指出，有计划、有步骤地翻译苏联高等学校教材，已是刻不容缓的艰巨任务。1952—1956年，我国翻译出版的苏联法学教材和著作累计达165种，其中包括1955年翻译出版的《国家和法的理论问题》（维辛斯基），1956年出版的《苏维埃法律上的诉讼证据理论》（维辛斯基），1958年出版的《诉权》（顾尔维奇）等。这一时期，法学期刊也开始大量译介苏联法学文章，例如《政法译丛》创刊于1956年1月，到1958年的前18期中有140篇评介苏联法律的文章，仅有10篇非苏联法的文章。

三是引进来、走出去，全面学习苏联。中国从50年代开始派遣一大批留苏学生，西南政法大学的常怡先生就是一个代表。与此同时，1950年3月中苏签订了《关于苏联专家在中国工作的条件之协议》，一大批苏联法律专家来华授课。1950年中央政法干部学校聘请2名苏联专家，为政法干部讲授“苏维埃国家和法律的基础”的讲座；1956—1957年，西南政法学院聘请两名苏联专家，就苏共二十大以后的苏联法学和苏联各部门法进行专题讲座等。③

新中国成立后，中共主要领导人相继到苏联考察，目睹了苏联社会主义建设的成就，坚定了学习苏联“老大哥”经验的决心。在司法制度

① 蔡定剑：“关于苏联法对中国法制建设的影响”，载《法学》1999年第3期，第3页。

② 例如，杨荣新教授，1949年9月进入原中国政法大学三部学习，1950—1954年进入中国人民大学法律系学习，毕业后调入原北京政法学院工作；常怡教授，1951—1955年在中国人民大学法律系学习，后进入西南政法学院工作；江伟教授，1952年9月进入中国人民大学法律系学习，1956年毕业后留校任教。这三位教授都是中国民事诉讼法学的主要奠基人，对中国民事诉讼法学的起步和人才培养做出了杰出贡献。

③ 刘颖：《法概念的跨语际交流——苏联法在中国（1949—1958）》，法律出版社2011年版，第119页。

和诉讼文化领域，苏联法的影响也是极为深刻的，表现有：（1）在政治架构上，不采用西方欧美国家通行的三权分立制，而采用苏联的议行合一、司法机关由议事机关产生的机制；（2）在法院、检察院的地位上，确立了“双司法机关”体制，以及检察机关对法院审判进行强力监督的检察监督制度；（3）在法院审判制度上，确立了人民陪审员制度等；（4）与前述有形的体制塑造相比，马列主义以及苏联法学理论中的意识形态的因素，对中国诉讼文化的影响更加深远、深入骨髓。虽然60年代以后中苏关系恶化，但苏联法中关于社会发展主要依靠“阶级斗争”、法是统治阶级的意志、司法是阶级专政的工具等观点悉数被中共领导层所采纳，并成为占统治地位的法律意识形态，最终导致了20世纪六七十年代文化大革命的发生和“砸烂公检法”等法律虚无主义思想的蔓延，给新中国刚刚起步的法治事业造成了毁灭性的打击。

（二）中国乡土社会的国情对诉讼文化重塑的影响

在新中国成立前后，“中国社会是乡土性的”。[①] 在乡土社会的国情下，中国广大地区都还处于国家“法治秩序”与传统的“礼法秩序”“德治秩序”“人治秩序”“宗法秩序”等混合而成的“多元混合秩序”[②]。

中国共产党领导的革命根据地政权大多位于偏远地区，恰恰处于这种相对封闭的乡土社会状态。传统的乡土社会具有以下特点：从社会结构看，这是一个以血缘和地缘关系为基础的“差序格局”的社会，利益关系是建立在“私人关系”基础之上的，公共社会和利益观念几乎不存在；从社会流动性看，这是一个人口较少流动的熟人社会，“面子”和人情观念受到特别的重视；从与外界交往看，这是一个过着自给自足的自然经济生活的、相对封闭的社会，大都市里发生的现代化变革在这里几乎闻所未闻；从社会治理看，即便在清末革命以后，传统儒家文化中父子、夫妇、男女、忠孝等观念在这里依然盛行，乡规民约、风俗习惯是最主要的社会规范，这是一个远离政府有效统治的民间社会，发生纠

---

① 费孝通：《乡土中国》，北京三联书店1985年版，第1页。

② 刘作翔：“转型时期的中国社会秩序结构及其模式选择”，载《法学评论》1998年第5期，第39页。

纷主要依靠宗族长调解处理。在 20 世纪前半期，国民党虽然在形式上完成了对全国的统一，但“国民党政权始终没能把国家力量真正贯彻到基层社会，也就无力完成现代化的政治准备”。[①]

这种乡土社会的国情，对新中国的诉讼文化塑造产生了极大的影响。一方面，这种乡土社会与苏俄革命前后的农奴社会具有一定的相似性，基层广大人民群众文化程度低、社会地位低、长期受压迫、生存环境艰难，因此，源自苏联的土地革命、阶级斗争、革命专政、人民主权等具有强烈意识形态色彩的革命政策对民众具有强大的号召力和吸引力，在中国乡土社会的推广中几乎没遇到太大的阻力。另一方面，在一些具体诉讼制度或司法制度方面，中共也根据国情作了相应的灵活处理。陕甘宁边区司法领域产生的“马锡五审判方式”，即是“对以血缘和地缘为基础的调解手段的重视、对地方话语权威的整合、为民做主的思想、息讼的目的追求，显然是利用了传统法律文化资源中的形式，而融合了近代法治的民主、公正、效益等内容”[②]，这使“马锡五审判方式”成为沟通传统法与现代法的成功范例，既是“政法传统”形成的标志，也隐含了中国法治现代化的发展方向。

（三）中国共产党领导下的新政权的“政法传统”

在 1949 年新中国成立之初，百废待兴，在法律建设方面缺人才、缺理论、缺经验，除了“以苏联为师”外，主要从革命根据地时期的政法工作经验寻求灵感。1959 年 5 月 16 日，国家领导人董必武在全国司法工作会议上讲话指出：“我们党从井冈山建立革命政权的时候起，就有了自己的政法工作。人民政法工作和军事工作、经济工作、文教工作一样，在党中央和毛主席的领导下，从民主革命到社会主义革命，逐步积累起丰富的经验，形成了自己的优良传统。这就是服从党的领导、贯彻群众路线、结合生产劳动、为党和国家的中心工作服务。”[③] 鉴于董必

① 潘伟杰等：“组织重构：乡村现代化的社会基础”，载《南京社会科学》1998 年第 9 期，第 96 页。

② 刘全娥：《陕甘宁边区司法改革与“政法传统”的形成》，吉林大学 2012 年博士学位论文，第 99 页。

③ 《董必武法学文集》，法律出版社 2001 年版，第 423—424 页。

武的影响力，其概括是权威的，对人民政法传统的历史演进和核心特征都作了深刻的揭示。

从董必武的概括来看，发端于革命根据地时期的“政法传统”有突出的革命性和群众性特征。

1. 法律意识形态具有革命性

在法律意识形态方面，新中国早期阶段完整继承了马列主义和苏联的革命法律意识形态。其主要观点包括：国家、法律、阶级不是从来就有的，也不会永远存在下去。马克思曾指出，在由资本主义向共产主义过渡的阶段，“只能是无产阶级的革命专政”。[①] 曾担任苏联党和国家领导人的法学家库尔斯基指出，在无产阶级革命胜利之际，“废除资产阶级法的一切规范，对于城市与农村的无产阶级和贫农来说是司法的唯一保障”，取而代之的是无产阶级的革命信念、革命的法律意识、直接的革命行动和人民委员会的法令。[②] 即使在社会主义经济建设时期，也不意味着取消对已被推翻的剥削阶级的镇压政策。库尔斯基强调，“无产阶级法院或者刑事法院（人民法院），或者成为镇压敌人的机关（革命法庭）人民司法委员部的任务很明确，因为法的问题本身就具有从属作用；哪里炮声隆隆，哪里的法就鸦雀无声”。[③] 这些革命的法律意识形态带有浓郁的法律工具主义气息，武装斗争和司法审判成了无产阶级革命专政的两种手段；手段可以调整，但阶级镇压和阶级斗争的总任务不变，这一逻辑之中，也蕴含着法律虚无主义的倾向。

新中国成立后的一段时期，也较为强调法律的革命意识形态，并一度导致法律虚无主义盛行。主要体现为以下三点。

第一，司法机关被定位为“专政工具”“刀把子”。新中国在废除国民党六法全书的同时，确立了共产党的政策、纲领、法律、条例、决议作为法院裁判准据的地位。进而，1952—1953 年在全国司法系统开展了司法改革运动，彻底清算旧法思想和旧的司法作风。由于过于强调革命

---

① 《马克思恩格斯全集》第 19 卷，人民出版社 1965 年版，第 31 页。

② 刘颖：《法概念的跨语际交流——苏联法在中国（1949—1958）》，法律出版社 2011 年版，第 39 页。

③ 参见杨新宇：“苏联法的概念及其形成”，载《当代法学研究》2000 年第 1 期，第 61 页。

意识形态，导致了一些严重的认识偏差的出现。如过于强调法律的阶级性，否定法律的社会性、共同性和历史继承性；过于强调司法机关的专政工具色彩，把法院视为专政的"刀把子"，造成司法工作长期"重刑轻民"；把司法中"法律面前人人平等"说成是"包庇和纵容反革命罪犯"，把法院在诉讼中是"处于中立的第三者立场"说成是"超阶级、超政治，实质上是维护反动阶级的利益"，把坚持"独立审判"的宪法原则批判为"反对党的领导"等。①

第二，法律虚无主义思想蔓延，司法机关遭到严重破坏。1957 年反右斗争扩大化，靠群众运动、不靠法律治理社会的法律虚无主义思潮泛滥。在 1958 年 8 月的北戴河政治局扩大会议上，刘少奇曾说，"到底是法治还是人治？看来实际靠人，法律只能作办事的参考"。② 此后，毛泽东 1966 年又提出了社会主义条件下继续革命的文化大革命理论。在 1966—1976 年间，一场席卷全国的群众运动汹涌而至，全国公检法机关"被砸烂"，③ 新中国的法治事业遭遇严重挫折。

第三，诉讼法制建设长期滞后。1949 年新中国成立以后，在长达 30 余年的时间里，由于长期受革命运动的影响，我国并未颁布一部诉讼法典。仅于 1950 年草拟了一部集刑民事诉讼程序为一体的《中华人民共和国诉讼程序试行通则（草案）》，但由于各种原因未颁布实施。④ 1953 年 9 月，中央人民政府颁布了《中华人民共和国人民法院暂行组织条例》《中央人民政府最高人民检察署暂行组织条例》和《各级地方人

---

① 参见滕彪：《"司法独立"话语在当代中国的变迁》，罗玉中主编：《法学纪元》（创刊号），北京大学出版社 2004 年版，第 63 页。

② 转引自蔡定剑：《历史与变革——新中国法制建设的历程》，中国政法大学出版社 1999 年版，第 92、93 页。

③ 1968 年 12 月 11 日，高检、高法、内务部军代表、公安部领导小组联合向毛泽东、中共中央、中央"文革"小组写了《关于撤销高检院、内务部、内务办三个单位，公安部、高法院留下少数人的请求报告》，后被批准执行。1975 年《宪法》甚至规定，"检察和审理案件，都必须实行群众路线。对重大的反革命刑事案件，要发动群众讨论和批判"。参见蔡定剑：《历史与变革——新中国法制建设的历程》，中国政法大学出版社 1999 年版，第 81 页；杨宪澄："砸烂公检法和清理阶级队伍"，载《炎黄春秋》2013 年第 2 期。

④ 1950 年 12 月 31 日中央人民政府法制委员会草拟的《中华人民共和国诉讼程序试行通则（草案）》，主要内容有三：一是重申了废除反动司法机关压迫人民、烦琐和形式主义的诉讼程序；二是强调实行便利人民群众、简易迅速、实事求是的诉讼程序；三是对人民法院在审判案件时应如何适用法律作了原则性的规定。

民检察署组织通则》，粗略地确定了公开审判、巡回审判、陪审制等审判原则和制度。1957 年下半年开始，“左”的思潮在全国开始泛滥。直至文化大革命结束，才于 1979 年制定新中国第一部《刑事诉讼法》，1982 年颁布实施了《中华人民共和国民事诉讼法（试行）》，才结束了人民法院审判案件长期无法可依的状态。

2. 司法从属于政治的功能定位

新中国成立后，以朝阳大学更名为北京政法学院为开端，“政法”一词开始进入中国人的日常生活。在新中国的政法工作实践中，形成了一种与西方迥然有别的新政法传统，其总体特征是，“政策、法律的制定与实施必须服务于、服从于党和国家社会治理的根本目的，强调国家权力的相互配合和执政党的政治领导权在各种国家权力之间的主导、协调作用”。[①]“政法传统”本质上是一种权力关系的配置，即司法权从属于政治权力，其表现如下。

第一，在党与司法的关系上，强调党的领导地位。在不同的历史时期，均强调党对司法的领导地位，只是领导方式有所不同。最早在 1958 年大跃进中，“党委审批案件制度”开始出现，认为党的领导也包括业务领导。“文革”期间，“公检法”被砸烂，司法机关在组织上演变为党委的下属部门。“拨乱反正”之后，尤其是 1982 年《宪法》第 126 条作出“人民法院依照法律规定独立行使审判权，不受行政机关、社会团体和个人的干涉”的规定后，才明确党不干预司法机关的业务活动，党的领导主要是政治、思想和组织领导。

第二，在司法的功能定位上，强调司法的政治服务功能。一般来说，司法同时具有政治功能（服务于政治统治的需要，侧重于镇压、惩罚、维稳等需求）和社会功能（服务于社会纠纷解决，侧重于公正、自由、人权、道德等价值目标）两个侧面。发端于革命根据地时期的政法工作传统，偏重于强调司法的政治功能。这一特点，既体现为董必武归纳的司法“为党和国家的中心工作服务”上，也体现在公检法机关在政

① 徐亚文、邓达奇：“政法：中国现代法律传统的隐形维度”，载《河北大学学报》2011 年第 5 期，第 105 页。

法实践中的工作重点上。[①] 从某种意义上说，这一特点为民众热衷于信访，把法律问题政治化提供了可能，也为某些地方党政领导非法干预案件提供了空间。

第三，在司法机关的相互关系上，强调分工合作。政法工作"为党和国家中心工作服务"的定位决定了，司法机关以及司法机关与其他纠纷解决机关之间的权力分工是必要的，但权力之间相互配合是主要的，这与西方的分权制衡理论形成对比。例如，刑事诉讼法确立了"公检法分工负责、互相配合、互相制约"原则，共同服务于查明真相、准确惩罚犯罪的需要；最高人民法院一度担负起了"建立健全诉讼与非诉讼相衔接的矛盾纠纷解决机制"重任。

3. "群众路线"的司法基本方针

群众路线是在革命根据地时期培育和发展起来的一项政法传统。其核心精神是，司法机关办案应当不拘泥于形式，始终把保障人民群众的利益作为司法工作的出发点。新中国成立后，群众路线作为一项政法优良传统被继承和发扬，新中国第一任最高人民法院院长沈钧儒曾指出："人民司法工作，是依靠人民、便利人民、为人民服务的工作，人民司法工作者应该全心全意为人民服务；因而群众路线是人民司法的一个基本问题。"[②] 此后，群众路线一直被视为党领导下的"政法工作的生命线"。[③]

司法中的群众路线，在不同时期和场景下有多样的表现形式。

第一，"马锡五审判方式"。"马锡五审判方式"出现于陕北革命根据地时期，是对以马锡五为代表的边区司法工作者的集体实践经验的总结。1944年谢觉哉曾对其作过如下评价：马锡五同志的审判方式，通过

---

① 人民法院在不同年份的工作报告提出，要么服务于"纠正文革期间的冤假错案"（1978—1980年），要么服务于维护经济秩序（从1986年开始，突出"两打"，即继续坚定不移地严厉打击严重危害社会治安的犯罪活动，坚决加强打击严重破坏经济的犯罪活动力度），要么服务于"保障改革、促进发展、维护稳定"的基本任务（1998年），要么服务于党中央关于"保增长、保民生、保稳定"的战略决策（2010年）等。

② 沈钧儒：《沈钧儒文集》，人民出版社1994年版，第661页。

③ 于进渭："群众路线是政法工作的生命线"，载《人民日报》1959年1月1日，第一版社论。

“召集群众，大家评理，政府和人民共同断案，真正实现了民主，人民懂得了道理，又学会了调解，争讼就会减少”[①]。“马锡五审判方式”与其他审判方式区别的关键，在于“群众是否参与调解和判决”，[②] 因而它也是当代中国法院调解制度的原型。1963 年，最高人民法院在第一次全国民事审判工作会议上提出了“调查研究，就地解决，调解为主”的十二字民事审判工作方针；1964 年又将其发展为“依靠群众，调查研究，就地解决，调解为主”的十六字方针，实质上就是马锡五审判方式的延续。

第二，法院积极处理信访问题。新中国成立后，人民群众参政议政的热情很高，纷纷通过写信、来访等方式对政府工作提出各种建议。1951 年 5 月，毛泽东对此专门批示，“必须重视人民的通信，要给人民来信以恰当的处理，满足群众的正当要求，要把这件事情看成是共产党和人民政府加强和人民联系的一种方法，不要采取掉以轻心、置之不理的官僚主义态度”。[③] 次月，政务院就制定了《关于处理人民来信和接见人民工作的决定》，这是新中国信访工作最早的法律依据。1953 年 4 月，最高人民法院召开了第二届全国司法工作会议，要求各级人民法院，“应建立与加强人民接待室和值日审判工作，在院长直接领导下，解答人民疑难，处理人民来信，代写诉状，代录口诉，并处理不甚复杂、无须很多调查，当时即可解决的案件。”[④] 这是司法领域信访工作的开端，也开启了人民法院不仅通过审判案件，也通过处理信访问题解决社会矛盾的新时代。

第三，实行人民陪审员制度。司法机关审判案件实行人民陪审员陪审，是在苏联法的影响下，自瑞金苏维埃政权时期就开始形成的一项传统。新中国成立后，1953 年 9 月 3 日中央人民政府颁布了《人民法院暂行组织条例》《最高人民检察署暂行组织条例》和《各级地方人民检察

---

① 王定国等编：《谢觉哉论司法民主》，法律出版社 1996 年版，第 320 页。

② 参见刘全娥：《陕甘宁边区司法改革与“政法传统”的形成》，吉林大学 2012 年博士学位论文，第 106 页；梁云鹏：“浅析革命根据地诉讼制度中的群众路线”，载《延安大学学报》（社会科学版）2008 年第 5 期。

③ 《毛泽东文集》第 6 卷，人民出版社 1999 年版，第 164 页。

④ 孙泊生、纪敏：《告诉申诉审判实务》，人民法院出版社 1999 年版，第 9 页。

署组织通则》，1954 年《宪法》第 75 条，均延续传统，规定了人民陪审员陪审的制度。文化大革命期间，群众路线被无限放大，出现了由群众张贴“大字报”、开“批斗会”、“人民公审公判”等群众运动的形式处理案件。“文革”结束之后，对这些做法进行了检讨，民事诉讼法重新确定了人民陪审员参加合议庭审理案件的制度。

4. “实事求是”的诉讼程序理念

毛泽东曾在延安“整风运动”中批判了“本本主义”“教条主义”，并倡导一种新的工作作风即“实事求是”。1978 年邓小平再次强调，“实事求是，是毛泽东思想的出发点和根本点。这是唯物主义”。① 由于实事求是与马列主义中的唯物主义思想相吻合，因而在新中国早期的诉讼理论构建中获得了极高的理论地位，成为一系列诉讼制度的直接理论基础，并形成了一种与西方形式理性主义司法理念明显不同的政法文化传统。

第一，在诉讼证据运用上，确立了“重证据、重调查研究”的理念。早在中华苏维埃共和国时期，“在审讯方法上，……必须坚持废除肉刑，而采用收集确实证据及各种有效方法”。1946 年太行区司法会议在总结该区八年以来民事审判经验时指出，“要了解案情，不能单靠当事人的口诉、呈状或言辞辩论，必须从群众中去深入调查研究，才能明了案情真相”。② 新中国成立后，延续了前述诉讼证据思想。在 1951 年《人民法院暂行组织条例》的适用说明中要求，人民法院进行审判时，“不单凭诉状供词和辩论，而且对案情着重进行调查研究，了解案情全部真相和充分证据后，才依法判决，特别是对于复杂重大的案情”。③ 在 20 世纪七八十年代，诉讼法学界在唯物主义原理指导下，确立了“客观

① 《邓小平文选》第 2 卷，人民出版社 1994 年版，第 114 页。

② 梁云鹏：“浅析革命根据地诉讼制度中的群众路线”，载《延安大学学报》（社会科学版）2008 年第 5 期。

③ 参见刘金友：《证据法学》，中国政法大学出版社 2001 年版，第 99 页。

真实”的证明标准，[①] 以及必须查明事实真相才能实现司法公正的实体正义观念。

第二，在诉讼程序设计上，设置了发达的生效裁判救济机制。从根本上说，我国发达的再审程序设计和频繁启动的涉诉信访都是“实事求是、有错必纠”的政法文化的派生物。早在 1952 年，彭真就在全国政法干部工作会议上强调，“我们要坚持以事实为根据，法律为准绳，发现冤案、错案就纠正”。[②] 纠正的途径可以是再审程序，也可以是信访途径。在董必武看来，信访是人民群众监督司法和上级司法机关发现错案的绝佳方法，应当大力提倡。直到 80 年代，对于西方的裁判效力理论还是持批判态度的，“‘一案不再理’、‘官无悔判’早被当作一种反动的司法作风将其扫地出门。……而作为人民法院的一项重要工作和人民司法工作的一个重要方面，案件复查历来也颇受重视”[③]。这样的认识，构成了七八十年代我国起草民事、刑事诉讼法的政法文化背景，并为申诉信访和再审机制的确立奠定了坚实的理论基础。

第三，以事实为根据、以法律为准绳的司法原则。拨乱反正以后，我国吸取“文革”期间惨痛的教训，开始将“以事实为根据、以法律为准绳”上升为诉讼法的基本原则。1979 年《刑事诉讼法》第一次提出了“以事实为根据、以法律为准绳”的司法原则。1982 年《民事诉讼法（试行）》第 5 条也规定，“人民法院审理民事案件，必须以事实为根据，以法律为准绳”。从总体上看，虽然这个表述更加中性，但与兴起

---

① 例如，老一辈证据法学家的代表、中国人民大学的陈一云教授认为，“新中国证据制度是人类历史上崭新的社会主义类型的证据制度，……它的理论基础是马克思列宁主义毛泽东思想，特别是其中的辩证唯物主义认识论”；“辩证唯物主义认识论认为，案件事实是客观存在的事实……不以司法人员的意志为转移”；“我国证据制度的社会主义性质及其借以建立的理论基础，要求在诉讼中必须查明案件的客观真实，……是我国证据制度与一切剥削阶级国家证据制度的一个重大区别”。“查明案件的客观真实，是十分必要的……查明案件的客观真实，是完全可能的。这是因为：第一，马克思主义认识论认为，存在是第一性的，意识是第二性的，存在决定意识；人类具有认识客观世界的能力，能够通过调查研究认识案件的客观真实。……第四，随着社会主义法制的加强，总结司法工作正反经验、反映现实需要的《刑事诉讼法》《民事诉讼法》和《行政诉讼法》已先后颁布，提供了查明案件客观真实的法律依据。”参见陈一云主编：《证据学》，中国人民大学出版社 1991 年版，第 90—116 页。

② 彭真：《论新中国的政法工作》，中央文献出版社 1992 年版，第 73 页。

③ 何永军：《人民司法传统的表达与实践：1978—1988》，载徐昕主编：《司法的知识社会学》，厦门大学出版社 2008 年版，第 55 页。

于革命根据地时期的“实事求是”思想仍然有不可分割的联系。

综上，以中国古代诉讼文化的精神特质和历史传承为红线，通过对近代以来中国场域下的诉讼文化冲突与融合发展的态势进行宏观视野的描绘，能使我们对中国诉讼文化传统和人民政法传统的源流有更清晰的认识，其中也蕴含了丰富的经验和智慧。通过本章的讨论，暂时可以得出两点结论。一是从历史发展的规律来看，在经历百年的政治革命和法律变革之后，我国社会和法律制度刚刚稳定地发展了 30 多年的时间，我们的诉讼文化和诉讼制度远未基本定型。在当代中国，诉讼文化将会在更深程度上冲突融合，诉讼制度将会在更加复杂的社会背景下变革转型。二是应该认识到，在特殊社会背景下酝酿形成的人民政法传统，既构成了我国当代民事诉讼制度建设的诉讼文化基础，也对当代中国的法制建设和人民群众的法律意识产生了深远的影响。当然，要把握人民政法传统对中国未来诉讼法制建设的影响，还需要对当代中国民众的诉讼心理进行调查分析，以及对近几十年来民事诉讼制度的变革经验进行科学的总结。

第四章　当代中国人诉讼文化与诉讼心理调查报告

在当代中国法治建设的历史舞台上，古代诉讼文化、源于苏联的社会主义的诉讼文化和源自欧美的西方诉讼文化等诉讼思潮彼此激荡，对中国民事诉讼法制的形成和变革产生了重要的影响，也必然对国人的诉讼心理和诉讼价值观产生影响。通过调查问卷分析，能够在一定程度上揭示当代中国人的诉讼心理和诉讼价值观念，对于分析国家诉讼法制建设及其在普通民众中的接受程度有一定的启示意义。

一、关于问卷调查实施情况的说明

为了调查和分析当代中国人的诉讼文化和诉讼心理，我们设计了一份调查问卷。调查问卷包括两部分：第一部分是“被调查者的情况”，包括被调查者的性别、年龄、职业、对法律知识的了解程度。第二部分是“调查的问题”，涵盖了普通民众的“纠纷解决观念”（第1—3题）、“诉讼观念与行为模式”（第4—7题）和“司法公正权威观念”（第8—13题）三大主题。调查问卷问题如下。

（1）如果您的权利受到他人侵害，您认为解决问题的最好的一种办法是什么?

（2）下列哪些做法、说法属于合理的，因而也应当是合法的?

（3）您认为，在下列哪一种情况下（请看完四个选项）才会选择向法院起诉?

（4）如果您对到法院“打官司”有顾虑，您的顾虑包括?（☆可多选）

（5）如果您正打算与别人打一场“官司”，您可能会做的事包括？

（6）如果您考虑了“找熟人”“找关系”，主要是为了？（☆可多选）

（7）如果您打官司，判决书生效后，您仍然认为判决不公，这时您可能会？（☆可多选）

（8）您对社会上的上访现象，持什么态度？

（9）关于“舆论民意”和“司法公正”之间的关系，您的看法是什么？

（10）有人提议，法院对某些案件，可以采取陪审团审判的方法（随机从社会上挑选12个老百姓，参与到法庭审判中，按少数服从多数作出判决）。您对此的看法是什么？

（11）对当前中国法院办案的公正程度，您的总体感受是什么？

（12）您认为，导致司法不公正的主要原因有？（☆可多选）

（13）下列哪些情形，您认为法院的审判是不公正的？（☆可多选）

问卷调查先后开展了两次：第一次是2012年7—8月，组织山东师范大学法学院本科生分赴山东省各地、内蒙古、湖南、重庆等地进行了问卷调查；第二次是2014年10月，组织山东师范大学法学院研究生，主要在山东省济南市进行调查。两次问卷调查均为匿名调查，均采用在街头田间直接发放问卷的形式，发放问卷500份。最终，回收信息完整、有效的问卷200份。①

问卷调查采取人工街头随机调查模式，被调查群体具有复杂多样。从性别来看，被调查者中男性有81人，占40.5%；女性有119人，占59.5%。从年龄来看，被调查者中不满30岁的有107人，占53.5%；30—40岁的46人，占23%；40—50岁的43人，占21.5%；50岁以上的4人，占2%。从文化程度来看，被调查者中小学以下的13人，占6.5%；中学文化程度的59人，占29.5%；大学以上文化程度的128

① 山东师范大学硕士生魏敏、孟倩文等参与了问卷调查的组织和数据整理工作，特此鸣谢。当然，这两次问卷调查也有遗憾，由于回收的部分问卷信息严重不完整，为克服统计和分析工作中的困扰，便将这部分问卷排除在外；这导致最终有效回收问卷数量为200份，从统计学规律上看，数据略显不足。但由于是采用人工随机调查的方法，再结合相关文献分析，问卷调查的数据仍然具有较大的价值。

人，占64%。从从事的职业领域来看，被调查者中在校学生65人，占32.5%；农民20人，占10%；机关事业单位工作者53人，占26.5%；其他从业者62人，占31%。从对法律知识的了解程度看，被调查者中45人从事法律职业，占22.5%；不从事法律职业、了解一些法律知识的103人，占51.5%；基本不了解的46人，占23%。

二、当代中国民众的纠纷解决观

一般认为，“厌讼”“重视调解”是中国诉讼文化的传统。随着时代的变迁，这种传统观念是否在当代中国人的心理中依然存在呢？为此，我们设计了调查问卷中的第一个问题，即：如果您的权利受到他人侵害，您认为解决问题的最好的一种办法是什么？有四个答案选项：A. 私了（协商解决）；B. 找领导或其他人从中调解；C. 到法院提起诉讼；D. 吃亏是福，忍一时风平浪静。

调查结果显示（参见图4—1）：“诉讼”已成为当代中国人最喜爱的纠纷解决方式，有45%的被调查者选择了这种方式；其次，有35%的被调查者选择“私了（协商解决）”；有15%的人选择“找领导或其他人从中调解”；只有5%的人选择“吃亏是福，忍一时风平浪静”。

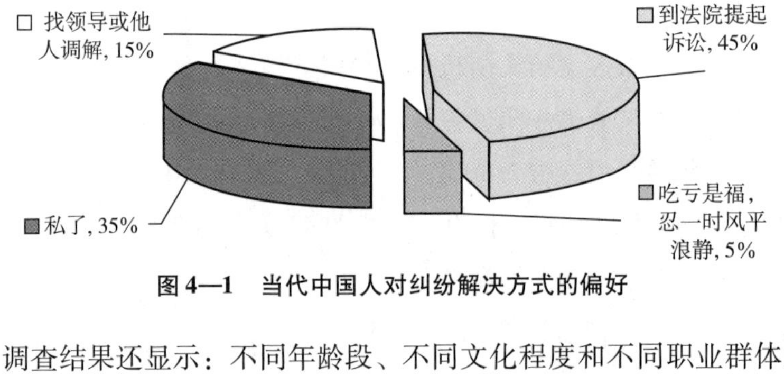

图4—1 当代中国人对纠纷解决方式的偏好

调查结果还显示：不同年龄段、不同文化程度和不同职业群体的被调查者，其纠纷解决观念存在明显的差别。

（1）从年龄看，年轻一代的纠纷解决观与中老年群体有明显差异。不满30岁的年轻一代认为，“私了”是最优的纠纷解决方式（占该群体的44.9%，略高于该群体选择“到法院起诉”的43.9%的比例）；其他年龄段均认为“诉讼”是最优的纠纷解决方式（其中，30—40 岁群体选择诉讼的比例高达 56.9%，40—50 岁群体为 39.5%，50 岁以上的群体为 50%）。对于第三者居中调解的方式，随着年龄减小调解意愿逐渐降低。40—50 岁群体选择调解的比例为 32.6%，30—40 岁群体的比例为 10.9%，30 岁以下的群体为 4.2%。对于隐忍的方式，年轻一代的选择率也是非常低。30 岁以下的青年群体选择隐忍的只有 0.8%，而后三个年龄段的选择比例依次是 8.7%、4.7% 和 25%。（2）从文化程度看，不同文化层次的被调查者对纠纷解决方式的偏好不同。文化程度越高的群体，越易于接受“私了”的方式（大学、中学、小学文化程度群体，选择“私了”的比例依次为 50.9%、3.4% 和 15%）。文化程度越低的群体，越易于接受“调解”的方式（大学、中学、小学文化程度群体，选择“调解”的比例依次为 7%、25.4% 和 38.5%）。文化程度偏低的群体，更加“好讼”（大学、中学、小学文化程度群体，选择“诉讼”的比例依次为 36.7%、66.1% 和 46.5%），“隐忍”的意愿更低（大学、中学、小学文化程度群体，选择“私了”的比例依次为 4.7%、5.1% 和 0%）。（3）从职业看，不同职业群体的纠纷解决观念也有很大的不同。在校学生群体中，“调解”的意愿几乎为零；选择“私了”的最多，占 47.7%；选择“诉讼”的次之，占 36.9%；令人意外的是，竟有 13.8% 大学生选择“隐忍”（在本次调查中，选择“隐忍”的全部是在校大学生）。机关事业单位的从业者，选择“私了”的最多（占 41.5%），其次是“诉讼”（占 37.7%），最后是“调解”（占 18.9%）。农民和其他从业者的选择具有相似性，选择诉讼的比例最高（分别是 75% 和 53.2%）；其次是“调解”（分别是 20% 和 24.2%）；最后是“私了”（分别是 5% 和 22.6%）。

为了调查当代中国人在纠纷解决方面的法治意识水平，了解普通民众对纠纷解决方式合理性、合法性的认知，我们设计了第二个问题：在您看来，下列哪些做法、说法属于合理的，因而也应当是合法的？（☆可多选）在该问题下，给出了三个答案选项：A. 别人把我打伤了，我也可以（找人）把他打伤；B. 事后双方协商“私了”，在私了协议上签了字，一般就不能反悔了；C. 到法院打官司，法院不受理或判决不公，再用殴打、威胁等手段解决就是合理的。调查结果显示（参见图4—2）：86.5%的被调查者选择了B选项。这表明：无论从中国传统文化，还是从市场经济的角度看，“诚实信用”已经深深植根于绝大多数中国人的思想和行为模式之中，当然也包括在纠纷解决的观念之中。

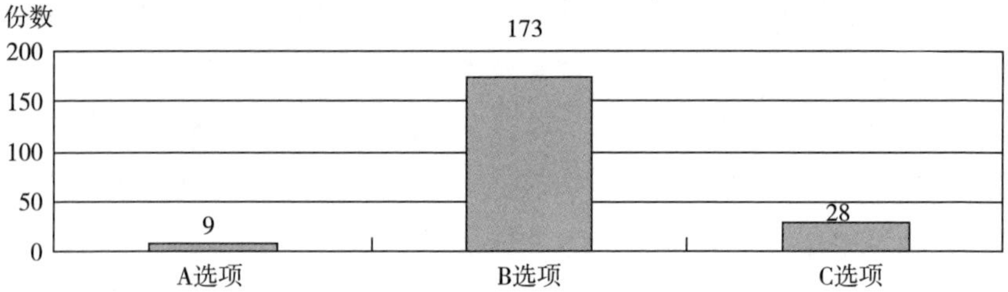

图4—2　当代中国人对纠纷解决方式合理性、合法性的认知

为了调查在多元化纠纷解决方式并存的情况下，民众选择诉讼方式的决定性因素，我们设计了调查问卷中的第三个问题：您认为，在下列哪一种情况下才会选择向法院起诉？对于该问题，提供了四个答案选项：A. 如果只涉及还款或赔偿，涉案金额是主要决定因素；B. 如果涉及人格或名誉，对方认错态度是主要决定因素；C. 不管什么案件，涉案金额都是决定因素；D. 综合考虑涉案金额、对方认错态度和胜诉可能等因素，决定是否向法院起诉。调查结果显示（参见图4—3），有73%的被调查者选择了D选项；有11%的人选择了B选项。而选择C、D选项的被调查者，均只占3%。由此可见，当代中国人的诉讼观渐趋理性，涉案金钱数额不是提起诉讼的唯一决定因素，是否提起诉讼往往需要综合考量对方态度、涉案金钱数额等多种因素。

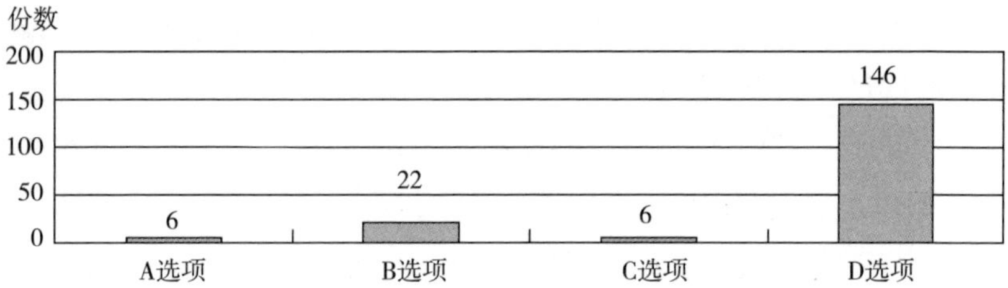

图4—3　当代中国人提起诉讼的决定性因素

三、当代中国民众的诉讼行为模式

民事诉讼是最重要、最权威的纠纷解决方式。从某种意义上说，普通民众对待诉讼的态度决定了诉讼法制现代化的程度和效果。我们依次想了解四个方面的信息：一是有哪些因素在阻碍民众选择诉讼的方式；二是在提起诉讼之际，人们通常存有什么样的诉讼心态和行为模式；三是“人情因素”“关系因素”在当代社会有什么样的存在样态；四是普通民众对法律的信仰和对司法的信任程度如何。

1. 阻碍民众选择诉讼的认知因素

围绕第一个问题，我们设计这样一个题目：如果您对到法院“打官司”有顾虑，您的顾虑有哪些？对于该问题，给出了三个选项：A. 怕伤了和气，以后没法相处；B. 司法不公，有理也不一定能赢；C. 打官司耗时、费钱、费精力，往往两败俱伤。

调查结果显示（参见图 4—4），86% 的被调查者选择 C 选项，表明绝大多数人在面对是否提起诉讼的抉择时，充满了现实主义和功利主义的考虑，时间、金钱和人力等成本是最优先考虑的。有 33% 的人选择 B 选项，表明有三分之一的民众对司法公正充满疑虑，不敢轻易选择“打官司”。值得关注的是，传统“和为贵”的诉讼文化在当代的影响没有想象中的大，仅占 25%。

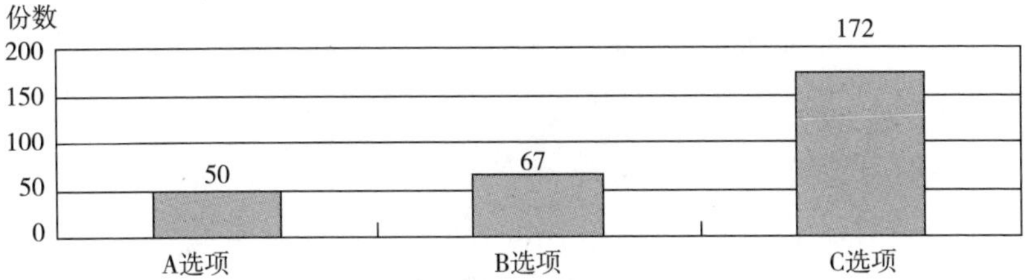

图 4—4　阻碍民众选择诉讼的认知因素

2. 民众实施诉讼的行为模式

围绕第二个问题，我们设计这样一个题目：如果您正打算与别人打一场“官司”，您可能会做的事包括什么？对于该问题，给出了四个选项：A. 找找关系，看公检法有没有熟人；B. 咨询、聘请一个专业的律师；C. 找律师太花钱、没必要，自己亲自打官司；D. 只需好好准备证据材料，相信人民法院一定会秉公办案的。

调查结果显示（参见图4—5）：有63.5%选择“咨询、聘请一个专业的律师”；选择“只需好好准备证据材料，相信人民法院一定会秉公办案的”位居其次，占33%；选择“找找关系，看公检法有没有熟人”的占21%；选择“找律师太花钱、没必要，自己亲自打官司”的占4.5%。前述数据表明，过半数的人在提起诉讼时选择聘请律师，对律师的专业素质总体上处于信任状态；只有4.5%的人为了节约诉讼成本而不愿意聘请专业律师。对于法院，有三分之一的人认为其公正性值得信赖；同时有约五分之一的人，打算以贿买、请托说情等不正当方式干预司法。

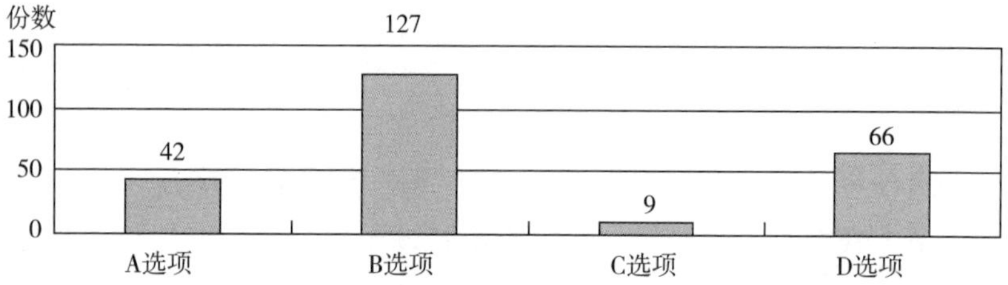

图4—5　民众实施诉讼的行为模式

不同年龄、不同文化程度、不同职业群体的被调查者，其诉讼观念和行为模式呈现以下差异性。

（1）各年龄段、各文化层次和职业群体的被调查者，表示“打官司”时会聘请专业律师的，均占大多数。不愿找律师、怕花钱的群体中，以农民（占农民群体的15%）、学生（占学生群体的6.5%）最多，大体上是为其经济条件所限导致的。（2）倾向于“咨询、聘请专业律师”的人群有以下特点：年轻一代，文化程度较高，属于学生或机关事业单位从业者，这几类人选择咨询、聘请律师的比例高达60%—85%。比较而言，年轻人选择的比例要明显高于中老年群体；大学以上文化程度的群体选择的比例要远远高于中小学文化的人；学生或机关事业单位从业者要多于农民和其他从业者。这说明，受过大学教育的年轻一代，学生或机关事业单位从业者，他们的法律意识更强，对专业律师的信任和依赖更强；中老年群体、文化程度较低的人、农民和其他从业者，他们要么由于年龄因素导致知识陈旧、观念落后，认为聘请律师多余，或者由于收入偏低等因素，不愿意选择咨询和聘请律师。(3) 倾向于“找找关系，看公检法有没有熟人”的人群，在各年龄段、各文化程度、各职业群体中的选择比例都没有超过 27%。多数职业群体选择“找关系”的比例都在 20% 左右，但是机关事业单位从业者的选择比例最高（占 26.4%），也是所有年龄段、文化程度和职业群体中最乐于“找关系”的一个群体。这表明，一个人拥有的社会关系资源越丰富，越容易产生利用所掌握的资源去干预司法；其中，年轻一代也乐此不疲令人困惑，显示他们对传统的人情关系文化进行了充分的吸收，对遵法、守法的现代法律文化并没有充分接受。(4) 倾向于“只需好好准备证据材料，相信人民法院一定会秉公办案”的人群，属于“托付法院型”的，他们既不愿意咨询、聘请律师，也不“找关系”，不“找熟人”。这类群体的分布呈现以下特点：一是从年龄看，中老年群体的比例更高（40—50 岁群体的选择比例高达 58.1%）；二是从文化程度看，文化程度越低的群体选择比例越高（小学文化的比例高达 53.8%，中学文化的比例为 40.7%，大学以上文化的为 27.3%）；三是从职业看，农民和其他从业者中的选择比例最高（分别是 55% 和 46.8%）。从总体上看，这类群体大体上属于社会上的弱势群体，他们更加缺少抗争意识，更愿意将实现正义的责任委托于国家司法机关。

3. 打官司“找关系”“找熟人”的原因

围绕第三个问题，我们设计这样一个题目：如果您考虑了“找熟人”“找关系”，主要是为了什么？该问题共有四个选项供选择：A. 不管谁有理，都要争取自己胜诉；B. 害怕对方找关系，以防判决不利于己；C. 如果有关系，不用白不用。

调查结果显示（参见图 4—6）：有 76.5% 的人选择 B（即“害怕对方找关系，以防判决不利于己”），在各种目的中占有压倒性的优势。另外，选择 A 选项、C 选项的各占 23.5%，前者是一种“利己心理”，后者是一种“习惯习俗”。这表明，真正强行通过“找关系”完全满足个人意愿、不计代价地无理追求己方胜诉的人数，所占比例并不是很高。绝大多数人之所以“找关系”，还是出于一种恐惧、担忧心理，担忧在一个不重视法治，且重人情、讲关系传统的社会里，自己不行动起来会被对方“黑”，在本质上是出于“找关系”惯性而产生的自我保全心理。

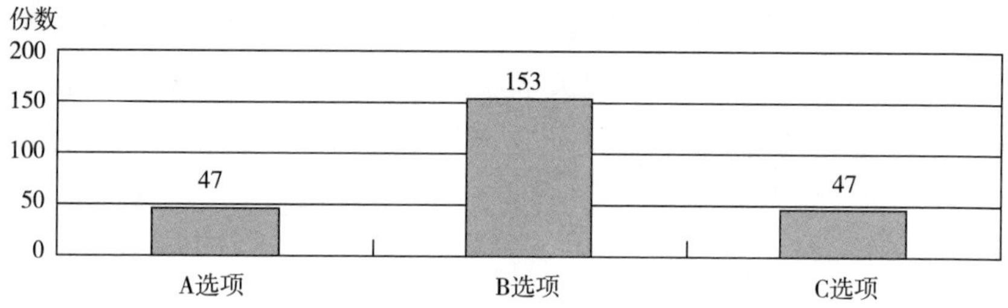

图4—6　打官司“找关系”“找熟人”的原因

4. 对错误生效裁判的救济途径的选择

围绕第四个问题，我们设计这样一个题目：如果您打官司，判决书生效后，您仍然认为判决不公，这时您会如何行动？有三个选项供选择：A. 继续向法院、检察院申诉，要求再审纠正错误的原判；B. 向党委、人民代表大会、政协、信访部门申诉，要求干预司法；C. 通过媒体、网络等爆料，呼吁社会关注。

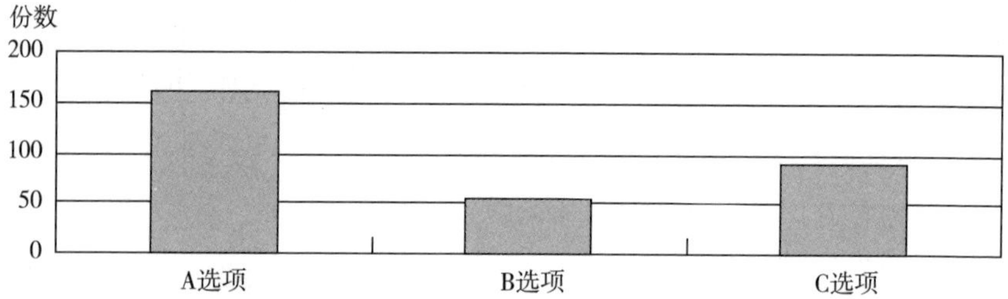

图4—7　对生效裁判后续救济途径的选择

调查结果显示（参见图4—7）：当主观上认为法院的生效裁判不公正时，有81%的人选择“继续向法院、检察院申诉，要求再审纠正错误的原判”；有46%的人选择“通过媒体、网络等爆料，呼吁社会关注”（以下称为“舆论监督”）；有27.5%的人选择“向党委、人民代表大会、政协、信访部门申诉，要求干预司法”（以下称为“政治干预”）。前述调查数据说明，一是当代中国人显然还缺乏形式理性观念，而是时时拿一种自己认可的实体正义观审视司法裁判，试图挑战司法的权威性。二是当当事人对生效裁判不服而谋求救济时，绝大多数人（81%）

仍然倾向于遵循诉讼合法的诉讼途径，“继续向法院、检察院申诉，要求再审纠正错误的原判”；这一点与人们通常的感知有出入，反映了人们法律意识整体水平的提高。三是通过“舆论监督”影响司法的人数比例（46%），显然比希望通过“政治干预”的比例（27.5%）要高得多，这一点，既是社会民主程度提高的结果，也是民众对生效裁判救济有效性基于经验所作出的判断和选择。

不同年龄、不同文化程度、不同职业群体的被调查者，其诉讼心理呈现以下特点。（1）从年龄看，随着年龄的减小，选择通过“舆论监督”和“政治干预”的比例有增加的趋势。40—50 岁、30—40 岁和 30 岁以下三个群体，选择“舆论监督”影响司法的比率依次是 34.9%、45.7%、50.5%；选择“政治干预”的比率依次是 16.3%、32.6%、30.8%。（2）从文化看，随着文化程度的提高，寻求“政治干预”“舆论监督”的人的比例有逐渐增加的趋势。小学、中学和大学文化的群体，选择“政治干预”的比例依次是 15.4%、22%、31.3%；选择“舆论监督”的比例依次是 38.5%、33.9%、52.3%。（3）从职业看，农民和其他从业者，寻求党委、政府的政治干预的偏多；其他情形，职业的影响不大。

四、当代中国民众对司法公正权威的感受与态度

公正是司法的最高价值理念，正如罗尔斯所言，“正义是社会制度的首要美德，正如真理是思想的首要美德一样。一种理论无论多么精致高雅和简洁实惠，假如它不真实，就必须被抛弃或修正。同样，法律与制度无论多么有效率和井然有序，只要它们不正义，就必须被改造或废除”①。我国司法的公正程度总体如何？有学者指出，“几十年来，司法活动中有违正义、有失公平、有悖平等的现象仍然时有发生，局部地区或某些时期甚至还具有一定的普遍性”。② 这一描述，既揭示了过去几年

① John Rawls, A Theory of Justice, Cambridge, MA: Harvard University Press, 1971. P. 3.

② 顾培东：“当前我国司法公正问题的认识与思考”，载《人民法院报》2013 年 4 月 17 日，第 2 版。

中我国司法不公的现象较为普遍，又显示当前司法公正的境况仍然不容乐观。这一判断，在当前我国学术界较有代表性。事实果真如此吗？普通民众是如何认知的呢？为了分析这一问题，我们依次设计了六个问题。

（1）对当前中国法院办案的公正程度，您的总体感受如何？

调查显示（参见图 4—8）：在 200 名被调查者中，有 86% 的人认为，“多数案件是公正的”。只有 13% 的人认为，“多数案件是不公正的”。另有 2 人在问卷中未作答，占 1%。这一调查结果显示：在当代中国，超过八成的中国人仍然对司法公正抱有信心。但同时应当看到：超过一成的人对司法公正已经失去了信心。①

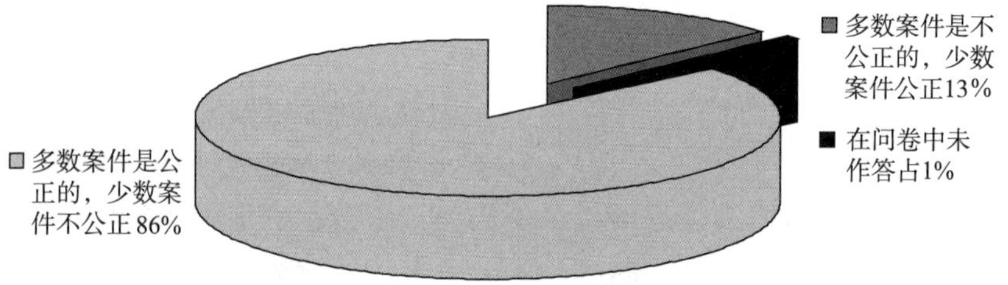

图 4—8　当代中国人对司法公正的总体认知

（2）您认为导致司法不公正的主要原因有哪些？

对于该问题，提供了六个选项：A. 法官的专业素质、职业操守不高；B. 司法不独立，党政领导等滥用权力干预；C. 当事人、律师行贿成风；D. 有些人操纵媒体，用舆论给法院施加压力；E. 亲情、友情等关系因素；F. 其他因素。

调查结果显示（参见图4—9），在六项影响司法公正的主要因素中，民众感受最强烈的依次是：（1）C 选项（当事人、律师行贿成风），有 70% 的被调查者选择；（2）B 选项（司法不独立，党政领导等滥用权力干预），有 68% 的被调查者选择；（3）A 选项（法官的专业素质、职业操守不高），有 57% 的被调查者选择；（4）D 选项（有些人操纵媒体，用舆论给法院施加压力），有 44.5% 的被调查者选择；（5）E 选项（亲

① 本调查使用的“多数案件”“少数案件”，有多于 50% 的案件或少于 50% 的案件的含义，从这个意义上说，86% 的人认为“多数案件是公正的”这一结论没有太多意义。但是，13% 的人认为“多数案件是不公正的”，更具警示意义。

情、友情等关系因素)，有 43.5% 的被调查者选择；(6) F 选项 (其他因素)，有 6% 的被调查者选择。进一步的分析表明，年龄差异、文化程度差异和职业的差异，均没有对调查结果产生实质性的影响。

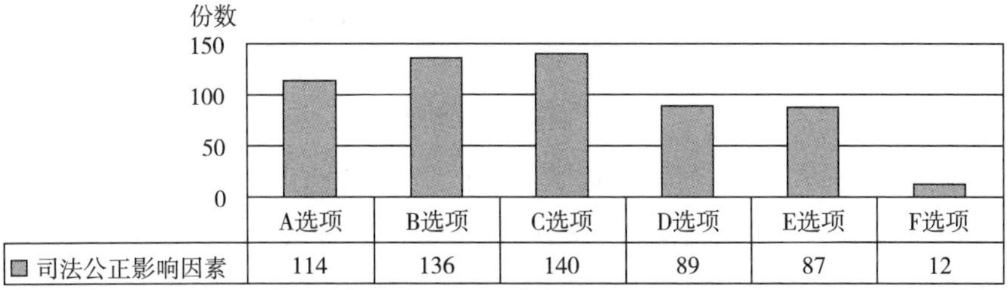

图 4—9　影响司法公正的因素排名

(3) 下列哪些情形下，您认为法院的审判是不公正的?

对于该问题，给出了四个选项：A. 法官庭审走过场，不让我充分发言；B. 判决书说理不透彻，对于我的辩论意见没有针对性的分析；C. 法院让我 30 日内举证，我忘了，后来法官不允许再举该证据，我败诉了；D. 别人借我的钱、没打借条，我起诉后无法举证证明，法院判决我败诉了。上述四个选项各有代表性，其中 A 选项反映的是程序公正，具体是辩论权的保障；B 选项反映的是辩论主义的程序法理；C 选项主要反映的是诉讼效率导致的证据失权，也是程序公正的体现；D 选项反映的实体公正观。

调查结果显示 (参见图 4—10)：选 A 选项的人占 73%；选 B 选项的人次之，占 58.5%；选 D 选项的占 28.5%；选 C 选项的占 24%。其中，A、B 体现的是真理性的程序公正，当事人可以通过诉讼中的亲身经历予以体验；D 选项反应的是实体公正，民众对其重视程度，超过了 C 即诉讼效率。这一调查结果表明，"看得见" 的程序正义更受民众重视，对民众判断司法的公正性影响也最大。

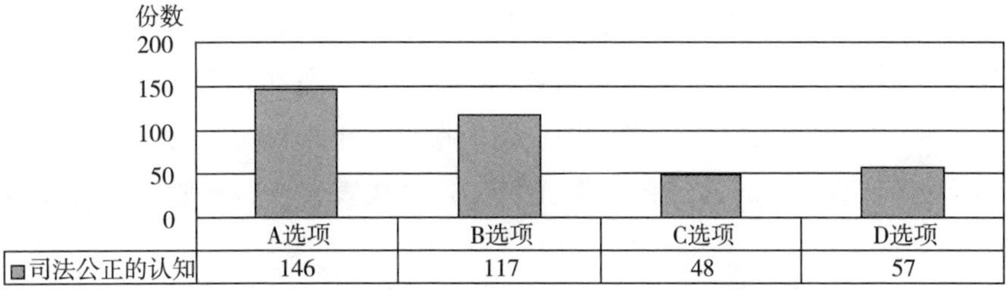

图 4—10　当代中国人对 "司法公正" 认知的差异性

（4）您对社会上的上访现象，持什么态度？

信访，是指公民、法人或者其他组织采用书信、电子邮件、传真、电话、走访等形式，向各级党委、政府、人民代表大会、法院和检察院等机关反映情况，提出建议、意见或者投诉请求的活动。据统计，自1992年起全国各类信访案件数连续12年攀升，于2004年达到了1373万件（人）次，形成了“信访洪峰”，其中有约80%的案件属于涉法涉诉信访。[①] 据笔者对最高法院发布的“司法统计公报”的统计，在1998—2012年全国法院处理的申诉信访案件共计约1148.8万件，平均法院每审结1个二审案件，相应就有1.4人次的申诉信访。

面对“井喷”式的信访，普通公众是如何看待的呢？为此，我们在调查问卷中设计了一个问题：您对社会上的上访现象，持什么态度？对这一问题，给出了三个选项：A. 多数上访者都是法盲，不懂得利用法律途径维权；B. 多数上访都有冤情，正常法律途径行不通才去上访的；C. 上访的都有神经疾病，胡搅蛮缠。

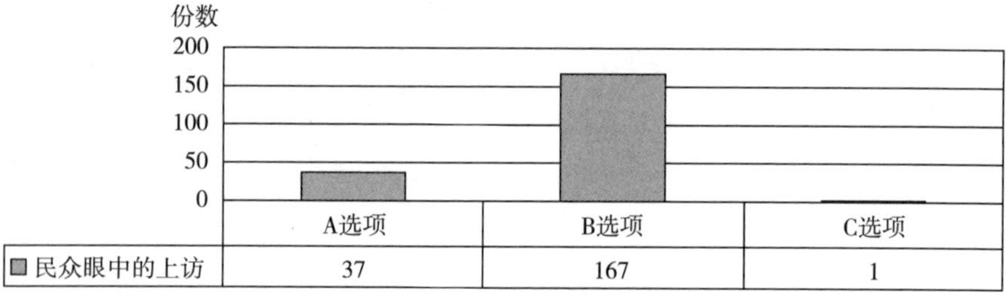

图4—11　中国民众如何看待上访

调查结果显示（参见图4—11）：有83.5%选择B选项；18.5%选择A选项；只有1人选C选项，占0.5%。这一调查结果表明，（1）绝大多数（83.5%）民众对信访人持同情心理。（2）少部分（18.5%）的人认为“多数上访者都是法盲，不懂得利用法律途径维权”，一方面，这与前述绝大多数人的观点形成鲜明的对比；另一方面，与前文另一调查结果形成了印证关系（参见图4—7，对于法院的生效裁判认为裁判不公正时，81%的人选择“继续向法院、检察院申诉，要求再审纠正错误的原判”，27.5%的人选择“向党委、人民代表大会、政协、信访部门

① 徐江：“信访在和谐中回稳”，载《瞭望新闻周刊》2006年第40期，第8页。

申诉，要求干预司法”）。（3）对于上访者执着上访的原因，有一种观点认为这是一种精神疾病。① 本项调查显示，只有极少数人（0.5%）相信这一观点。

（5）关于“舆论民意”和“司法公正”之间的关系，您的看法是？

新闻媒体掌握了大众话语权，他们在对司法腐败、滥权行为进行有力监督的同时，也有可能干预司法，甚至形成所谓的“媒体审判”。② 在新闻媒体裹挟舆论民意，对司法的影响越来越大的时代背景下，普通民众是如何看待舆论监督的呢？我们在调查问卷中设计了一道问题：关于“舆论民意”和“司法公正”之间的关系，您的看法是？对该问题，有以下三个选项供选择：A. 依法判决，就是公正的；B. 不管合不合法，顺应民意的判决才是公正的；C. 法律必须兼顾情理，既符合法律，又顺应民意的判决才是公正的。

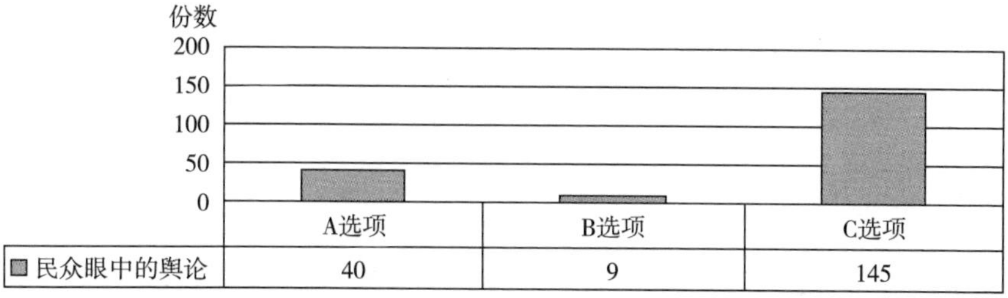

图 4—12　民众如何看待舆论对司法的监督

调查结果显示（参见图 4—12）：20% 的人选择 A 选项，认为“依法判决，就是公正的”，共有 40 人；4.5% 的人选择 B 选项，认为“不管合不合法，顺应民意的判决才是公正的”；而高达 72.5% 的人选择 C 选项，认为“法律必须兼顾情理，既符合法律、又顺应民意的判决才是公正的”。前述数据表明，（1）经过多年的法制宣传教育之后，我国民众的法律意识显著提高了。B 选项“不管合不合法，顺应民意的判决才是公正的”，很容易让我们回忆起“文革”时期的“群众审判”，也很

① 有学者认为：“对那些老上访专业户，我负责任地说，不说 100% 吧，至少 99% 以上精神有问题——都是偏执型精神障碍”。参见孙东东：“把精神病人送到医院是最大的保障”，载《中国新闻周刊》2009 年 3 月 23 日。

② 媒体审判（Trial by Mass Media），是指新闻媒体的不正当、不合法的报道形成某种舆论压力，妨害和影响司法独立与公正的行为。

容易让我们联想起古雅典审判苏格拉底的500人大陪审团，但所幸只有4.5%的当代中国人仍然认可这类审判方法，只靠民主、不靠法律的司法审判时代终于一去不复返了。(2) 我国民众的法治意识水平的提高还很有限。完全认同A选项“依法判决，就是公正的”比例也不高，只有20%；而高达72.5%的人持一种折中的观点，认为兼顾情理法的司法审判才令人满意，对刚性的法律面前人人平等和西方形式理性司法理念难以完全认同。

(6) 您如何看待陪审团审判的现象?

我国多数民众认为司法判决应当兼顾情理法、顺应民意，这就提出了一个问题：英美法系的陪审团审判制度较为充分地体现了民主思想，我国民众是否认同呢？为此，我们设计了这样一个问题——“有人提议，法院对某些案件，可以采取陪审团审判的方法（即随机从社会上挑选12个老百姓，参与到法庭审判中，按少数服从多数作出判决）。您对此的看法是?”对该问题，有以下三个选项供选择：A. 荒唐，不懂法的人怎能做法官；B. 可行，法律不外乎人情，人人心中都有一把正义的尺子；C. 可行，但应当限于涉及大众利益和公共利益的案件。

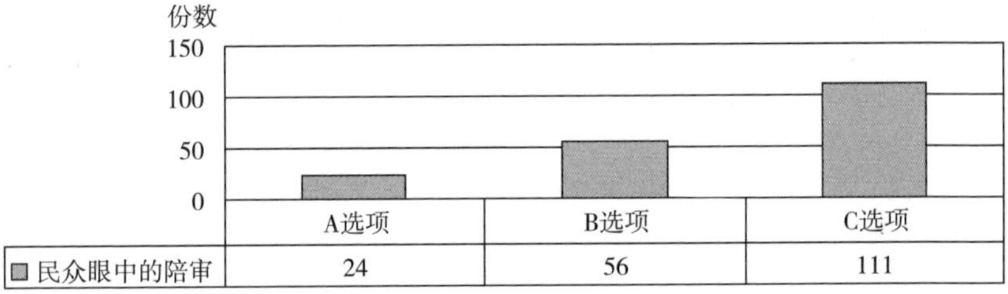

图4—13 民众如何看待陪审团审判

调查结果显示（参见图4—13）：对于引入陪审团审判制度，有12%的人明确表示反对，有83.5%的人明确表示赞同。具体情况是：24人选择A选项，占12%，认为实行陪审团审判荒唐，“不懂法的人怎能做法官”。可以推测，这部分人还是倾向于专业法官审判，倾向于认为司法改革的方向应当是职业化，而非大众化、民主化。56人选择B选项，占28%，认为陪审团审判可行，“法律不外乎人情，人人心中都有一把正义的尺子”。这部分人的观点，显然与前述第一类人群的观点截然相反。但更多的人持一种折中的观点，占55.5%，认为在我国实行陪审团审判是可行的，“但应当限于涉及大众利益和公共利益的案件”。

五、关于当代中国民间诉讼文化的补充分析

对于当代中国人诉讼文化与诉讼心理的调查分析，主要目的在于揭示改革开放和全球化运动日益深入的时代，在当代中国场景下多元诉讼文化思潮不断冲突与融合的背景下，中国传统诉讼文化、中国共产党领导下形成的人民政法传统和西方诉讼文化对普通民众所产生的影响。本章不再对各种诉讼文化对民众发挥影响作用的具体途径展开阐述，仅仅通过数据初步展示这种影响的结果。

本章的调查分析还有一个目的，就是从官方与民间诉讼文化冲突的视角，揭示普通民众对于国家立法机关制定的法律和司法机关奉行的司法政策所持的心理和态度。在我国，国家立法机关虽名义上是全体人民的代表，其制定的法律是人民意志的体现，但这种理论上的论证难以掩饰一个问题，就是立法机关制定法律越来越受法律专家学术思想的影响，立法机关制定法律也深深地受党领导下的政法传统的影响。从近几十年的学术发展状态看，法律专家受国外法学理论的影响越来越深，有的崇尚英美法系，有的崇尚大陆法系，有时理论论证难免有脱离中国国情的嫌疑。比如，学术界要求废除人民陪审员制度、法院调解制度等观点，很难说体现了底层民众的真实声音。而基于党的群众路线等人民政法传统形成的涉诉信访机制、有错必纠的再审救济机制等，在新中国成立前后极大地呼应了人民大众的心理需求，但在市场经济、法治精神日益深入人心的情况下，这些制度是否还能被普通民众所接受，这是存有疑问的。所以，本章的调查着重提供了一个观察窗口，观察当代中国人的诉讼心理和诉讼行为模式的窗口。

本章的调查分析，不仅为本书之后有关法院调解、人民陪审、申诉信访和检察监督等相关制度的分析铺垫了数据基础，而且也能澄清人们的一些认识模糊甚至认识错误之处。比如，人们通常认为，中国具有几千年的调解文化传统，人们更习惯于以调解的方式解决纠纷。但本次调查的第一组数据就显示，“诉讼”已成为当代中国人最喜爱的纠纷解决

方式。这一数据，对于我们清楚地把握社会转型期民间诉讼文化的样态是极其重要的。这也印证了一些法学家的判断，即“诉讼社会是社会转型和法治现代化的必经阶段”，当前中国已经进入到了“诉讼社会的阶段”。① 再如，关于人民陪审制度改革，如果不经实证数据分析，法学家们很容易得出中国人不会接受英美式的陪审团审理模式。但调查数据却显示，有83.5%的人明确表示赞同引入陪审团审判制度，只有12%的人明确表示反对。当然普通民众赞同，不见得我国一定要构建陪审团审判制度，但对于废除陪审制的主张来说显然是有力的回击。我国目前的陪审制度存在问题，并非没有诉讼文化基础，而是制度构建本身在技术上出了问题。总之，本章有关调查数据，将在以后章节中讨论我国诉讼制度变革问题时成为一个分析的基础，也是研究诉讼文化冲突与融合问题不可忽视的一环。

① 张文显：“现代性与后现代性之间的中国司法——诉讼社会的中国法院”，载《现代法学》2014年第1期，第3页。

第五章　诉讼文化冲突与民事诉讼法制的转型发展

在对诉讼文化冲突的一般理论和当代中国人诉讼心理进行调查分析的基础上，本章将着重对 1982 年《民事诉讼法（试行）》和 1991 年《民事诉讼法》的制定背景和所承载的诉讼文化进行进一步的分析，特别是要对近三十年来我国民事诉讼制度的变革发展进行文化检视，以期对诉讼文化冲突融合与近几十年来我国诉讼法制发展的交互关系有一个总体的认识。这种历史的和宏观的分析，既构成了本书以后章节中对若干典型制度进行讨论的背景基础，也是研讨我国民事诉讼法制未来转型发展之路的认知基础。

一、1982 年《民事诉讼法（试行）》的历史使命

（一）立法的社会背景

新中国的法治建设事业，在“文革”期间遭遇了重大挫折。“文革”结束后，党的十一届三中全会提出了加强社会主义民主与法制建设的任务。1978 年重新修改颁布了《宪法》，1979 年公布了《刑法》《人民法院组织法》等七部法律，人民法院的组织体系很快得到恢复。1979 年 2 月，最高人民法院制定了《关于人民法院审判民事案件程序制度的规定（试行）》，对民事诉讼程序、制度和原则等问题作了规定，并在全国法院系统试行。1979 年 9 月，全国人大常委会组织成立了“民事诉讼法起草小组”，于 1980 年 1 月完成了《中华人民共和国民事诉讼法草案（初稿）》。经过两年多的试点，全国人大常委会于 1982 年 3 月 8 日审议通

过了《中华人民共和国民事诉讼法（试行）》，1982 年 10 月 1 日开始实施。

我国《民事诉讼法（试行）》是在特殊的社会背景下制定的，是当时政治经济社会条件的产物。其中，以下三个背景因素对于分析立法所承载的诉讼文化来说至关重要。

1. “文革”结束以后，党做出了加强社会主义民主与法制建设的政治决策

“文革”结束后，以邓小平为核心的党中央提出了“加强社会主义民主，完善社会主义法制”的施政纲领。1978 年 12 月，邓小平在党的十一届三中全会上作了《解放思想 实事求是 团结一致向前看》的讲话，提出“为了保障人民民主，必须加强法制。必须使民主制度化、法律化，使这种制度和法律不因领导人的改变而改变，不因领导人的看法和注意力的改变而改变。……应该集中力量制定刑法、民法、诉讼法和其他各种必要的法律，……并且加强检察机关和司法机关，做到有法可依，有法必依，执法必严，违法必究”。① 可见，党的政治决策的转变，是起草民事诉讼法最为重要的政治背景，也是立法的直接动因。

正因如此，《民事诉讼法（试行）》的一个历史使命，就是贯彻党中央有关“加强社会主义民主与法制”的政治决策。时任最高人民法院民事审判庭庭长的唐德华曾撰文指出，《民事诉讼法》的制定和颁布，“是人民民主制度化、法律化的一个重要标志”②。老一辈诉讼法学家柴发邦教授也评价说，“保障社会主义民主，加强社会主义法制，是贯穿我国《民事诉讼法（试行）》全部规定的一个主要精神”③。为了彰显社会主义民主和健全社会主义法制，《民事诉讼法（试行）》规定了一系列基本原则，这也构成了民事诉讼法的立法指导思想。

其中，有些基本原则是着重为了彰显社会主义民主而设置的。包括：人民法院对诉讼当事人在适用法律上一律平等，保障当事人平等地

---

① 《邓小平文选》第 2 卷，人民出版社 1983 年版，第 146—147 页。

② 唐德华：“民事诉讼法知识问答（一）”，载《人民司法》1981 年第 11 期，第 27 页。

③ 柴发邦：“我国民事诉讼法（试行）的独特风格”，载《人民司法》1982 年第 5 期，第 10 页。

行使诉讼权利（第5条）；各民族都有用本民族语言文字进行民事诉讼的权利（第9条）；民事诉讼当事人有权对争论的问题进行辩论（第10条）；当事人有权在法律规定的范围内处分自己的民事权利和诉讼权利（第11条）等。为了保障当事人行使诉讼权利，民事诉讼法废除了繁琐的诉讼程序，保障少数民族语言文字的权利，设置了辩论原则、回避制度等，“我国民事诉讼法就是这样从各方面保证双方当事人权利平等、地位平等、适用法律平等。这充分显示了我国社会主义民主的优越性”。[①] 当时的学者对“民主权利”的理解是非常宽泛的，几乎把所有受法律保护的权利都理解为民主权利。也正因如此，这种立法也招致了一些批评，因为很多所谓的原则并不具有成为基本原则的精神品格，仅仅强调了社会主义法律的阶级属性和优越性，“从基本原则的具体内容和条文的具体规定看，在一定程度上讲，其目的就是宣传社会主义法律，号召人民知法、守法”。[②]

有些基本原则着重是为了完善法制而设置的。例如，人民法院依照法律规定独立行使审判权，不受行政机关、社会团体和个人的干涉（第4条）；人民法院审判民事案件，必须以事实为根据、以法律为准绳（第5条）；人民法院审判民事案件，依照法律规定试行两审终审、公开审判、合议和回避制度（第8条）等。其中，人民法院统一行使对民事案件的审判权是法治原则的核心，因为，“新中国成立以来，我国法制不健全的一个重要方面，就是不能始终保证法院独立地行使审判权，……尤其在十年内乱期间，林彪、江青反革命集团以‘群众专政’为借口，根本剥夺了法院的审判权”。[③] 换言之，“民事诉讼法（试行）”在宪法之外再度宣示人民法院享有依法独立审判的权利，在当时是有着特殊的政治意蕴的，虽然在今天看来这已成为一个基本常识。

2. 经济纠纷案件显著增加，法院办理经济纠纷案件亟须有法可依

在阐述民事诉讼法制定的必要性时，有学者着重援用了马克思的唯

---

① 董立坤：“民事诉讼法与民主法制”，载《社会科学》1982年第5期，第52页。
② 陈桂明：“诉讼法典要不要规定基本原则”，载《现代法学》2005年第6期。
③ 董立坤：“民事诉讼法与民主法制”，载《社会科学》1982年第5期，第52页。

物史观，认为民事诉讼法属于上层建筑，应当服务于社会主义的经济基础。“粉碎‘四人帮’以后，全党工作的着重点逐步转移到经济建设上来”，为了满足社会主义现代化建设的发展，需要尽快加强民事诉讼法立法工作。[①] 在那个理论匮乏的时代，这也许是最具有说服力的理由。

具体来说，是什么样的社会经济条件改变产生了对民事诉讼法的极大需求呢？

一方面，制定民事诉讼法有利于维持安定团结的经济建设环境。当时的社会形势是：“文革”结束以后，经过拨乱反正，国家在政治上实现了空前的安定团结；但同时，在漫长的十年动乱期间也积累了大量的矛盾纠纷，成为社会潜在的不安定因素，而且有迹象显示正在酝酿迸发。因此，尽快制定和实施民事诉讼法，“将有助于人民法院正确、合法、及时地审理民事案件，解决民事纠纷，从而促进各族人民的安定团结”[②]。另一方面，法院在日益增多的经济审判活动中急需有法可依。新中国成立以后，在实行高度集中的计划经济体制下，法院的审判任务较为单一，主要是办理婚姻家庭和继承案件。但随着改革开放的起步，社会上的经济往来开始活跃，经济合同领域的违约纠纷开始大量出现。据当时统计，违约行为约占经济合同总量的10%—20%，这导致大量的经济合同纠纷案件涌入法院。为了应对这种情况，全国法院开始设立经济审判庭，“广大审判人员急需民事诉讼法，以便在程序和制度上有法可依，有章可循，从而提高审判工作质量，更好地为经济建设服务”。[③]

3. 当时的国内国际环境特殊，可资借鉴的立法经验较为单一

在《民事诉讼法（试行）》起草之际，中国处于一种非常特殊的国内和国际情势之中。一方面，中国共产党领导中国人民相继取得了新年民主主义革命和社会主义革命的胜利，[④] 中国从此走上了社会主义的道路。在法律理论方面，中国官方一直坚持马克思主义的法学理论，对欧

---

① 杨荣新：“应尽快颁布施行民事诉讼法”，载《政法论坛》1981年第2期，第35页。

② 同上书，第36页。

③ 同上书，第35—36页。

④ 从1919年至1949年是新民主主义革命时期，革命胜利的标志是中国共产党领导建立了中华人民共和国；从1949年至1956年是社会主义革命时期，1956年年底“三大改造”（对农业、手工业和资本主义工商业的改造）完成，标志着社会主义制度在中国正式确立。

美资本主义法律制度和法学理论持批判态度，除了新中国成立之初就废除了“国民党六法全书”之外，还在1952年开展了为期一年的司法改革运动，以纯洁司法队伍、清除旧法观点、确立社会主义法律意识的绝对正统地位。1979—1982年《民事诉讼法（试行）》起草之际，这种氛围并没有很大的变化，因此直接借鉴欧美资本主义国家的一些立法经验在当时几乎是行不通的。另一方面，中苏关系在新中国成立初期虽有一段亲密的历史，但很快在政治上陷入对立，甚至是兵戎相见的状态，至1979年民事诉讼法起草之际，中苏政治关系并没有根本改善，[①] 基于政治上的原因，当时大规模地借鉴苏联的立法经验也是不可想象的。

在域外立法经验较为匮乏的情况下，坚持从中国国情出发，从人民政法传统中寻求经验支持，就成了立法起草的根本指导思想。这一点，从民事诉讼法起草小组的组成中可窥一斑。起草小组成员采取“三结合”的安排，即：一部分为高校学者，如杨荣新、江伟、常怡、柴发邦等；一部分为在职的法官，包括上海、天津、北京、辽宁四个省法院的领导和法官；第三部分是分管立法工作的领导。在起草过程中，还专门听取了安徽、河北等地法院的领导介绍民事审判的经验和体会。正如柴发邦教授所概括的那样，“我国民事诉讼法（试行）体现了工人阶级领导的以工农联盟为基础的广大人民的意志，总结了民事审判工作的丰富经验，继承与发扬了人民司法工作的优良传统，具有独特的民族风格，是一部新型的社会主义的民事诉讼法”[②]。

（二）《民事诉讼法（试行）》所承载的诉讼文化

1.《民事诉讼法（试行）》体现了较强的意识形态色彩

在马克思主义法学思想中，意识形态属于国家的上层建筑，是在不同经济基础上发展起来的，反映统治阶级的独特的情感、幻想、思想方

① 从1949年新中国成立到1991年苏联解体，中苏关系经历了四个阶段：1949—1959年是中苏关系的“亲热”期，中国派出大量留苏学生，苏联也派了一些法学专家到中国，中国大规模地学习苏联法律理论，模仿苏联法律制度。1960—1968年是中苏关系的“冷战”期，双方互相“口诛笔伐”。1969—1978年是中苏关系的“热战”期，双方在边境地区剑拔弩张，两国人员的往来基本中断。1979—1989年是中苏关系的“回暖”期，1979年9—12月双方举行第一次政治会谈，但直到1989年5月戈尔巴乔夫访华双方关系才开始正常化。

② 柴发邦：“我国民事诉讼法（试行）的独特风格”，载《人民司法》1982年第5期。

式和人生观构成的整个上层建筑。阶级性是意识形态的本质属性，不存在超越阶级关系的意识形态。[①] 1978 年党的十一届三中全会以后，虽然党的工作重心发生了转移（至经济领域），但基于思维的惯性以及法律专业理论的匮乏，民事诉讼法的起草工作还是延续了一些较为强烈的意识形态立场。

第一，从司法宗旨看，坚持了意识形态立场。当时的学者普遍认为，人民法院与西方资本主义国家的法院虽同为审判机关，但在性质上根本不同。“资本主义国家的法院是资产阶级压迫人民的工具。我们的人民法院则是为人民服务的。”[②] 具体来说，人民法院根据民事诉讼法审判民事案件，解决人民内部的矛盾，最终是为了调动广大人民群众建设社会主义的积极性，为保障社会主义建设事业的顺利进行服务。

第二，从立法技术看，坚持了意识形态立场。民事诉讼法条文按照“简而不陋”的原则撰写，就条文数来说，只有 205 条，比世界上主要国家的民事诉讼法条文要少得多；从语言文字看，立法尽量使用通俗易懂的文字表述，便于人民群众理解。[③] 为了便于人民群众理解和掌握，《民事诉讼法（试行）》还避免规定繁琐的诉讼程序，“在审判制度、审判程序上，是便利人民，还是刁难人民，是无产阶级与资产阶级两种诉讼制度的根本区别之一”；“剥削阶级国家的诉讼程序往往是追求形式上的‘完备’，程序上的繁琐，手续上的严苛”，如国民党司法机关要求起诉递交起诉状、不同书状的写法不同，审判程序设置的审级过多（三审终审）等，这些都被批判为是故意“刁难人民”；《我国民事诉讼法（试行）》实行两审终审，可以口头起诉，法院实行巡回审理、就地审判等，因此，“必然也是我国民事诉讼法有别于一切资产阶级国家民事诉

---

① 马克思、恩格斯曾在《德意志意识形态》中写道：“统治阶级的思想在每一时代都是占统治地位的思想”，他还对资产阶级的分权理论进行了分析，“在某一国家里，某个时期王权、贵族和资产阶级争夺统治，因而，在那里统治是分享的，那里占统治地位的思想就会是关于分权的学说，人们把分权当作‘永恒的规律’来谈论。”参见《马克思恩格斯选集》第 1 卷，人民出版社 1972 年版，第 52 页。

② 张友渔：“论我国民事诉讼法的基本原则和特点”，载《法学研究》1982 年第 3 期，第 56 页。

③ 张玲元：“我国‘民事诉讼法（试行）’的特点”，载《政法论坛》1982 年第 2 期，第 16 页。

讼法的显著特点”[①]。

第三，从基本原则看，坚持了意识形态立场。例如，《民事诉讼法（试行）》第 11 条对处分原则作了规定：“在法律规定的范围内，当事人有权处分自己的民事权利和诉讼权利。”我国立法机关特别增设了一个处分限制，即“在法律规定的范围内”，并将此作为社会主义和资本主义民事诉讼法的一个关键差异。当时的学者们对此是这样理解的，“我国民事诉讼法中的处分原则，是根据列宁关于扩大国家干预民事关系的指示建立的，是由我们国家和法律的社会主义性质决定的。而在资本主义国家，当事人处分的权力是绝对的，没有限制的。因为在资本主义制度下，私有财产是神圣不可侵犯的，而处分原则正是建立在私有制基础之上的”[②]。

第四，从审判方式看，坚持了意识形态的立场。《民事诉讼法（试行）》第 6 条规定：“人民法院审理民事案件，应当着重进行调解；调解无效的，应当及时判决。”在论证法院调解的合理性时，除了发扬革命传统之外，另一个理由就是将毛泽东的“对人民民主、对敌人专政”的理论直接作为加强调解的理论基础和政治基础。当时的学者认为，“民事审判工作应当围绕这个‘主题’展开”，“把法院调解和人民调解用法律条文固定下来，并强调调解的作用，是我国《民事诉讼法》的又一显著特点。这是我国人民民主专政的国家性质所决定的”。[③]

第五，从程序法治看，坚持了意识形态的立场。虽然“文革”结束后停止了“以阶级斗争为纲”的施政路线，但是阶级分析法仍是主流的观点。强调民事诉讼法的阶级性，要求做到以下三点。一是认为“查明事实、分清是非”，是民事诉讼立法的主导思想。“查明事实”是真假问题，“分清是非”是善恶问题，这里面蕴含了司法要对政治问题进行甄别的意思。二是认为除严格依法办事外，还强调“政策”在司法审判工

---

① 张玲元：“我国‘民事诉讼法（试行）’的特点”，载《政法论坛》1982 年第 2 期，第 13 页。

② 李春霖：“试论我国民事诉讼法试行的基本原则”，载《新疆社会科学》1982 年第 2 期，第 142—143 页。

③ 张玲元：“我国‘民事诉讼法（试行）’的特点”，载《政法论坛》1982 年第 2 期，第 14 页。

作中的指导作用。三是强调法院依法审判执行与道德舆论评判相结合，认为“舆论上指责评价的作用往往大于法律的强制作用”①。

2.《民事诉讼法（试行）》实现了人民政法传统的法制化

前文述及，人民政法传统是在长期的革命根据地时期逐渐形成的，有其鲜明的特色。但在1982年以前，人民政法传统只是以党和法院的纲领、方针、政策等形式表现出来，1982年《民事诉讼法（试行）》第一次对此进行系统地立法确认，系统化地实现了人民政法传统的法制化。主要表现有：

第一，继承和发扬了党的群众路线。当时的学者认为，“全心全意为人民服务，一切从人民利益出发，是党和国家工作的出发点，也是民事诉讼之法的出发点”②。群众路线在《民事诉讼法（试行）》中有多种表现，一是法院办理民事案件“着重调解”。民事诉讼法处处体现便利人民、依靠人民、团结人民、为了人民的群众路线精神，“它的最大特点是发扬人民司法工作的优良传统——着重调解”。③ 二是巡回审理、就地办案。三是为了便利人民诉讼，民事诉讼法还规定基层人民法院和人民法庭审理简单的民事案件适用的“简易程序”。四是为了便利人民诉讼，还把人民调解委员会规定在民事诉讼法里，“突出地表明了我国司法工作的人民性，体现了刘少奇同志在五十年代中期倡导的人民司法工作‘三道防线’的第一道防线的思想”。④ 其他诸如实行两审终审、简化起诉的方式、接待人民信访等，都可谓是党的群众路线的生动体现。

第二，明确了审判为党的中心工作服务。在民事诉讼中，司法审判为党和国家的中心工作服务的特征非常明显。张友渔认为，“在我们社会主义国家，民事纠纷反映的是人民内部矛盾。我们希望在人民内部不发生纠纷或少发生纠纷。希望人民少‘打官司’，最好是不‘打官司’。……既不能做到‘无讼’，就必须做到‘便讼’，以免人民群众因

① 曹漫之：“排除干扰 严格实施民事诉讼法”，载《法学》1982年第4期，第13页。

② 同上书，第2页。

③ 冯尔泰：“坚持群众路线与法制原则的统一”，载《法学》1982年第4期，第12页。

④ 李波人：“便利人民诉讼是我国民事诉讼法的基本特征”，载《法学杂志》1982年第1期，第23页。

进行诉讼而误时失事，加重经济负担，耽误生产和工作”。[1] 可见，民事诉讼的最终任务，是落脚在保障社会主义现代化建设顺利进行方面。

第三，坚持了党的实事求是的思想路线。把马克思主义的唯物主义思想直接应用于诉讼法中，特别是在诉讼证据领域，是人民司法的一项传统。在《民事诉讼法（试行）》中，实事求是的思想路线主要有如下体现。一是规定“人民法院应当按照法定程序全面地、客观地收集、调查证据”（第56条），便于弄清事实真相。二是法院认定事实不能单凭当事人陈述，当事人的承认与事实不符的，不能据以认定案件事实；拒绝陈述，证据充分的也可以认定事实。三是诉讼中坚持有错必纠，设置了发达的审判监督程序，各级法院都要接待人民群众来信来访。总之，人民法院审判案件，“要实事求是地查明争议事实的本来面目，要看实质，而不只是看形式，这是我国《民事诉讼法（试行）》最本质的一个特点”。[2]

3.《民事诉讼法（试行）》所承载的现代诉讼法理相对匮乏

《民事诉讼法（试行）》起草过程中所依据的理念基础，主要有三：一是马克思主义原理，特别是马克思唯物主义的认识论，构成了以“实事求是、调查研究”为特征的证据制度和以“有错必纠”为特征的程序救济机制的精神基础；二是人民民主专政的政治理论，特别是毛泽东关于“人民内部矛盾”的论述和“对人民实行广泛的民主”的论述，构成了法院调解、巡回审理、就地审判、简易程序、简化审级、简化诉讼形式等一系列规定和制度的精神基础；三是法制原则，特别是邓小平关于加强法制的论述，构成了审判权由法院行使原则，以及通过规定审判制度、审判程序和审判方式等实现法院审判工作有法可依等一系列规定的精神基础。由于政治和意识形态的原因，欧美的诉讼制度和诉讼理论，大多没有作为《民事诉讼法（试行）》起草的参考依据。

---

① 张友渔：“论我国民事诉讼法的基本原则和特点”，载《法学研究》1982年第3期，第56页。

② 柴发邦：“我国民事诉讼法（试行）的独特风格”，载《人民司法》1982年第5期，第10页。

《民事诉讼法（试行）》起草者视野的相对狭窄，造成对部分诉讼规律和现代诉讼法理的误解或无视，使得该法的科学性、法理性显得不足。主要表现有以下几个方面。

第一，关于实体法与程序法的关系。这是当时学者触及的为数不多的几个诉讼法理问题之一。当时讨论这一问题的实际意义，就是在民法典迟迟不能出台的情况下，能否先行制定民事诉讼法。在讨论这一议题时，学者主要是从马克思的经典论述中寻找依据，但却经常得出相反的结论。马克思曾说，“审判程序和法二者之间的联系如此密切，就像植物的外形和植物的联系，动物的外形和血肉的联系一样。审判程序和法律应该具有同样的精神，因为审判程序只是法律的生命形式，因而也就是法律的内部生命的表现”。[①] 有的学者据此认为，实体法与程序法是“主从关系”“母子关系”。也有学者认为，马克思的结论是实体法、程序法“应当具有同样的精神，而不存在什么‘主从’或者‘母子’关系”。[②] 除了这些引经据典之外，更多的论述在当时比较少见。

第二，法律价值理论的缺位。在《民事诉讼法（试行）》的起草过程中，很少见到有人从诉讼公正、诉讼效益、诉讼秩序等程序价值论的角度进行讨论，换言之，这些对诉讼立法具有高屋建瓴指导意义的现代诉讼理念是缺位的。当时，人们把过多精力放在意识形态和政治论述上，例如，即使在简易程序（明显是诉讼效益的考虑）的程序设计也是从“便利群众”“为人民服务”的角度阐述的，从而忽视了对诉讼法（或程序法）应有精神品格的关注。

第三，对现代诉讼法理的误解和无视。例如，对民国时期引入的西方裁判效力理论，我国历来是持批判态度的。“在新中国，法院生效判决具有既判力这样的观念是完全缺失的，‘一案不再理’‘官无悔判’早被当作一种反动的司法作风将其扫地出门。……而作为人民法院的一项重要工作和人民司法工作的一个重要方面，案件复查历来也颇受重

① 《马克思恩格斯全集》第1卷，人民出版社1956年，第178页。

② 杨荣新：“应尽快颁布施行民事诉讼法”，载《政法论坛》1981年第2期，第37页。

视。"[①] 由此，必然导致的后果就是，生效裁判的稳定性极差，翻来覆去地再审和涉诉信访极大损伤了司法的权威性和公信力，也带来诉讼效益低下的后果。

二、1991 年《民事诉讼法》的制定与诉讼文化的转型

（一）立法的社会背景

《民事诉讼法（试行）》实施了九年之后，迎来了一次重大修订。1991 年 4 月 2 日，全国人大副委员长、法律委主任王汉斌在七届人民代表大会四次会议上作了《关于〈中华人民共和国民事诉讼法（试行）〉（修改草案）的说明》的报告，一方面肯定了《民事诉讼法（试行）》在司法实践中发挥的积极作用，另一方面也指出随着社会各方面情势的发展需要对民事诉讼法做相应的修改。归纳来看，社会情势的变化主要包括如下方面。

1. 改革开放的推进和商品经济的发展，给民事司法带来了新挑战

在 1979—1982 年《民事诉讼法（试行）》起草之际，我国的改革开放刚刚起步，商品经济不发达，经济纠纷案件总量相对较少。但是，在 1982—1991 年，中国改革开放推进得很快，社会主义商品经济繁荣发展，给整个社会带来了巨大的变化。主要表现有：（1）商品经济的发展是以经济利益的驱动为前提的，它必然导致人民群众的权利意识增强，起诉到法院的经济纠纷案件大量增加。1979—1982 年，全国法院受理的一审经济案件只有 4. 9 万件；而到了 20 世纪 90 年代，每年全国各级法院受理的一审经济纠纷案件都有六七十万件。[②] 案件数量的激增，使得法院如何提高诉讼效率，成了必须解决的迫切问题。（2）商品经济的发展催生了一些新的经济案件类型，如金钱债权、有价证券丢失等，其审理方式、审理程序适用原有的审判程序显然不合适。（3）商品经济的发展导致工业灾害和产品责任之类的问题凸显，同一案件中当事人人数众

---

① 何永军："人民司法传统的表达与实践：1978—1988"，载徐昕主编：《司法的知识社会学》，厦门大学出版社 2008 年版，第 55 页。

② 顾昂然："谈谈民事诉讼法的补充和修改"，载《人民司法》1991 年第 6 期，第 10 页。

多的情形开始大量出现，原来的诉讼当事人制度已不能满足实践的需要。(4) 商品经济的发展一方面导致人口开始出现流动，另一方面导致人们权利观念的转变，人们更倾向于要求法院依法审判而不是“和稀泥式”的调解，传统的“着重调解”的审判方式出现了不适应性，需要进行调整。

为了因应前述社会情势的变化，在 1991 年《民事诉讼法》修改过程中，修改了举证责任制度，强化了当事人的举证责任；增设了审理期限制度；完善了简易程序；增加了督促程序、公示催告程序和企业法人破产还债程序；增设了代表人诉讼制度；修改了法院调解原则，强调调解必须根据自愿、合法原则等。

这也印证了前述的诉讼文化冲突原理，即社会生产方式的变化是诉讼文化冲突的根本原因。亦即，商品经济的发展使得社会结构、人们的生活方式和法律观念发生了很大变化，导致建立在旧的诉讼文化基础上的诉讼法出现了一些不适应性，新的诉讼文化观念在新的社会条件下逐渐酝酿产生，由此产生了新旧诉讼文化之间的冲突，并成为诉讼法修改的动因。

2. 一大批民事或有关民事的实体法出台，要求程序法做相应的修改

我国 1982 年《民事诉讼法（试行）》起草之际，民事实体法只有《婚姻法》（1981 年 1 月）和《经济合同法》（1981 年 12 月）。1982 年以后，我国先后制定了继承法、涉外经济合同法、技术合同法、专利法、商标法、著作权法等一大批法律。特别是 1986 年制定了《民法通则》，法律所调整的民事关系的范围越来越大，过去没有或者很少发生的案件由无到有、由少到多，比如抵押、承包纠纷，无因管理、不当得利纠纷，知识产权纠纷等。从 1984 年到 1991 年，法院受理的民事经济案件每年以 21% 的幅度增长，婚姻案件所占比例由过去的 70% 以上，逐步下降到 50% 左右；财产权益案件的比例逐年上升，债务案件收案数已上升到第二位，仅次于婚姻案件；过去很少发生的案件，如因损害名誉权、肖像权、姓名权引起的精神损害赔偿案件，不仅从无到有，而且日益增多。[①] 这就要求，程序法必须做好相应的衔接。例如，在 1991 年

① 参见编辑部：“民事审判工作的深刻变化”，载《人民司法》1991 年第 4 期，第 8 页。

《民事诉讼法》修改过程中，适时增加了《民法通则》规定的宣告失踪、宣告死亡的特别程序等。

这些现象也印证了前述的诉讼文化冲突原理，即社会内部结构发展的不平衡是引起诉讼文化冲突的重要原因。商品经济的发展首先带来了人们权利观念的变化，促使民事实体法不断完善；当人们的权利观念和实体法不断完善，而程序法未做相应的修改衔接工作时，冲突就产生了，进而成为修订民事诉讼法的动因。

3. 民事司法工作中出现了一些新问题，也积累了一些经验，需要修改诉讼法

《民事诉讼法（试行）》实施期间，我国民事司法实践中出现了“告状难”“管辖乱”“审判难”“申诉难”“执行难”等一系列妨碍当事人诉讼权利行使的问题。有些问题，最高人民法院已经制定了司法解释予以应对，但需要把这些解释上升到法律层面；有些问题迟迟没有得到妥善解决，需要通过立法的修改来解决。

第一，“告状难”。“告状难”是人民群众反映较为强烈的一个问题。这里既有法院工作的不足，存在一些“人情案”“关系案”“抽屉案”“口袋案”等不良现象；也有法院和群众对法院主管的范围认识不清，而产生了一些误解。[①] 为了解决这一问题，1991 年《民事诉讼法》修改过程中，一方面明确了法院主管的范围，规定“公民之间、法人之间、其他组织之间以及他们相互之间因财产关系和人身关系提起的民事诉讼”（第 3 条），属于法院主管的范围；另一方面完善了起诉的程序，规定“人民法院对符合本法第一百零八条的起诉，必须受理”（第 111 条），还规定“认为不符合起诉条件的，应当在七日内裁定不予受理。原告对裁定不服的，可以提起上诉”（第 120 条），将“告状难”问题纳入上级法院的监督之下。

第二，“管辖乱”。商品经济的发展使得社会利益格局发生了深刻的变化，为了保护本地企业和经济的快速发展，出现了较为普遍的地方保

---

① 高洪宾：“保护当事人的诉讼权利是民事诉讼法的首要任务”，载《人民司法》1991 年第 7 期，第 8 页。

护主义。王汉斌副委员长在《民事诉讼法（修正草案）》说明中指出，“有些地方法院受地方保护主义影响，对合同纠纷案件，不属于自己管辖的，也抢着受理争管辖”。① 为解决这一问题，1991 年《民事诉讼法》修改过程中，增设了“合同案件的协议管辖制度”（第 25 条）、“管辖权异议制度”（第 38 条）。②

第三，“审判难”。实践中不少当事人不但不配合法院的审判活动，还肆意妨害法院的审判工作，导致审判工作难以正常开展。“在人民法院审理民事案件过程中，有的当事人拒不到庭，有的伪造、毁灭证据，有的将已被查封、扣押的财产予以转移，有的甚至冲击、大闹法庭，阻碍司法工作人员执行职务，等等，使人民法院审判工作不能顺利进行甚至不能进行。”③ 为了维护司法权威和诉讼秩序，1991 年《民事诉讼法》修改过程中，增加规定了“拘传”“缺席判决”“按撤诉处理”以及一系列对妨害诉讼的行为的强制措施。

第四，“执行难”。人民法院执行难的问题始见于 20 世纪 80 年代中期，在经济审判和执行中最为突出。据统计，经济纠纷案件判决后未能执行的，1985 年、1986 年为 20% 左右，1987 年上升到 30% 左右，有的省高达 40% 以上。1988 年 4 月，最高人民法院工作报告中首次提到了执行难问题，“经济审判工作中最突出的问题是判决难以执行”，虽然各地法院采取了措施，扭转了“重审判、轻执行”的观念，“但执行难的状况仍在继续发展”。④ 为了解决实践中存在的“执行难”问题，1991 年《民事诉讼法》修改过程中，除增加了妨害执行行为的强制措施外，还根据在执行程序中补充规定了一些新的执行措施。

（二）1991 年《民事诉讼法》所承载的诉讼文化

1991 年《民事诉讼法》制定时中国正处于转型期，一方面“有计

---

① 王汉斌：“关于〈中华人民共和国民事诉讼法（试行）〉（修改草案）的说明”，载《中华人民共和国国务院公报》1991 年第 13 期，第 523 页。

② 第 38 条“管辖异议制度”，是在吸收 1987 年《最高人民法院关于审理经济纠纷案件具体适用〈民事诉讼法（试行）〉的若干问题的解答》第 2 条规定的基础上设立的。

③ 王汉斌：“关于〈中华人民共和国民事诉讼法（试行）〉（修改草案）的说明”，载《中华人民共和国国务院公报》1991 年第 13 期，第 525 页。

④ 郑天翔：《最高人民法院工作报告——1988 年 4 月 1 日在第七届全国人民代表大会第一次会议上》。

划的商品经济”有了一定程度的发展，要求诉讼文化和诉讼制度适时作出一定的转型；另一方面“社会主义市场经济体制”尚未建立，与市场经济相适应的现代诉讼法理还不具备产生的条件。这也决定了这部法律的过渡性特点。这部法典所承载的诉讼文化主要有如下特点。

1. 诉讼文化领域的意识形态色彩有所减弱

把马克思主义原理与中国实际相结合，以此作为中国诉讼立法的基本指导思想，是新中国成立以后一贯的做法。只不过，在不同的时期，中国共产党对马克思主义的解读和对中国实际情况的认识有所不同。“文革”以前，过于偏重马克思主义中的“暴力革命”“阶级斗争”理论，在社会治理上偏重于“群众运动”的方式，法律虚无主义思想较为流行。改革开放以后，更加重视人民民主的保障和社会主义法制的完善，在1982年《民事诉讼法（试行）》中体现了较为强烈的意识形态色彩。在1991年《民事诉讼法》起草过程中，意识形态仍然占据了重要地位。例如，对于要不要把试行法中规定的“着重调解”修改为“根据自愿、合法的原则调解”，老一辈法律工作者通常持反对意见，他们认为，“对于解决人民内部矛盾实行调解制度，这是我国在民主和法制方面的重要创造性建设。……在这次讨论过程中，有人认为法院是审判机关，不应着重调解。因此修改补充后的《民事诉讼法》……特别增加了‘根据当事人自愿的原则’一句，删掉了‘促使当事人互相谅解，达成协议’一句，冲淡了‘着重调解’的精神，这是后退”。[①] 在这里，仍然可以看到有学者在坚持用人民民主专政理论和人民内部矛盾理论来直接作为法院调解的理论基础。

不过，1991年《民事诉讼法》的意识形态色彩已不如原来那么浓郁。背后的原因，一是民事诉讼法专业理论有了一定的发展；二是固守意识形态立场往往无法有效解决司法实践中的问题，兹举两例。

一是生效裁判救济理念的转换。在20世纪90年代前，“一案不再

① 张友渔：“正确认识、执行〈民法通则〉与〈民事诉讼法〉——在〈民法通则〉颁布五周年、〈民事诉讼法〉公布施行座谈会上的讲话”，载《法学》1991年第6期，第3页。

理”“官无悔判”被当作一种反动的司法作风大加批判；[①] 相反，民事诉讼法确立了实事求是、有错必纠的诉讼理念，并建立了可以反复、无限申诉的审判监督程序。但是，这在实践中产生了滥诉的问题，因此，修订《民事诉讼法》的过程中对此进行了限制，增加规定了申诉的条件、时限和申诉的范围。即使老一辈的法律工作者也认为，这种修改是恰当的，“否则（表面上）好像是保护诉讼当事人的利益，实则是纵容无理取闹的人长期诉讼，妨碍法院正常工作，损害其他诉讼有关人的利益，扰乱社会秩序，破坏社会主义法制。对申诉者本身来说也费时并耗费钱财，并无好处”。[②] 在这些表述中，关于生效判决的既判力、法律秩序、法的安定性、诉讼成本和诉讼效益等观念已经初步呈现，这不是直接从国外借鉴或照搬诉讼法理的结果，而是基于中国司法实践而产生的朴素的认知。前述思想转变说明，我国民事诉讼法逐渐淡化了意识形态色彩，更加重视根据司法实践修正原有的理论认知。

二是对欧美国家的诉讼理论和制度的态度。新中国成立初期，我党坚持阶级性、人民性、革命性的立场，对国民党法律制度和西方资本主义法律制度进行了彻底的批判。直到 1982 年《民事诉讼法（试行）》起草期间，对苏联和欧美诉讼制度和理论都持谨慎的批判态度。但是，随着商品经济的发展，我国出现了一些新类型的案件，如有价证券丢失的案件、企业法人破产案件等；还出现了因案多人少而出现的提高诉讼效率的呼声，要不要加强当事人的举证责任，要不要实行“坐堂问案”（在“巡回审理、就地解决”的人民司法传统下，这是被视为资本主义老爷式的作风加以批判的），要不要对金钱债务实行快速审理？在司法实践中，还出现了多数当事人共同诉讼的现象，要不要实行西方的集团诉讼制度？最终，在 1991 年《民事诉讼法》起草过程中，大量借鉴了日本、德国、美国等“资本主义国家”的诉讼制度经验。例如，借鉴德国民事诉讼法的立法经验，增设了督促程序、公示催告程序；借鉴美国

① 何永军：“人民司法传统的表达与实践：1978—1988”，载徐昕主编：《司法的知识社会学》，厦门大学出版社 2008 年版，第 55 页。

② 张友渔：“正确认识、执行〈民法通则〉与〈民事诉讼法〉——在〈民法通则〉颁布五周年、〈民事诉讼法〉公布施行座谈会上的讲话”，载《法学》1991 年第 6 期，第 3 页。

集团诉讼、日本的选定代表人诉讼制度，增设了代表人诉讼制度；借鉴西方诉讼法理，加强了当事人的举证责任。这些立法修改均淡化了意识形态色彩，体现了更加务实理性的立法态度，更加重视诉讼规律和诉讼技术层面的考量。

2. 民事诉讼法学理论研究开始起步

这一时期的诉讼法学理论还难说繁荣，一是从学术队伍看，除了江伟、杨荣新、常怡、刘家兴、柴发邦、谭兵等少数学者撰文发声之外，大部分关于民事诉讼方面的文章都是司法实务界人士撰写的，如顾昂然、王汉斌、唐德华、张友渔、梁书文、高洪宾等；二是从研究内容看，大多是对民事诉讼法实施情况或者条文修改的理解，属于观点断想，缺乏充分、细致、深入的法理探讨。从总体上看，诉讼法学理论的研究是滞后于司法实务的，司法实务界对诉讼问题的理解要比高校的学者深刻得多；从当时学者发表的论文看，甚至可以说学者是诉讼法知识的二道贩子，还难以担当引领诉讼法修改的重任。

但是，部分民事诉讼法学者已经开始自觉地用理论来阐释立法了。例如，谭兵教授 1991 年发表了《公正、民主、效率——论我国民事诉讼法的新特点》，文中谈论了以下主题：程序公正与实体公正的关系，及其在 1991 年《民事诉讼法》中的体现；审判的民主性及其体现；审判的效率性及其体现等。[①] 杨荣新、陈桂明 1991 年发表的《民事诉讼法若干修改之依据与意图》，在介绍《民事诉讼法》的修改要点的时候，也对修改的理论依据和现实考虑作了一定程度的阐释。特别是，借由中国台湾书籍和翻译国外立法资料，为民事诉讼法的修改提供了一些观察问题的域外视野。

3. 一系列的诉讼观念开始有较大转变

第一，“重刑轻民”的诉讼观念有所转变。新中国成立后，在以阶级斗争为纲的政治路线下，在相当长一段时期内人民法院被视为对敌专政的工具，处理人民内部矛盾的民事审判理所当然地不那么重要。直到

① 参见谭兵：“公正、民主、效率——论我国民事诉讼法的新特点”，载《现代法学》1991 年第 5 期。

1984年左右，各地法院都还存在“轻民事、挤民事、不愿干民事”的思想，对民事审判工作往往“说起来重要，做起来次要，忙起来挤掉”。[①] 但随着商品经济的发展，民事纠纷日益增多，民事诉讼的重要性与日俱增。而且，民事案件如果处理不当或不及时，就极易使一般的民事案件转化为极大危害社会的恶性案件。[②] 在这种背景下，“民事、民事，国家的大事”这一观念日益深入人心。[③] 不过，这个转变过程不是突然完成的，直到20世纪90年代中晚期才有实质性改观。

第二，“重实体轻程序”的观念有所转变。《民事诉讼法（试行）》颁布实施后，其规定的许多程序制度并未得到全面的贯彻执行。“有的审判人员把诉讼程序制度，只看作是约束当事人行为的准则，认为案件多了就不一定都严格按照程序办。”[④] 1984年第四次全国民事审判工作会议召开，法院系统开始提出“既要正确执行实体法，也要严格执行程序法”，但这时也只是法院开始出现这种声音而已，实践中变化不大。直到20世纪80年代末、90年代初法院系统自发兴起民事审判方式改革运动，贯彻以公开审判为重心，强调当事人举证责任，重视开庭审理，强调发挥合议庭的职能，程序的重要性才逐渐被人们认识到。

第三，“重公抑私”的诉讼观念有所转变。新中国成立后，在经济领域确立了公有制的主体地位，对西方资本主义国家奉行的“私权神圣”观念和“私有化”集中火力展开了批判。特别是在“文革”结束以前，在“左”的思想指导下，人民司法片面强调保护国家、集体利益，忽视对公民个人合法权益的保护，社会上流传这样的说法，“公告私，一告就准；私告公，告也白告”。[⑤] 但是，随着改革开放的深入，商品经济的发展，尤其是《民法通则》的颁布实施，民事主体地位平等、平等地受法律保护的观念大大增强了。与此相适应，1991年《民事诉讼

① 参见编辑部：“民事审判工作的深刻变化”，载《人民司法》1991年第4期，第7页。
② 刘敬怀：“民事诉讼法：从试行到修改通过”，载《瞭望周刊》1991年第5期，第7页。
③ 参见编辑部：“民事审判工作的深刻变化”，载《人民司法》1991年第4期，第7页。
④ 同上。
⑤ 同上书，第8页。

法》修改过程中，也改变了原有的“法院的操作规程”的简单定位，并将强化对当事人诉讼权利的保障作为修法指导思想之一。突出表现就是，在1991年《民事诉讼法》的第2条中增加了“中华人民共和国民事诉讼法的任务，是保护当事人行使诉讼权利”的内容；并以此为指导，突出了当事人诉讼地位的平等，增设了当事人订立管辖协议权、管辖异议权，完善了起诉权保障机制，强调了当事人的调解自主权，确认了当事人提起再审之诉的权利等。[①] 也就是说，通过法律面前人人平等观念的传播，民事诉讼当事人诉讼权利平等原则的具体化，旧有的“重公抑私”观念有了较大的改观。

第四，“重政策、轻法律”的观念有所转变。人民司法有“重政策、轻法律”的传统，这种传统与马克思主义中关于法终将消亡的理论论述有关（容易滋生法律虚无主义的错误理解），也与新中国成立后法律不完善，短期内完成立法不现实，因而不得不依赖与党的政策作为裁判依据的特殊国情有关。在1982年《民事诉讼法（试行）》颁行后的一段时期内，由于民事法律体系不完备，民事审判工作主要是依据党的有关政策和法院适用政策的解释来办案，而且很多解释还是“内部规定”。以致民间流传有“公布的不执行，执行的不公布”的说法，即使是公开的法律，执行过程中也片面强调“服务于”政策，或把执行法律和执行政策对立起来。[②] 这些问题的存在，严重阻碍了法院依法办案，影响了办案的效果。随着1985年以后《民法通则》等民事实体法的相继颁布施行，以及法院内部各种形式的宣讲、培训工作的开展，旧有的“重政策、轻法律”的观念有明显的转变。有学者对此做了如下描述，“六年多来（1984年以后——笔者注），民事审判工作的执法环境和执法条件在不断改善，以事实为根据，以法律为准绳的原则，有法的必须依法，没有法的才依政策，这一指导方针已深入人心。”[③]

① 参见高洪宾：“保护当事人诉讼权利是民事诉讼法的首要任务”，载《人民司法》1991年第7期。

② 参见编辑部：“民事审判工作的深刻变化”，载《人民司法》1991年第4期，第7页。

③ 同上，第8页。

三、诉讼文化变迁与近年来民事诉讼制度的变革

（一）经济体制改革与诉讼法学理论的繁荣

近三十年来，我国经济领域的改革在社会改革进程中产生了多米诺骨牌效应，各领域的变革莫不以商品经济和市场经济体制改革为原动力。具体到诉讼法制建设领域，改革总体上是沿着如下的逻辑思路推进的，即："经济体制改革——经济纠纷案件激增——民事审判方式改革——法学理论繁荣——民事诉讼制度深化改革"。

1. 经济体制改革催动了民事审判方式改革

自20世纪80年代以来，我国经济领域的改革开始逐步深化。1982年，党的十二大正式提出计划经济为主、市场经济为辅的改革目标。1984年，党的十二届三中全会正式提出社会主义经济是在公有制基础上的有计划的商品经济的论断。1987年，党的十三大正式提出，社会主义有计划商品经济的体制应该是计划与市场内在统一的体制的论断。1992年10月，党的十四大报告正式提出，"我国经济体制改革的目标是建立社会主义市场经济体制"。随后，1993年党的十四届三中全会作出了《关于建立社会主义市场经济体制若干问题的决定》。至此，我国经济体制改革开始朝着社会主义市场经济的方向大踏步前进，从而极大地解放了社会生产力，同时人们的权利观念和法律意识逐渐增强，经济领域的法律纠纷日益增多，并开始大量涌入法院。

随着大量民事经济案件涌入法院，法院开始陷入"案多人少"的窘境。据最高人民法院的工作报告统计，1981年全国法院受理民事一审案件63.2万件（婚姻36.5万件，财产26.7万件），经济案件1.49万件；1986年受理民事案件98.9万件（婚姻类案件首次降到50%以下，约占46%），经济案件32.2万件；1993年受理民事案件108.9万件，经济案件89.4万件（参见图5—1）。

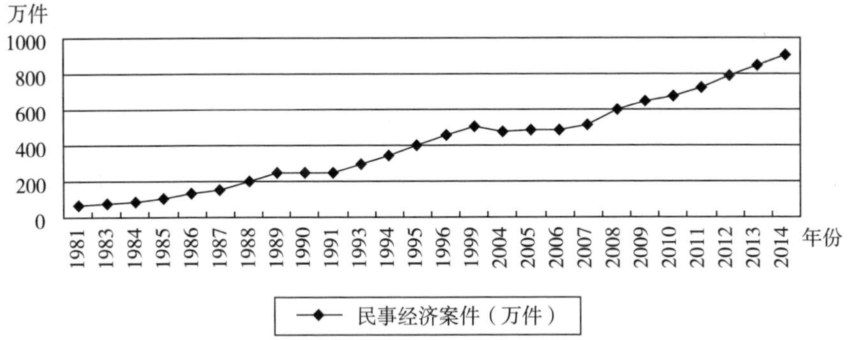

图 5—1　1981—2014 年全国法院受理民事经济案件数量

在“案多人少”、审判力量严重不足的情况下，原有的“马锡五式的审判方式”的不适应性开始显现。在马锡五式的审判方式之下，法院审判流程通常包括“谈话→调查→调解→内部研究→开庭审理→宣判”六个步骤；从诉讼理念看，重视司法过程中的法院职权干预，在“人民司法为人民”的精神宣导下，宣扬法院主动走到田间地头解决纠纷，广泛走访调查周围群众，全面调查收集证据，耐心地对当事人做说服教育工作，追求尽量以调解的方式审结案件。在法官就是“青天”“父母官”的观念下，法官包办一切的观念十分流行，这就造成了“当事人动动嘴、法官跑断腿”的现象。到了 20 世纪 80 年代中期，随着民事、经济案件的急剧增加，繁重的“调查走访、收集证据”任务经常压得基层和中级人民法院喘不过气来。正是在这种背景下，各地法院纷纷自发地开展了“强化当事人举证责任”的讨论和改革尝试，以便给不堪重负的法院减压、减负。[①] 这些讨论和改革经验，部分地被 1991 年《民事诉讼法》所采纳。[②] 由此可见，我国民事经济审判方式改革初期并非经过周密策划，而是被动的、自发的，主要出于法院自身工作便利的功利主义考量。

---

① 较早讨论强化当事人举证责任的文献资料主要有，江西省高级人民法院的毛端稚，“经济审判应当强调当事人的举证责任”，载《人民司法》1987 年第 7 期；大连市中级人民法院的严经：“经济纠纷案件审判方式应变革”，载《人民司法》1987 年第 11 期；广州市中级人民法院研究室：“应当强调民事诉讼当事人的举证责任”，载《人民司法》1987 年第 11 期。在广州中院的文章中谈道，“1986 年年底以前收案因证据不足至今年 8 月无从下判的案件有 271 件，其中积压两年以上的案件占 31.5%。其原因固然是多方面的，但其中因当事人提出的主张难以查证核实而延误办结期限不能不说是一个重要方面”。

② 法院的任务发生了变化，由原来的“全面地、客观地收集和调查证据”，修改为“全面地、客观地审查核实证据”。

但是，民事诉讼是一个复杂的制度系统，牵一发而动全身。地方法院自发掀起的“强化当事人举证责任”的讨论和改革尝试，无意间成了中国民事诉讼制度全面改革的“导火索”，一发而不可收拾。这项源自法院系统自发的“强化当事人举证责任”的改革尝试，引发了民事审判方式改革等一系列的改革活动，最终沿着“强化当事人举证责任——庭审方式改革——审判方式改革——审判制度改革——诉讼制度改革——司法制度改革”的轨迹不断发展,① 超出了当初的预期，也超出了法院系统的控制范围。迄今为止，这项改革从未停歇，已经持续了近30年，激发了民事诉讼法学理论的繁荣，也构成了我国民事诉讼制度不断变革的重要背景。

因为在逻辑上，“强化当事人举证责任”的一个后果是，原来主要由法院收集的证据现在转而主要由当事人自行收集和提供了，怎么保障当事人提供的证据的真实性、可信性呢？于是，各地法院在尝试“强化当事人的举证责任”的改革举措之后，不可避免地要探索“当庭质证”的问题。当事人当庭质证之后，要不要当庭认证、当庭判决？这就需要开展以“当庭举证、当庭质证、当庭认证、当庭判决”为主要内容的“庭审方式改革”。但是，在当时合议庭认定事实，作出判决通常要“先内部研究，报庭长、院长和审判委员会决定”,② 庭审方式改革必然要求“强化合议庭职责”，必然对过去“审者不判、判者不审”的现象进行批评和改革，这样，“庭审方式改革”就进一步发展成为法院“审判方式改革”。审判方式改革中出现了“一步到庭”等改革误区，在正本清源的过程中，连锁性地引发了对审前准备程序、民事诉讼模式、民事证据规则的完善等一系列问题的讨论，进而产生了对“民事诉讼制度”进行宏观性、整体性改革的讨论。审判方式改革和民事诉讼制度改革的讨论，又不可避免地触及了审判组织、审判主体的相关问题，并在1999年前后引发了“审判委员会存废”的大讨论，引爆了“复转军人进法

① 景汉朝、卢子娟：“经济审判方式改革若干问题研究”，载《法学研究》1997年第5期，第3页。

② 黄松有：“渐进与过渡：民事审判方式改革的冷思考”，载《法学研究》2000年第4期，第20页。

院”的议题，引发了法律专业人才选拔（法律职业资格考试）改革、党与司法的关系（政法委的改革）、检察机关与司法的关系（检察监督的存废）等议题。这样，民事诉讼制度的改革就演变成了司法制度改革，超越了单纯的民事诉讼法学的研究领域。

在诉讼法领域，更为值得关注的现象是，这项缘起于“强化当事人举证责任”的改革，激活了民事诉讼法学理论的繁荣，为诉讼法学理论发展创造了一个“黄金时期”；同时，最高人民法院因应实践需要不断制定新的司法解释，以固化改革成果；在诉讼法理论发展和最高人民法院改革举措的双重作用下，最终导致全国人民代表大会于2007年、2012年对民事诉讼法典进行了两度重大修改，我国民事诉讼制度改革由此进入了深水区。

2. 民事审判方式改革催动了诉讼法学理论的繁荣

在诉讼文化的结构中，诉讼法学理论属于“诉讼思想”层面，与诉讼心理、诉讼价值观共同构成了诉讼文化的完整内涵，也是理性化、理论化和体系化的诉讼文化形式（参见本书第一章）。诉讼法学理论主要源于法学家和法律工作者的脑力劳动，但一旦形成思想体系，就会对民事诉讼制度和司法实践产生巨大的影响。

在20世纪80年代及以前，中国的民事诉讼理论研究在总体上是欠发达的，甚至是非常薄弱的。在1987年部分地方法院呼吁在经济审判中“强化当事人的举证责任”的时候，理论界甚至还没有关注经济审判改革的实践需求。例如，在1988年全国诉讼法学术讨论会上，虽然也讨论了“举证责任”问题，但只是泛泛地讨论了举证责任的含义、举证责任的性质、刑事被告人的举证责任三个浅层的问题，并没有学者结合民事经济审判改革进行具体研讨。① 可以说，中国的民事审判方式改革大体上延续了经济体制改革的经验，即“摸论”（摸着石头过河）和“猫论”（不管白猫黑猫，逮着耗子就是好猫）。由于诉讼法学理论研究的滞后，未能在早期阶段为民事审判方式改革提供智力支持，导致改革

① 参见吉同文：“1988年全国诉讼法学术讨论会观点综述”，载《政法论坛》1988年第6期，第72页。

中出现了诸多“盲动”和“误区”。不过，也正是改革实践中的“误区”催动了学术界的“觉醒”，促使学者们开始从国外法学理论和诉讼运行规律的角度对改革实践进行反思和批判。在改革实践中被动地仓促上阵的理论界，经过多年的积淀，在改革进行了十余年之后终于有能力全面地反过来指导民事诉讼制度的整体修改了，标志就是2004年中国人民大学的江伟教授领衔起草了《〈中华人民共和国民事诉讼法〉修改建议稿一稿》。

我国自20世纪80年代中期以来民事诉讼法学理论的发展史，实际上就是一部伴随着审判方式改革而衍生的诉讼文化冲突史，这集中反映在以下几个重大的理论节点上。

第一，举证责任问题。举证责任，又称证明责任，其成为备受瞩目的理论热点起因主要有二。一是举证责任问题具有特殊的重要性，事关刑事诉讼“无罪推定”的落实，又被视为“民事诉讼的脊梁”，因此对学者具有很大的吸引力。① 二是在民事经济审判方式改革中，法院对强化当事人的举证责任的呼吁，进一步引起了理论界的研究兴趣。统计显示，以2001年最高人民法院《关于民事诉讼证据的若干规定》的公布实施为界限，在此之前每年发表有关举证责任的文章不足30篇，在此之后（2002—2012年）每年平均在300篇左右。讨论的问题集中在举证责任的含义、举证责任的性质、举证责任的分配、举证责任的转移与推定等方面。其中，有关举证责任的分配、转移、推定等的研究，主要涉及立法和审判技术问题，此不多议；而有关“举证责任的含义”的讨论，即举证责任仅仅是当事人提供证据的行为责任，② 抑或包含行为与结果双重含义，③ 却是不同诉讼文化观念的理论反映。其中的“行为责

① 新中国成立以后，公开发表的第一篇有关举证责任的论文，就是翻译了苏联学者M·π·希夫曼的《无罪推定与证明责任》（载《法学》1957年第2期）。我国学者研讨举证责任的论文，则基本上是在1982年以后才陆续发表的，截至1986年已有22篇论文，其中讨论民事诉讼举证责任问题的有8篇。

② 参见柴发邦等：《民事诉讼法通论》，法律出版社1982年版，第224页；常怡：《民事诉讼法教程》，重庆出版社1982年版，第149页。

③ 参见李浩：“我国民事诉讼中举证责任含义初探”，载《西北政法学院学报》1986年第3期。

任说”，是我国老一辈学者在苏联民事诉讼理论影响下提出的观点，是与强调国家干预、重视法院主导诉讼程序的职权主义诉讼模式相适应的，当事人不是举证主体，而只是法院调查的对象。而“双重含义说”则是受大陆法系原装的诉讼证据理论影响而提出的，西南政法大学的王锡山教授，台湾地区的骆永家、陈荣宗等的著述，都对我国早期传承“双重含义说”的举证责任理论的学者（如李浩、张卫平等）产生过直接的影响；后来，一些德国证据法原著的翻译出版，如《现代证明责任问题》《证明责任论》，对于巩固“双重含义说”在学术界的地位和深化理论研究发挥了至关重要的作用。在某种意义上，这可谓是苏联和德国证据法文化在中国场景下的冲突。从总体上看，围绕举证责任含义问题展开的讨论，是在弱化法院职权主义、突出当事人平等对抗的辩论主义的审判方式改革大背景下进行的，因此也是当事人主导诉讼、抑或法院主导诉讼两种诉讼理念冲突的一个反映。

第二，诉讼模式问题。改革开放以后，我国学术界热衷于讨论经济模式、政治模式、文化模式等各种模式问题。1991 年王韶华发表了《试析民事诉讼中超职权主义现象》一文，从比较法的视野提出英美法系国家多采“当事人主义”诉讼模式，大陆法系多采“职权主义”诉讼模式，并对我国民事诉讼中的法院超职权主义现象提出了批评。① 该文开了“诉讼模式论”的先河，遂即在 20 世纪 90 年代成为中国民事诉讼法学领域最热门的理论问题，大多数诉讼法学者都参与了其中。② 诉讼模式论的兴起，与民事经济审判方式改革中的某些期许有关，即针对民事诉讼中法院的职权过大的弊端，人们希望通过“三个弱化”来保障审判公正，即“弱化法官对诉讼过程的过度干预，淡化法官的主观倾向对裁

① 王韶华：“试析民事诉讼中超职权主义现象”，载《中外法学》1991 年第 2 期。

② 参见左卫民：“实体真实、价值观和诉讼程序——职权主义与当事人主义诉讼模式的法理分析”，载《学习与探索》1992 年第 1 期；张卫平：“当事人主义与职权主义”，载《外国法学研究》1993 年第 1 期；赵灿：“当今两大诉讼结构的特质及其价值”，载《外国法学研究》1993 年第 2 期；田平安：“我国民事诉讼模式构筑初探”，载《中外法学》1994 年第 5 期；陈桂明：《诉讼公正与程序保障》，中国法制出版社 1996 年版，第六章；李浩：“诉讼模式的选择与法官的素质”，载《法学研究》1998 年第 3 期；江伟、刘荣军：“民事诉讼中当事人与法院的作用分担——兼论民事诉讼模式”，载《法学家》1999 年第 3 期；赵钢、刘学在：“从法律文化背景看我国民事诉讼模式的选择”，载《武汉大学学报（哲学社会科学版）》1999 年第 2 期等。

判结果的影响；弱化承办法官以外的其他法院内部机构及其成员对审判过程的干预，淡化法院内部机构及其成员对裁判结果的影响；弱化法院外部种种力量对司法审判过程的干预，避免外部力量对司法审判机构裁决结果的直接或间接影响”。[①] 如果就民事诉讼程序来说，就是在“法院与当事人之间诉讼权限的分配”问题上，希望对现有民事诉讼法的各个方面进行检讨，并谋求弱化法过于强悍的干预权力，以适应市场经济和社会的发展，并在个案中实现诉讼的公正性。[②] 从1991年诉讼模式论兴起，学者们围绕该问题热烈讨论了十年之久，兴致依然不减。针对这种现状，有学者提出，有关诉讼模式论的议论固然具有积极的意义，但从中国的实际出发，更应该重视具体问题的研究，“淡化模式论，注重程序内容的研究，应该是我们对模式论进行分析后得出的结论”。[③] 从总体上看，20世纪90年代诉讼模式论的兴起，与我国民事诉讼法学的发展不够成熟是相适应的，其最主要的积极意义就在于思想启蒙，在研究与论争的过程中大陆法系、英美法系、社会主义法系的诉讼文化观念相互碰撞，在比较中显出优劣，更便于中国今后遵循诉讼规律来实现诉讼法制的现代化。

第三，程序保障问题。在我国，程序论的兴起也是在20世纪90年代初。1991年顾培东的《社会冲突与诉讼机制》和1993年季卫东的《程序比较论》,[④] 可谓是倡导程序理论的拓荒之作。之后，学术界分别沿着不同的进路展开了研究。第一种进路是：以程序正义为核心，研究诉讼程序价值理论。这方面的论著称得上是汗牛充栋，其中代表作是肖建国的《民事诉讼程序价值论》。该方面研究的最大贡献是：破除了传统的“程序工具主义”的诉讼观念，提出了“程序本位主义”的理念，最终使全社会达成了程序与实体同样重要的共识。第二种进路是：以辩

① 顾培东、张建魁：“我国民事经济审判制度的价值取向”，载《中国社会科学》1998年第6期。

② 陈桂明：《诉讼公正与程序保障》，中国法制出版社1996年版，第158、168—196页。

③ 江伟、刘荣军：“民事诉讼中当事人与法院的作用分担——兼论民事诉讼模式”，载《法学家》1999年第3期，第27页。

④ 参见顾培东：《社会冲突与诉讼机制》，四川人民出版社1991年版；季卫东：“程序比较论”，载《比较法研究》1993年第1期。

论主义为核心，研究当事人权利的程序保障。在日本，出现了程序保障的三波浪潮，第一波是“当事人权”理论，第二波是“为了当事人”的理论（以当事人和法院的垂直关系为中心），第三波是“当事人主导性”的理论（以当事人之间的水平关系为中心）。[①] 受这种理论的影响，民事诉讼法学界对辩论主义进行了大量的研究，其中张卫平教授的研究最具代表性，他在大量引证大陆法系（尤其是日本）文献的基础上提出了“约束性辩论原则”的观点，[②] 并逐渐成为学界共识。这方面研究的贡献是：在弱化法院职权主义的民事审判方式改革氛围下，通过引入西方原汁原味的诉讼法理，确立了当事人的程序主体和主导地位，严厉批判了我国传统上法院“你辩你的、我判我的”的专横意识，发挥了思想启蒙作用。第三种进路是：以程序价值研究为前提，探讨各种诉讼程序的完善思路。这方面的研究成果就更是不胜枚举了，其中较早且最有代表性的研究成果是陈桂明教授的博士论文《诉讼公正与程序保障》，书中以程序价值理论为铺垫，系统地研究了程序性组织保障、复审保障、检察监督保障等内容。这方面研究的突出特点是，直接将抽象的理论应用于我国民事诉讼程序法制完善的实践，为民事诉讼法的修改奠定了思想基础。

第四，诉讼证据制度。诉讼证据制度内涵广泛，最能体现诉讼文化特点的莫过于证明标准的理论基础，也有人称其为证据法的理论基础。传统上，我国学者受苏联诉讼理论的影响，并以马克思主义唯物主义认识论为指导，建构了一种名之为“实事求是”的证据制度。代表性的观点认为，“新中国证据制度是人类历史上崭新的社会主义类型的证据制度，它是以公有制为核心的社会主义经济基础的上层建筑，反映的是工人阶级和广大人民的意志。它的理论基础是马克思列宁主义、毛泽东思想，特别是其中的辩证唯物主义认识论”，并指出，“我国证据制度的社会主义性质及其借以建立的理论基础，要求在诉讼中必须查明案件的客

---

① 参见汪振林：“程序保障的第三波分析”，载《云南大学学报法学版》2002 年第 3 期，第 71—72 页。

② 参见张卫平：“我国民事诉讼辩论原则重述”，载《法学研究》1996 年第 6 期；张卫平：《民事诉讼：关键词展开》，中国人民大学出版社 2005 年版，第 9—17 页。

观真实”。[①] 但是，随着欧美诉讼理论源源不断地流入，以及中国司法实际中出现了一些问题，学界开始对传统的证据理念提出批判。有的学者按照马列主义关于真理的绝对性与相对性辩证关系的原理，对传统的“客观真实”理论提出质疑，认为应当确立“主观真实”的证明标准；[②] 有的学者认为，辩证唯物主义认识论不能作为证据法学的理论基础，证据法的理论基础包括“形式理性观念”和“程序正义理念”；[③] 有的学者认为，辩证唯物主义认识论不能作为证据法学的理论基础，坚持实用主义的立场，提出了裁判的可接受理论。[④] 这方面的讨论，本质上是马克思主义认识论是否可以作为证据制度的理论基础，以及是否是证据制度主要的或唯一的理论基础，讨论的结果是，全社会形成了一个共识，即除了认识论，至少法律价值理论也是证据法的理论基础。即使坚守马克思主义认识论的传统学者，也不得不修正其立场。[⑤] 另外，由于长期受意识形态的影响，我国学界向来对“自由心证”持批判态度，将其斥为以唯心主义哲学为基础的、为资产阶级利益服务的证据制度和证明标准。[⑥] 但是，经过长时间的学术讨论和积淀，不但学术界解放了思想，司法界也开始接纳“自由心证”的理念。例如，有学者将我国的诉讼证明制度称为“超级自由心证主义”，呼吁正视我国审判实践，我国审判实践中采用的就是自由心证的做法。[⑦] 最高人民法院也在某种程度上认可了新的理论动态，在一定程度上体现在了最高人民法院的司法解

---

① 陈一云主编：《证据学》，中国人民大学出版社 1991 年版，第 90、96 页。

② 参见樊崇义：“客观真实管见”，载《中国法学》2000 年第 1 期，第 115—121 页。

③ 参见陈瑞华：“从认识论走向价值论”，载《法学》2001 年第 1 期，第 21—28 页。

④ 易延友：“证据法学的理论基础——以裁判事实的可接受性为中心”，载《法学研究》2004 年第 1 期。

⑤ 例如，陈光中教授将其观点修正为二元理论基础，即辩证唯物主义认识论和司法公正论都是诉讼证据制度的理论基础（参见陈光中：“刑事证据制度与认识论”，载《中国法学》2001 年第 1 期）。张建伟教授则换了一个表述，认为辩证唯物主义认识论和法律价值及平衡、选择理论是诉讼证据制度的二元理论基础（参见张建伟：“证据法学的理论基础”，载《现代法学》2002 年第 2 期）。

⑥ 参见陈光中：“评自由心证”，载《北京政法学院学报》1982 年第 1 期；张子培：“评资产阶级自由心证”，载《北京政法学院学报》1982 年第 2 期。

⑦ 李浩：“民事证据立法与证据制度的选择”，载《法学研究》2001 年第 5 期，第 95 页。

释之中。[①] 从全力批判到学界接受，再到司法界认可，自由心证在中国经历了二十年的历程，这二十年中充满了各种观念的冲突与碰撞，发展趋势是政治意识形态色彩逐渐淡化，对马克思主义唯物主义认识论更加准确，原有的观点被抛弃或修正。

第五，审判独立问题。对审判独立的认识始于改革开放之初，1982年《宪法》和《民事诉讼法（试行）》都规定，人民法院依法独立审判，不受行政机关、社会团体和个人的干涉。但是，这些规定主要强调的是司法的外部独立性，即便如此在早期阶段也只起到了政治宣传作用，在实践中缺乏有效的保障机制。在审判方式改革过程中，大约到了1993年前后出现了“强化合议庭职”的呼吁，司法界顺势讨论了司法的“内部独立”问题，提出了“独立审判原则应当包括审判组织和法官的‘独立’”，呼吁“逐步取消庭长、院长把关制度”；[②] 审判独立“也包括上下级法院之间的独立。上级法院不得干预下级法院对具体案件的审判，对下级法院只能依法定程序行使监督权，如二审程序、再审程序，而不能行使领导权、指挥权等”。[③] 2000年，最高人民法院审判委员会委员、民事审判庭庭长黄松有撰文总结道，“审判方式改革始终贯穿了一条比较明晰的主线，即以保障和维护独立审判程序公正为其基本价值取向”，[④] 并选择以“审判独立与检察监督的关系”为突破口，在2000年前后挑起了一场由法院系统、检察系统双方对垒，部分学者积极参加的大论战。通过这场论战，虽然没达到削弱检察监督的目的，但是改变检察监督的方式和理念，强化审判独立已成为社会共识。[⑤] 回顾历

---

① 最高法院《民事证据规定》第73条规定：“双方当事人对同一事实分别举出相反的证据，但都没有足够的依据否定对方证据的，人民法院应当结合案件情况，判断一方提供证据的证明力是否明显大于另一方提供证据的证明力，并对证明力较大的证据予以确认。”在这里，“证据充分”“明显大于”这样的表述，表明我国法律实际上已经将“高度盖然性”作为民事诉讼的证明标准。

② 景汉朝：《审判方式改革实论》，人民法院出版社1997年版，第60页。

③ 景汉朝：“民事诉讼法修改的若干基本问题”，载张卫平主编：《司法改革评论》第三辑，中国法制出版社2002年版，第5页。

④ 黄松有：“渐进与过渡：民事审判方式改革的冷思考”，载《法学研究》2000年第4期，第20页。

⑤ 参见王德新：“中国民事检察监督制度改革方案述评”，载《陕西行政学院学报》2012年第2期。

史可以发现，在审判独立问题上的每一点进步都是新旧诉讼观念激烈冲突的结果：从“文革”时期“依法办案、审判独立”就是向党闹独立，到1982年《宪法》和诉讼法确立审判独立，是第一波观念革新；从原来只强调审判“外部独立”、否认“内部独立”，到确认法院内部独立、强化合议庭的职能，是第二波观念革新；从检察机关可以任意抗诉，到检察机关有条件抗诉、尊重审判独立，是第三波观念革新。迄今为止，审判独立问题的重大进展仍局限在诉讼法的范畴之内；有关司法与党的关系、司法与政府的关系、司法与人民代表大会的关系等方面的讨论，以及司法地方化和地方干预问题，由于涉及敏感的政治议题，讨论和改革仍在谨慎而缓慢地进行。2014年经党的十八届四中全会讨论，提出了“建立领导干预司法、插手案件记录机制”，以及“最高法院设立地方巡回法院”等改革方针，是一个值得进一步观察的良好动向。①

第六，法院调解问题。用调解的方式解决纠纷，被视为是人民司法的优良传统。从1944年“马锡五审判方式”在陕甘宁边区司法领域的总结和推广，到1982年《民事诉讼法（试行）》颁布实施之前，我国民事审判实践一直遵循“调解为主”的民事审判方针。1982年《民事诉讼法（试行）》确立了“人民法院审理民事案件，应当着重进行调解”的基本原则，虽然措辞上微调，但在内涵上并无本质区别。但是，实践中出现了将“调解为主”量化、将“调解结案率”作为办案质量指标的不当倾向；随着改革开放的推进，经济纠纷大量涌入法院，法院不堪重负，前述不当倾向进一步加剧。虽然1991年《民事诉讼法》将调解原则修改为“根据自愿、合法原则”进行调解，但实践中的弊端并未根除。20世纪90年代中期以后，司法实践的偏差终于引发了理论界对法院调解的口诛笔伐，有人从法治的立场批判调解与法治相悖，有人从市场经济的视角认为调解政策的社会基础已经改变，有人从司法公正的角度认为调解是“和稀泥”，甚至出现了废除调解的呼声。② 审判方式改

① 参见《中共中央关于全面推进依法治国若干重大问题的决定》，2014年10月23日。

② 参见季卫东：“法制与调解的悖论”，载《法学研究》1991年第5期；李浩：“民事审判中的调审分离”，载《法学研究》1996年第4期；景汉朝：“经济审判方式改革若干问题研究”，载《法学研究》1997年第5期等。

革的一些举措，比如“一步到庭”“当庭宣判”等，也压缩了法院调解的空间。在前述原因的综合作用下，1996 年以后法院调解结案率一路下降，从 1996 年的 54.2% 下降为 2003 年的 29.94%。但是，2004 年以后在构建社会主义和谐社会的理念指导下，最高人民法院对实践中轻视调解、重视判决的动向踩了“急刹车”，并出台了“调判结合、案结事了”的新政策，2008 年又进一步演化为“调解优先、调判结合”新方针，完成了向 1982 年及以前“调解为主”“着重调解”政策的倒退。直到 2013 年以后，“调解优先”的提法才又重新淡化。在这一过程中，可以看到法治思维、人民司法传统、市场经济观念等多种思潮的反复较量。

3. 近三十年来我国民事诉讼制度的变革

近三十年来，在经济体制改革的促动下，在以“强化当事人举证责任”为导火索的民事审判方式改革及其后续进程中，在民事诉讼法学理论的指引下，我国民事诉讼制度改革经历了翻天覆地的变化。改革涉及了基本原则、基本制度、管辖制度、当事人制度、法院调解制度、证据制度、各种审判程序和执行程序等广泛的议题，几乎触及了民事诉讼法的所有领域，逐项列举是一个浩大的工程。下面，仅对民事审判方式改革以来，最高人民法院制定的重要司法解释和几次全国人民代表大会修法，进行简略的汇总和说明。

首先，最高人民法院制定的重要司法解释。在 1995 年以前，民事审判方式改革基本上是各地基层和中级人民法院自发进行的，缺乏统一的规划和部署。“在这一过程中，各地法院‘各显其能’，争先恐后地‘摸着石头过河’，先后推出了各种各样的‘改革’措施。”[①] 1996 年 7 月，最高人民法院召开全国法院审判方式改革会议，标志着民事审判方式改革由“局部试点”走向“全国推广”阶段。此后，以 1998 年《关于民事经济审判方式改革问题的若干规定》为起点，最高人民法院制定了大量关于民事审判方式改革、法院机构改革和民事诉讼制度改革方面

① 黄松有：“渐进与过渡：民事审判方式改革的冷思考”，载《法学研究》2000 年第 4 期，第 18 页。

的司法解释（参见表5—1）①，其中不乏关于举证时限、举证责任分配、专家证人、法院调解、参与分配、执行救济等重大制度创新的规定，对于具体改革内容则不再赘述。

表5—1　最高人民法院关于民事诉讼制度改革的部分重要司法解释

年份	司法解释名称
1998. 06	《关于民事经济审判方式改革问题的若干规定》
1998. 06	《关于人民法院执行工作若干问题的规定（试行）》
1998. 06	《关于民事经济审判方式改革问题的若干规定》
1999. 03	《关于严格执行公开审判制度的若干规定》
2000. 01	《关于审判人员严格执行回避制度的若干规定》
2001. 12	《关于民事诉讼证据的若干规定》
2002. 09	《关于审理涉及人民调解协议的民事案件的若干规定》
2003. 07	《关于适用简易程序审理民事案件的若干规定》
2004. 09	《关于人民法院民事调解工作若干问题的规定》
2004. 10	《关于人民法院民事执行中查封、扣押、冻结财产的规定》
2008. 09	《关于适用〈中华人民共和国民事诉讼法〉执行程序若干问题的解释》
2008. 11	《关于适用〈中华人民共和国民事诉讼法〉审判监督程序若干问题的解释》
2009. 08	《关于建立健全诉讼与非诉讼相衔接的矛盾纠纷解决机制的若干意见》
2009. 11	《关于人民陪审员参加审判活动若干问题的规定》
2010. 05	《关于限制被执行人高消费的若干规定》
2011. 05	《人民法院涉诉信访案件终结办法》
2014. 12	《关于适用〈中华人民共和国民事诉讼法〉的解释》

其次，全国人民代表大会对民事诉讼法的立法修改活动。1991年《民事诉讼法》颁行之后，我国的政治、经济、文化、社会各个方面均发生了巨大的变化。在2001年4月召开的“纪念民事诉讼法颁行10周年学术研讨会”上，有学者提出修改民事诉讼法的建议。② 之后，修法

① 说明：“民事诉讼制度改革”是一个内涵极其宽泛的议题，最高人民法院的众多司法解释中几乎都有涉及，这里仅是部分列举，意在粗略展现最高人民法院在民事诉讼制度变革方面的积极作为态势。

② 郭士辉：“民事诉讼法的修改应提上日程——纪念民事诉讼法颁行10周年学术研讨会综述”，载《人民法院报》2001年4月18日，第3版。

的声浪逐渐高涨。2007 年 10 月 28 日，第十届全国人大会常委会第三十次会议审议通过了《关于修改〈中华人民共和国民事诉讼法〉的决定》，主要是修改了再审程序以解决“申诉难”，修改了执行程序以解决“执行难”“执行乱”，删除了“企业法人破产还债程序”，共 19 条。这次修改是不彻底的，招致了理论界的批评。[①] 于是，全国人民代表大会 2010 年又重启了全面修改《民事诉讼法》的立法规划。2012 年 8 月 31 日，第十一届全国人大常委会第二十八次会议再次决定修改《民事诉讼法》，共 60 条修正案，涉及诚实信用原则、公益诉讼、小额诉讼、第三人撤销之诉、司法确认调解协议的特别程序等广泛的新原则、新制度和新程序，修正后的《民事诉讼法》共四编二十七章 284 个条文。关于具体修改，此处也不再赘述，仅仅在下文诉讼文化的检视中部分论及。

（二）近三十年来民事诉讼制度变革的文化检视

近三十年来，伴随着经济领域的深化改革，我国社会发生了翻天覆地的变化，国家的立法指导思想、普通民众的诉讼观念和学术界的理论研究都有了重大变化。下面，从诉讼文化变迁的视角，做六个方面的总结、检讨。

1. 意识形态色彩逐渐淡化，对欧美诉讼理论和立法经验的借鉴已习以为常

随着社会主义商品经济、市场经济体制的建立和完善，依法治国方略的入宪，以及国际学术交流的日渐频繁，在我国民事经济审判方式改革进程中，立法界、司法界、理论界和社会公众逐渐淡化了诉讼法律问题上的“意识形态色彩”，不再排斥西方欧美国家的诉讼法理和文化，越来越接受和重视按“诉讼规律和诉讼法理”办事的理念。中国所接受和发展的诉讼法理，大多都是来自于欧美原汁原味的法理，或者根据中

① 这次修改存在诸多问题：一是修法仓促上阵，因为十届人大常委会次年（2008）就到期了，而本届任期内的五年立法规划包括修改《民事诉讼法》，完不成任务难以交代，故 2007 年 10 月临时上阵，有完成政治任务的功利主义和部门主义利益的考虑；二是修法的民主性不够，仅仅在人大常委会表决前临时召集诉讼法学界的“三老一小”（江伟、杨荣新、刘家兴、陈桂明）四人开了一个短暂的讨论会，未经学术界充分参与和讨论；三是修法的科学性不足，且不论未涉及民事经济审判方式改革以来的数十个热点议题，修正案中为数不多的 19 个条文也存在偏差，如再审理由等。所以，2008 年以后全国人大又快速地启动了全面修法程序。

国实际进行了一些修正。

例如，我国传统上坚持马克思唯物主义认识论，并掺杂了过多的意识形态因素，将“实事求是”作为人民司法的优良传统，而将西方国家的诉讼文化斥为“唯心主义的”“形式主义的”“为资产阶级服务的”和“压迫人民群众的”。具体而言，将西方国家“自由心证”的诉讼证据制度批判为唯心主义的，而给我们自己的证据制度起名为“实事求是”的证据制度；批判西方国家“主观真实”的证明标准，而给我们的证明标准起名为“客观真实”；将西方国家司法裁判的“既判力”理论批判为形式主义的，我们自己坚持“有错必纠”的程序理念等。但随着民事司法实践经验的积累，我们发现我们既有的诉讼理念除了作为意识形态宣传之用外，难以有效指导诉讼程序的技术构建，更难以解决司法实践中出现的问题和困境。最终，学术界和司法界还是将目光投向了域外理论，引进了自由心证的合理因素；承认司法中部分案件难以发现真相，修正了客观真实的传统证明标准；承认发现真相不是诉讼的唯一价值追求，要求确立非法证据排除规则；开始批判有错必纠的诉讼理念，要求遵循裁判的既判力原理和强调司法的终审权威性的共识逐渐形成，等等。

又如，传统上坚持将“群众路线”贯彻在司法领域中，强调人民司法为人民的理念，并据此设计了一些颇具特色的程序制度；并将西方国家的诉讼理念斥为压迫和剥削人民的诉讼理念，加以拒绝和排斥。但是，近年来随着社会的发展，我国司法界和学术界不再将议论“审判独立”视为政治禁区，并逐渐接受了“审判独立”的诉讼理念，并尝试从程序上加以保障；部分地接受了西方司法“消极、中立”的理念，要求加强诉讼中“不告不理”的原则，并对审判实践中法院所谓“主动服务”“上门服务”“提前服务”“延伸服务”等现象提出了批判；[①] 部分地接受了西方的“司法终局性”理念，对我国传统上涉诉信访、反复再审等现象提出了批判，确立了有限再审、涉诉信访终结的理念和程序制度。

---

① 景汉朝：“民事诉讼法修改的若干基本问题”，载张卫平主编：《司法改革评论》第三辑，中国法制出版社 2002 年版，第 5 页。

2. 以政治引领司法，司法服务于党和政府的“中心工作”的传统得以传承

在人民司法的优良传统中，坚持党的领导，坚持司法服务于党和政府的“中心工作”的传统，是为数不多的完整地得以传承和发扬的一项传统。究其原因，大概是因为事涉敏感，属于国家政治体制改革的深水区，因此即便讨论也无益。但是，关于党的领导的具体方式，司法服务于党和政府的“中心工作”的方式，则是诉讼文化领域短期内可以讨论并能够取得成效的领域。

关于司法为“中心工作服务”，从最高人民法院历年工作报告中可窥一斑：在1990年最高人民法院的工作报告中有这样的表述，“经济审判是人民法院运用法律手段调节经济关系、直接为经济建设服务的”，“在去年的经济审判工作中，各级人民法院坚持为治理整顿、改革开放服务的指导思想，通过审理大量借贷、购销、技术合同纠纷，公司债务清偿，产品质量责任等案件，对整顿经济秩序，促进社会主义商品、资金、技术市场的建立和发育，发挥了积极作用”。1995年工作报告中指出，“及时审理与经济体制改革相关的案件，保障改革措施的落实”，“为了促进房地产市场的健康发展，人民法院审理房地产开发经营案件，坚决支持国家对房地产市场的管理和控制，监督合理使用土地资源，防止在房地产交易中牟取暴利和国家收益的流失”。2000年工作报告中指出，“一年来，人民法院紧紧围绕党和国家工作大局，忠实履行宪法和法律赋予的职责，突出工作重点，加强各项审判工作，维护社会稳定和促进经济发展”。从这些摘录的最高人民法院工作报告来看，一方面，党和人民代表大会等是要求司法工作服务于党和政府的中心工作的；另一方面，全国法院系统对此也是主动配合的。这些配合本身可能不涉及诉讼法制的完善问题，但是却构成了我国诉讼文化的不可分离的一部分。

3. 司法公正的理念和制度设计需要补课，司法权威和司法公信力较为欠缺

新中国成立以来，我国民事诉讼文化一直是在较为特殊的社会政治文化环境中孕育的，一直没有将诉讼公正（司法公正），特别是程序公

正作为核心任务对待，导致诉讼公正的理念和制度设计上一直存在缺憾。因此，我国诉讼文化的进一步发展和建设中，最需要的就是对司法工作的理念和制度设计进行补课。具体来说，在1982年《民事诉讼法（试行）》的颁行期间，保障人民民主权利和实现诉讼的法制化是该法的主要任务，继承和发扬人民司法的优良传统是当时司法工作的重心，着重调解是司法工作的主要方法，实现社会的安定团结是诉讼运作的最终目的。所以，如何通过正当的程序查明真相，并在此基础上实现诉讼的公正，并非当时立法和司法着重考虑的问题。到了20世纪80年代中后期，仓促上阵的民事经济审判方式改革是司法实务界自发发动的，改革的目的是为了解决“案多人少”的问题，换言之，“简化程序、提高效率”成为了民事审判方式改革的首要价值目标。“审判方式改革的目的，就是最大限度地提高审判的效率，加快办案的进度。”① 在这种背景下，我国一系列审判方式改革举措或者《民事诉讼法》修改思路，也是遵循了“效率优先、兼顾公平”的指导思想。

例如，强化当事人举证责任的改革思路，虽然从纯理论来看当然有其必要性和合理性，但改革的初衷（动机）却是给法院“减负”“提高办案效率”。换言之，改革既不是从保障审判更加公正的角度来加以论证的，也不是从人民司法传统的语境（便利人民进行诉讼）来论证的——从后者的逻辑来看，这简直是法院在“推卸责任”。为了纠正司法实践中法院撒手不管，把收集证据的责任一股脑推给当事人的不当倾向，2001年最高人民法院制定了《关于民事诉讼证据的若干规定》，一方面规定了法院对举证责任、举证期限等负有释明义务，另一方面又明确了法院在特殊情况下负有依职权调查收集证据的职责。这可谓是在坚持效率优先的前提下，为兼顾公正而采取的补救措施。

又如，我国当初为什么要建立两审终审制，而不是三审终审制？两审终审制并非人民司法的优良传统，在陕北革命根据地时期实行的是三审终审制。但是，1954年《宪法》、1979年《人民法院组织法》和1982年《民事诉讼法（试行）》却规定实行两审终审制。究其原因主要

---

① 最高人民法院研究室编：《走向法庭》，法律出版社1997年版，第87页。

有：一是我国地域辽阔，交通不便，多审级不符合“两便”原则；二是我国当时经济法不发达，案件通常比较简单，多审级会耗费大量人力、物力、财力，“不符合诉讼经济原则”。在后来《民事诉讼法》修改过程中，反对改革两审终审制的学者所坚持的理由主要有：一是担心诉讼迟延，周期增长，成本增加；二是终审法院提高审级之后，高级人民法院、最高人民法院的任务加重，将导致案件积压。① 从前述来看，我国审级制度设计过程中主要考虑的也是诉讼经济、诉讼周期、诉讼成本问题，诉讼公正问题由此被忽略了。讽刺的是，与三审终审制的改革困难重重相比，司法界、学术界对于简易诉讼程序和小额诉讼程序却情有独钟，鲜有激烈反对的声音。这种诉讼价值观导向，令人担忧。

再如，人民陪审制度在建立之初，本来是从司法的群众路线的角度来论证其合理性的。“这是审判工作中的群众路线，有助于人民群众对审判工作进行监督，同时也是对人民群众的法制教育。”② 但在司法实践中，陪审员经常“陪而不审”“审而不议”“议而不决”的现象十分普遍，于是，废除陪审制度的呼声四起。但是，司法实务界仍然希望保留陪审制，表面上的理由仍然是坚持人民司法的优良传统，陪审制是发挥司法民主的重要方式，但残酷的真相是，人民陪审员只是被法院召集来“凑数”的，是为了解决“案多人少”的情况下专职法官组成合议庭“人手不够”的问题的，法院并不希望陪审员在庭审和评议过程中积极作为，以免“惹事”“耽误工作”，而通常的借口就是“这个你不懂”。由是观之，人民陪审制存在的现实基础就只有诉讼经济的考虑了。

近年来，我国司法权威和司法公信力低下，与前述的诉讼公正理念和制度的缺失不无关系。前述第四章的调查显示，在影响司法公正的诸多因素中，70%的民众认为是“当事人、律师行贿成风”；68%的认为是“司法不独立，党政领导等滥用权力干预”；57%的认为是“法官的专业素质、职业操守不高”。我们认为，最根本的原因在于我国《民事诉讼法》的基本理念和程序制度设计过程中，没有以诉讼公正为本位进

① 最高人民法院民事诉讼法调研小组编：《民事诉讼程序改革报告》，法律出版社 2003 年版，第 172、201 页。

② 金有成：《民事诉讼制度改革研究》，中国法制出版社 2001 年版，第 27 页。

行全盘考量，换言之，是理念和制度出了问题。邓小平同志早就指出："制度好可以使坏人无法任意横行，制度不好可以使好人无法充分做好事，甚至会走向反面。"①

4. 对中国传统诉讼文化的扬弃，既存在误区，也存有明显的不足

中国有两种形态的诉讼文化传统：一种是有着两千多年传承历史的中国古代诉讼文化传统；一种是源于中国共产党领导下的革命根据地司法经验的人民司法传统。诉讼文化传统中的一些观念和经验，有些已经不符合时代精神，是糟粕；有些反映了民族法律文化特色，需要结合新形势总结和发扬。在这一过程中，我们时常犯一些错误，如根据儒家"无讼"的文化理念，试图通过不受理、强制调解、法律制裁等手段遏制讼争，侵害人民诉讼的权利；再如，有些地方的司法机关打着发扬"群众路线"的人民司法传统的旗号，时不时要求或宣扬法院走出大门"开拓案源""上门揽案"，② 法官"自掏腰包"帮助当事人解决讼争问题等，③ 模糊了司法工作的界限，违背了司法规律，从长远看对司法公信力的培育是有害无益的。

一方面，我国司法界在发扬传统诉讼文化的优良之处方面也还存在不足。例如，崇尚"和为贵"，追求社会秩序的"和谐"，是中国数千年的文化传统，也是中国文化对世界文化的贡献。但是，我国学术界和司法界对于如何发扬这种传统，如何将其与当代中国诉讼法理和诉讼制度相结合方面，创新性是不足的。在诉讼模式（司法权与当事人诉讼权利的配置）方面，我国学者曾长期纠结于是选择"职权主义"，还是选择"当事人主义"诉讼模式，却没有从中国传统文化中汲取养分，未能提出"协同主义"诉讼模式的创意。在这方面，反而是西方学者走在了前边。协同主义的渊源可以追溯到19世纪末，奥地利法学家弗朗茨·克莱因把洞察了当时社会的变化，对传统上自由主义的、法治国家的民事

① 《邓小平文选》第3卷，人民出版社1983年版，第333页。

② 张宽明："'能动司法'不等同于'主动司法'"，载《人民法院报》2010年3月24日，第5版。

③ 金晶："法官自掏腰包'补差价'为哪般?"，载《宝安日报》2009年8月13日，第A24版；赵丽云："法官一掏钱，老赖不再赖"，载《半岛都市报》2014年5月22日，第X3版。

诉讼的正当性提出了质疑，认为民事诉讼不仅涉及当事人私益，也是个人主义和公共福祉之间的桥梁，强调私益与公共利益的协调。① 德国学者鲁道夫·瓦舍曼（Rudolf Wassermann）是协同主义理论的继承者和发扬者，他提出，法院、当事人三方之间是协同关系，未来应当实现从“自由主义”的民事诉讼向“社会的”民事诉讼转变。② 这种洞察社会变迁的能力，锐意创新的学术精神，值得我们认真学习，以推动中国诉讼文化和诉讼法制的不断发展。

5. 强化了对当事人权利的保护，强化了司法最终解决原则，强化了司法权威

在较长一段时期内，我国司法实践中存在三个顽疾。一是对当事人诉讼权利保护力度不够，例如，当事人经常面临“起诉难”③“申诉难”④“执行难”⑤ 的问题，当事人的辩论难以对法院产生约束力等。二是司法与其他纠纷解决方式之间的关系不清楚，司法解决方案难以终局性地解决纠纷，非程序性的申诉和信访此起彼伏。三是司法权威不高，缺乏有力的制度保障。前述状况，可以形象地描述为法院“该硬时不硬（不敢硬、硬不起来），该软时不软（不守法、乱作为）”，这严重损害了司法自身的公信力。

可喜的是，近年来我国民事审判方式改革总体上是在正确的轨道上行进，强化了对当事人权利的保护，强化了司法最终解决原则，强化了

---

① ［德］米夏埃尔·施蒂尔纳：《德国民事诉讼法学文萃》，赵秀举译，中国政法大学出版社 2005 年版，第 76—93 页。

② 参见唐力：“辩论主义的嬗变与协同主义的兴起”，载《现代法学》2005 年第 6 期。

③ “起诉难”的原因是多方面的：一是在社会转型期，法院对集资纠纷、安置补偿、企业破产等涉及社会和谐稳定的敏感案件，强行规定不予受理（参见罗昌平：“广西为何不受理 13 类案件”，参见 http：//www. people. com. cn/GB/shehui/2702836. html，访问时间：2017 年 1 月 20 日）；二是每逢年底结案期，法院为了追求年度结案率，便消极不作为，不再受理新的案件（参见佚名：“一到年底少数法院出现立案难”，载《楚天金报》2011 年 2 月 17 日，A3 版）等。

④ “申诉难”的原因主要是制度性的，因为 1991 年《民事诉讼法》对申诉理由的规定操作性不强，对于法院如何受理当事人提出的再审申请不很明确，对于再审的审理程序除了“按照第一审或第二审程序办理”的准用条款外便不再有更细致的规定。

⑤ “执行难”是指自 20 世纪 80 年代中期以来出现的一种现象，即按照法律规定应当执行、可以执行的案件，因“地缘关系”和“人缘关系”的干扰而难以执行。参见景汉朝：“执行难及其对策”，《法学研究》2000 年第 5 期，第 124—131 页。

司法权威。相关改革的表现如下。

第一，强化了对当事人权利的保护。针对实践中存在的问题，我国民事诉讼法修改中着重从如下几方面强化了对当事人权利的保护。(1) 为了解决“起诉难”问题，建立了立案登记制。这一制度是通过最高人民法院的司法解释完成的，最高人民法院《关于适用〈中华人民共和国民事诉讼法〉的解释》第208条规定：“人民法院接到当事人提交的民事起诉状时，对符合民事诉讼法第一百一十九条的规定，且不属于第一百二十四条规定情形的，应当登记立案；对当场不能判定是否符合起诉条件的，应当接收起诉材料，并出具注明收到日期的书面凭证。”该司法解释于2015年2月4日生效。(2) 为了解决“申诉难”问题，完善了审判监督程序。这一任务是在2007年和2012年两度修改《民事诉讼法》的过程中完成的，主要体现就是：规定了细致而具体的再审申请理由，消除了再审理由中的模糊性，使其可操作性更强；完善了人民法院对再审申请审查和受理的机制，将再审申请改造成了“再审之诉”；细化了检察机关依申请抗诉的程序机制，使检察抗诉成为再审申请的最后一道法律保障等。① (3) 为了解决“执行难”“执行乱”等问题，2007年《民事诉讼法》修改过程中着重增加了“立即执行”“财产申报”“执行行为异议”等制度，充分体现了强化对当事人权利保护的指导思想。2012年《民事诉讼法》修改中仅进行了微调，如第240条增加规定，“执行员接到申请执行书或者移交执行书，应当向被执行人发出执行通知，并可以立即采取强制执行措施。”尽管是微调，仍然延续了强化当事人诉讼权利保护的思路。

第二，强化了司法最终解决原则。司法最终解决原则（Principle of judicial settlement as the final），是指对于社会生活中的各类纠纷，国家司法机关保留最终审查、最终评价和最终裁判的权力，以国家强制力来保障纠纷各方的合法权益的原则。② 民事纠纷有多元化的纠纷解决方式，关于诉讼与非诉讼解决方式之间的关系，长期以来存在衔接不畅的问

① 参见2012年《民事诉讼法》，第200、203、204、205、209条。

② 参见王德新：《民事诉讼法学》，中国政法大学出版社2013年版，第54页。

题。2012 年修改《民事诉讼法》的过程中，从以下几方面加强了诉讼与非诉机制的衔接，并强化了司法最终解决原则。(1) 增加了诉前调解的条文。2012 年《民事诉讼法》第 122 条增加规定："当事人起诉到人民法院的民事纠纷，适宜调解的，先行调解，但当事人拒绝调解的除外。"这为起诉到法院的案件、法院正式受理前，可以委托社会主体进行民间调解，提供了法律依据。(2) 增设了"司法确认调解协议"的特别程序。2012 年《民事诉讼法》第 194、195 条规定，在一定条件下，经人民调解达成的协议可以直接申请法院裁定认可其效力，赋予其强制执行效力。(3) 增设了"案件分流机制"。2012 年《民事诉讼法》第 133 条规定，人民法院受理案件后，当事人没有争议，符合督促程序规定条件的，可以转入督促程序。(4) 明确了再审程序的启动条件，建立了非程序性的申诉和信访终结机制。通过这些修订，明确了司法与其他纠纷解决方式之间的关系，确认了司法解决的终局性和权威性。

第三，强化了司法权威。司法权威具有两方面的意蕴，一是司法强制性的权力受到保障，二是司法在社会上具有崇高的威信。其中，司法权力受到保障是前提，司法的强制性权力软弱无力，难免会造成当事人和其他人蔑视司法。近年来的修法中，先是 2007 年修改《民事诉讼法》将罚款金额从原来的对个人罚款一千元以下，对单位一万元以下，提高至对个人罚款一万元以下，对单位罚款十万元以上、三十万元以下；2012 年修改《民事诉讼法》时，再度将罚款金额提高至对个人十万元以下，对单位五万元以上、一百万元以下。大大提高了司法的威慑力，对于妨害诉讼、妨害执行、妨害调查取证的违法行为，形成了有效的威慑。

6. 诉讼立法中的国家本位主义有所淡化，"利益平衡"的诉讼理念正在形成

民事诉讼立法中的国家本位主义是指从国家的角度和立场出发，简单地把法律视为国家控治和管理社会的工具的思想观念。[①] 根据 1982 年

① 廖中洪："民事程序立法中的国家本位主义批判"，载《现代法学》2002 年第 5 期，第 63 页。

《民事诉讼法（试行）》第2条的规定，民事诉讼法被视为是人民法院的“操作规程”，民事诉讼法的任务是“保护国家集体和个人的利益，教育公民自觉遵守法律”，[①] 这是一种典型的国家本位主义立法思想。这与当时的计划经济体制和高度集中的政治体制的社会大环境是相适应的。1991年《民事诉讼法》虽然作了较大修改，例如将“保护当事人诉讼权利”作为首要的民事诉讼法的任务，但这只是一个条文宣誓，贯穿民事诉讼法之中的国家本位主义理念并未根本转变。[②] 在2007年、2012年《民事诉讼法》的修改过程中，国家本位主义有所淡化，主要表现有：(1)《民事诉讼法》删除了“企业法人破产还债程序”，企业法人（不分所有制形式）均统一适用《破产法》，不再给国有企业以特殊的待遇；(2) 修改了再审程序，弱化了实体再审的理由，强化了程序违法的再审理由，而且对检察机关的抗诉（特别是针对生效调解书）做了限制，突出了检察监督的公益性监督方向；[③] (3) 对法院的审判权进行了合理的限制，例如，增加了“诚实信用原则”制约法院滥用审判权，[④] 最高人民法院司法解释增设了“立案登记制”制约法院受理中的随意性，在执行程序中增加了“对法院违法执行行为的异议”“提级执行”等。[⑤] 这些都在显示，传统的将民事诉讼法仅仅视为国家管控社会矛盾的手段的观念正在发生转变，从保障当事人诉讼权利、公平合理地解决纠纷的角度进行制度设计的理念正在加强。

与国家本位主义观念淡化相适应的，是一种以“利益平衡”为特征的新的诉讼理念正在形成。民事诉讼立法中的“利益平衡”理论，可简

---

① 该条规定：民事诉讼法的任务是保证人民法院查明事实，分清是非，正确适用法律，及时审理民事案件，确认民事权利义务关系，制裁民事违法行为，保护国家集体和个人的利益，教育公民自觉遵守法律。

② 主要表现有，(1) 对不同的所有制类型的企业，适用不同的法律依据。如全民所有制企业破产适用《破产法》，非全民所有制企业法人破产适用民事诉讼法的“破产还债程序”。(2) 民事诉讼法体现较强的国家干预色彩。如再审程序中，法院决定再审、检察机关抗诉程序机制的设置。(3) 法院的权力较为宽泛，体现在第三人追加、撤诉的审查、执行权力的缺乏制约等方面。

③ 参见2012年修改后的《民事诉讼法》第200、208、209条。

④ 参见2012年修改后的《民事诉讼法》第13条。

⑤ 参见2012年修改后的《民事诉讼法》第215、216条。

称为“平衡论”，是在整个法学领域将“平衡论”作为法学方法论的大背景下提出的。[①] 在近年来的诉讼立法中的体现主要有如下几点。

第一，突破传统的法院职权主义，强调权力与权利的协同。如果说1982 年《民事诉讼法（试行）》时期实行的是职权主义，那么 1991 年《民事诉讼法》开始着手弱化法院的职权；在 20 世纪 90 年代民事经济审判方式改革过程中，一度出现了“法院权力过大”和“法院消极不作为”相映成趣的现象。以“举证责任”为例，1982 年《民事诉讼法（试行）》规定，“人民法院应当按照法定程序，全面地、客观地收集和调查证据”，这是法院职权主义的体现。1991 年《民事诉讼法》第 64 条规定，当事人负有举证责任，法院调查收集证据限于两种情形，即“当事人及其诉讼代理人因客观原因不能自行收集的证据，或者人民法院认为审理案件需要的证据”，法院的主要职责转移到“按照法定程序，全面地、客观地审查核实证据”。90 年代伊始，法院系统开展了声势浩大的民事经济审判方式改革，这场改革从某种意义上是以证据规则（特别是举证责任）的改造为核心的。但是，由于片面地强化当事人的举证责任，并实行证据失权，[②] 同时，却没有充分保障当事人的举证权利，为司法的不公正和不和谐埋下了隐患。在 2012 年《民事诉讼法》修改和 2015 年最高人民法院的司法解释中，在维持强化当事人举证责任的基调下，进行了一些调整。（1）强化对当事人举证权利的保障，如完善了法院依职权和依申请调查收集证据的条件和程序；[③] 增设了诉前证据保全制度；[④] 增设了当事人、证人等虚假陈述处罚机制；[⑤] 增设了妨碍书证调查收集的推定真实和处罚机制；[⑥] 完善了专家证人出庭作证制度等。[⑦]（2）柔化了限期举证造成的证据失权效果，但增加了其他法律后

---

① 参见刘婧娟：“平衡论发展模式之回顾与创新”，载《云南大学学报法学版》2007 年第 6 期。

② 参见最高人民法院《关于民诉讼证据的若干规定》第 33、34、43 条。

③ 参见最高人民法院《关于适用〈中华人民共和国民事诉讼法〉的解释》第 94—97 条。

④ 参见 2012 年《民事诉讼法》第 81 条。

⑤ 参见 2012 年《民事诉讼法》第 13 条，最高人民法院《关于适用〈中华人民共和国民事诉讼法〉的解释》第 110、119 条。

⑥ 参见最高人民法院《关于适用〈中华人民共和国民事诉讼法〉的解释》第 112、113 条。

⑦ 参见最高人民法院《关于适用〈中华人民共和国民事诉讼法〉的解释》第 122、123 条。

果。具体包括：对逾期举证的原因，区分为“客观原因”“因故意或重大过失”“非故意或重大过失”三种情形，分别认定为“视为没有逾期”“可以排除”“应当采纳”三种后果；对于逾期举证的后果，除了排除证据外，增加了“训诫”“罚款”“赔偿诉讼费用支出”等多种法律后果。① 这些调整的背后，是法院审判权与当事人诉讼权利协同以发现真实的证据法理念在起支撑作用。

第二，突破传统的当事人处分原则，强调对（案外）第三人利益的保护。民法为私法，民事权利为私权，基于传统的私权保护理念而建立的诉讼当事人双方处分原则是民事诉讼法的基本原则。但随着社会的发展，民事交往往往不单纯涉及两方权利，而是经常涉及第三方、第四方，甚至社会公共利益。近年来的司法实践已经表明，追求个体利益最大化的双方当事人极易恶意串通，损害第三人的利益或公共利益。在这种情况下，如何秉持利益衡平的诉讼理念，对（案外）第三人权益和公共利益进行保护，就显得十分迫切和重要。在 2012 年《民事诉讼法》修改的过程中，进行了以下重要的改革和新的制度设计。(1) 在《民事诉讼法》第 13 条增设“诚实信用原则”。此外，还在第 112 条、第 113 条中规定了强制措施予以保障。唯一遗憾的是，没有针对法院违反诚实信用原则的行为规定明确的法律后果，今后应当探讨建立法院裁判行为的无效宣告或撤销机制。② (2) 完善了第三人利益保护的程序机制，增设了“案外第三人撤销之诉”，③ 作为一种与再审程序平行的机制，以加强对未能参加诉讼的案外第三人利益的保障；增加了二审程序中，有独立请求权的第三人参加诉讼的制度安排；④ 完善了执行程序中“案外人异议”和“执行异议之诉”的程序机制，以防范执行错误可能给案外人

① 参见 2012 年《民事诉讼法》第 65 条；最高人民法院《关于适用〈中华人民共和国民事诉讼法〉的解释》，第 101—103 条。

② 参见王德新：《民事诉讼行为理论研究》，中国政法大学出版社 2013 年版，第 281—315 页。

③ 参见《民事诉讼法》第 56 条第 3 款，最高人民法院《关于适用〈中华人民共和国民事诉讼法〉的解释》，第 292—303 条。

④ 参见最高人民法院《关于适用〈中华人民共和国民事诉讼法〉的解释》，第 327 条。

的权益造成损害。[①]（3）增设了公益诉讼制度。2012 年修订的《民事诉讼法》第 55 条规定："对污染环境、侵害众多消费者合法权益等损害社会公共利益的行为，法律规定的机关和有关组织可以向人民法院提起诉讼。"该条文具有里程碑式的意义，是我国第一次以立法的形式正式认可公益诉讼的合法性。

第三，突破西方的私权保护理念，强调私权保护与社会发展稳定的平衡。就民事诉讼而言，这集中体现在群体性纠纷解决机制方面。随着社会的发展，出现了"小额多数债权"同时或相继受到侵害的现象，1991 年《民事诉讼法》遂确立了一种称之为"代表人诉讼"的制度。对于我国立法确立的代表人诉讼，学术界的评价是很高的："代表人诉讼制度是我国民事诉讼立法在结合我国国情并融合两大法系法律制度的诸多尝试中最难得的成功范例。……代表人诉讼几乎无可挑剔。"[②] 但是，代表人诉讼的实施效果并不理想。[③] 这个包含了 326 个字的制度成为我国民事诉讼法中最大的立法资源浪费。有迹象表明，我国代表人诉讼制度的问题，主要不是出在立法方面，而是出在司法理念方面。在实践中，由于群体诉讼涉及群体性、敏感性和复杂性的社会问题，司法机关往往对此避让不及。由于法院采取了消极对待的态度，导致代表人诉讼的立法及制度设计上的缺陷（如当事人登记、代表人权限和"搭便车"等）实际上已经无关紧要，成了没有多少实际意义的"假问题"。[④] 关于该问题，2012 年《民事诉讼法》未知可否，今后的重点显然是司法理念的转变，而非制度的重新构建。

---

① 参见《民事诉讼法》第 227 条，最高人民法院《关于适用〈中华人民共和国民事诉讼法〉的解释》第 304—316 条。

② 范愉："集团诉讼问题研究——一个比较社会学的分析"，载《比较法研究》1999 年第 2 期，第 75 页。

③ 参见章武生等："我国群体诉讼的立法与司法实践"，载《法学研究》2007 年第 2 期，第 112 页。

④ 范愉：《集团诉讼问题研究》，北京大学出版社 2005 年版，第 317 页。

第六章　司法民主与人民陪审制度的改革

陪审制度在世界各国的诉讼制度中广泛存在，作为公民直接参与司法活动的民主形式，蕴含了丰富的文化内涵。托克维尔甚至说，“陪审制度首先是一种政治制度，应当把它看成是人民主权的一种形式……犹如议会是国家的负责立法的机构一样，陪审团是国家的负责执法的机构”[①]。不过，不仅在中国，当前世界各国都存在有关陪审制度存废和改革的争议。本章将在历史发展和文化比较中，探讨中国的人民陪审制度的改革走势。

一、西方陪审制度的源流与精神

（一）古典的陪审制的实质：民众审判

在西方，陪审制度最早可以追溯到公元前 6 世纪的雅典梭伦改革时期。当时，案件由普通公民组成的陪审法院审判，裁判结果由参与陪审的公民民主投票决定。这种古老的审判制度是当时民主政体的一部分，是司法民主的初始表现形式。

古希腊的雅典，有“西方文明的摇篮”之誉，也是西方民主的起源地。雅典民主制是在原始社会解体的背景下，氏族贵族与平民阶层激烈斗争的产物。公元前 594 年，由斗争的双方共同推选的执政官梭伦进行了改革，提高了原有的“公民大会”的议事权力，设立了“四百人会议”作为最高行政机关，还设立了名为“赫里埃”的公民陪审法院作为

① ［法］托克维尔：《论美国的民主》，童果良译，商务印书馆 2002 年版，第 315 页。

司法机关。陪审员从雅典公民中选举产生，刑事陪审团由501人组成，民事陪审团由201人组成。[①] 在具体案件的审判中，从陪审团中挑选十分之一的陪审员参加审判。审判时，陪审团在听取原被告双方陈述的基础上，往水中投放黑石子或白石子，以此决定谁胜谁负。[②] 在古罗马共和国时期，在公元前450年前后也设置了类似的陪审法院，负责审理受贿、渎职等重大刑事案件。在个案中，由最高裁判官抽签选择30—40名陪审员参与。[③] 进入帝制时期后，罗马皇帝为加强集权，于公元352年废除了陪审团制度。

在古希腊和古罗马时期，尚不存在职业的法官群体，陪审法官由公民经抽签的方式产生，其审判活动也遵循了民主的精神，实行一人一票，这与原始的民主政体是相适应的。后来，当奴隶制专制政体兴起之后，便容不下这种蕴含了民主精神的陪审制度了。这也印证了托克维尔的判断，即陪审制是人民主权原则的试金石，“凡是曾想以自己作为统治力量的源泉来领导社会，并以此取代社会对他的领导的统治者，都破坏过或削弱过陪审制度”[④]。尽管这种陪审制所蕴含的民主精神值得珍视，但这种“民众审判”的形式的合理性仍然值得怀疑。因为，普通公民的素质参差不齐，容易为少数野心家所操纵、蛊惑，或者因一时冲动而失去理性的判断。[⑤]

---

① 到了雅典的伯利克里时期，陪审法院不仅从事审判活动，还对公民大会的决议拥有最终核准权，兼有司法机关和监察机关的性质。它包括6000名经由抽签方法选出的陪审法官，这些法官被编入10所高级法院，平均每所500人（另有100名候补陪审法官）。由于陪审法官人数众多，可以预防受贿的风险。另外，雅典不设专职的国家公诉人，任何公民都可以起诉和帮助他人诉讼；在法庭上也没有辩护人，每个被告自己辩护。

② 参见姜小川、陈永生：“论陪审制”，载陈兴良主编：《刑事法评论》第7期，中国政法大学出版社2000年版，第503—520页。

③ 何家弘：“陪审制度纵横论”，载《法学家》1999年第3期，第40—41页。

④ ［法］托克维尔：《论美国的民主》，童果良译，商务印书馆2002年版，第314页。

⑤ 公元前399年，雅典哲学家苏格拉底被指控离经叛道、腐蚀青年人，经501人公民陪审法庭投票判处死刑。苏格拉底之死的始作俑者，是那些为了泄私愤而欲置他于死地的官僚。虽然后来城邦的人们意识到了这一点，但历史的悲剧已经无可挽回了。这个事例也从反面说明了，司法权需要由理性的、专业的专职法官执行的必要性，单纯的民主可能产生多数人的暴政。

（二）英美陪审团的定位：事实裁判者

通常认为，现代意义上的陪审制度形成于中世纪的英国，并为其他英美法系国家所承袭。这种陪审制的典型运作方式是：在个案中，由法官随机从辖区居民中选择12名陪审员组成陪审团（Jury），全程参与案件的庭审过程，并最终以全体一致的方式作出裁决（Verdict）；但陪审团只决定事实问题，法律问题则由法官决定。不过，英美法系陪审制的发展历史显示，陪审制度在发展过程中并非一成不变，而是在发展中不断嬗变的。

从源头上看，英国陪审制度与法兰克王国的“邻人调查陪审团”（Inquest或Inquisitio）有一定的历史渊源。从公元8世纪起，法兰克国王就在清查王室土地、调查违反王室命令等问题上广泛采取邻人调查陪审团。公元1066年，法兰克王国的诺曼底公爵威廉一世征服了英格兰，并自封为英格兰国王。1068年，威廉一世为了统计英格兰的纳税人口，沿用了法兰克式的邻人调查陪审团，形成了《土地赋税调查书》（Doomsday Book）。[①] 在这次调查中，王室官吏广泛地采用了由12名邻人组成的调查陪审团，陪审团的成员必须如实回答问题，否则要受到惩罚。实践证明，这种方式对于扩张王权来说非常有效，后来在王室的行政管理事务中开始广泛采用。直到亨利二世时期，“邻人调查陪审团”的方式也才开始应用于司法程序中。[②] 到了14世纪，通过“令状”的司法化改造，王室的司法权逐渐膨胀，调查陪审团成了王室法院审判的主要方法，在行政事务中反而很少使用了。在亨利二世时期，开始只是在民事诉讼中引入了陪审团审判。但不久，又在刑事诉讼中引入了起诉陪审团，在1215年以后才在刑事诉讼中实行审判陪审团。由此可见，陪审团在引入司法程序之初，并非是自由的堡垒、人民权利的保障，相反，它主要是英王权向地方渗透的一个工具，是加强王权集权的政治安排。英国法史学家道森（Dawson）曾说，采用陪审团的方法是“极其有

---

① ［美］伯尔曼：《法律与革命——西方法律传统的形成》，中国大百科全书出版社1993年版，第555页。

② ［法］勒内·达维德：《当代主要法律体系》，漆竹生译，上海译文出版社1984年版，第296页。

效的一项伟大的创举”，“它几乎使得地方特权不能得到保障”[①]。

自英国14世纪开始民刑事诉讼中引入了陪审团审判之后，陪审团的角色、功能、权力和适用范围等方面一直在变革过程中，这种变革也体现在沿袭了陪审制的其他英美法系国家，主要表现如下。

（1）陪审团的角色，逐渐从“知情的团体证人”向“不知情的事实裁判者”转变。在相当长一段历史时期内，英国的陪审团一直担当着团体证人的角色，“奉国王诏令”向王室的法官履行提供证言的义务。而其他证人或证据，是不准在法庭上出现的。[②] 但随着社会的发展，陪审员的知识信息已经远远不能满足需要，这就需要根据当事人提供的证人或者证据来认定事实。最终，大约在1305—1352年，英国的陪审团完成了由“知情证人”向“不知情的事实裁判者”的性质转变。[③]

（2）陪审团的功能，逐渐从“国王专制的工具”向“人民自由的堡垒”转变。国王为了维护其统治秩序，一直试图控制陪审团成员，其方法就是惩罚不听命令的陪审团成员。如果陪审团作出了被告无罪的裁定，即使是正确的裁定，陪审团也会受到国王的处罚。[④] 陪审团若是作出了被告有罪的错误裁定，即使错误也不会被追究责任，被告也没有获得救济的程序机会（“重新审判”制度是在14世纪在民事诉讼中出现的，而在刑事诉讼中则是17世纪才出现）。这种情况导致刑事被告人纷纷拒绝适用陪审团审判，民众也反对国王惩罚陪审团的做法，最终迫使王室做出了让步。在1670年的Bushell案后，陪审团获得了根据证据独立判决的保障，且不被国王追究责任。随着陪审团独立性的增强，逐渐成为民众为保护自己的权益和自由而直接反对国王专权的一处堡垒，最著名的就是1554年的Throck morton案和1670年的Bushell案。[⑤] 至此，

① ［美］伯尔曼：《法律与革命——西方法律传统的形成》，中国大百科全书出版社1993年版，第544—545页。

② ［美］格伦顿等：《比较法律传统》，米健等译，中国政法大学出版社1993年版，第97页。

③ 何家弘：“司法证明方式和证据规则的历史沿革”，载《外国法译评》1999年第4期，第40页。

④ 参见［英］H. J. 亚伯拉罕：《司法程序》，第103页，转引自由嵘：《外国法制史》，北京大学出版社1992年版，第562页。

⑤ 阮毅成：《陪审制度》，世界法政学社1933年版，第30—31页。

陪审团才由早期加强王权的工具，逐渐转变为“自由的堡垒”[①]。

（3）陪审团的权力，逐渐从“事实和法律问题双重决定者”向“事实裁判者”转变。英美陪审制运行的经典状态是：陪审团负责确定事实问题，法官负责解决法律适用问题。但是，历史上并非一直如此，陪审团一度拥有既认定事实又适用法律的权力。陪审团适用法律的权力称为“废止权”(Nullification)，即陪审团有权无视法官所指示的法律而作出裁判（即行使废止权）。这种做法，最早出现于14世纪的英国。北美殖民地从英国独立后，沿袭了这一传统。[②] 但19世纪中期以后，随着社会条件的发展变化，越来越多的法官开始认为，陪审团以“废止权”牵制法官的做法应当改变了，因为运用陪审团反制英国殖民当局的社会背景已经不存在了。最终，在1895年的一个案件中，联邦最高法院废除了陪审团的“废止权”，因为这样做“公共和私人的安全都会处于危险之中……法官的主要职能就是主持和维持秩序，而没有受过法律训练的陪审员将按照他们认为适用于正在审理的具体案件的法律原则”[③]。自此以后，美国的陪审团就变成了纯粹的事实裁判者了。

（4）陪审制的适用范围，逐渐从“广泛适用”向“有限适用”转变。在英国，自从16世纪开始，陪审团审判逐渐成为反制王权的司法工具，被誉为“人民自由的堡垒”。英属北美殖民地在争取独立的过程中，也曾将陪审团审判视为反对英国殖民统治当局的司法工具，1774年第一届大陆会议宣称陪审团制度和代议制政府是“制定自由人民的宪法的两个最重要原则”；约翰·亚当斯（John Adams）则形容，“这两种人民的权力”是自由的心和肺。[④] 但随着时代的变迁，陪审团所具有的反对专制统治的政治功能开始淡化，英美学者开始着重从陪审团的司法功

---

① Leonard W. Levy, The Palladium of Justice: Origins of Trial by Jury, Chicago: Ivan R. Dee (1999), P. 5.

② 例如，1794年美国联邦最高法院在State of Georgia v. Brailsford一案中告诉陪审团：你们通常应当按照法官所指示的法律作出裁判，“但是你们有权利自己就二者作出判断，既决定事实又决定法律。”参见State of Georgia v. Brailsford 3 U. S. 1（Dall.）（1794）.

③ Sparf and Hansen v. United States, 156 U. S. 51, 62 n. 1, & pp. 101 – 102.

④ J. Kendall Few, Trial by Jury, Greenville, South Carolina: American Jury Trial Foundation, (1993). P. 169.

能进行反思。20 世纪 90 年代，英国学者彭妮·黛比歇尔措辞激烈地批判道，陪审团是“反民主、无理性、充满偶然性的立法者，其不可预知、神秘难测的决定和法治背道而驰”。[①] 在美国，有的学者认为，陪审团耗费的诉讼花费太大，且导致诉讼迟延；陪审团难以胜任复杂的法律审判工作，“充其量只是业余者的神话”等。[②] 在这种背景下，英美陪审制度在实践中的适用率逐渐降低。进入 21 世纪后，陪审团审判的案件在各州只占 1%，在联邦占 2% 左右。[③]

如今，在英美法系国家，关于陪审团审判制度存废的争议声音四起，主要理由包括：（1）陪审团审判的成本过高，浪费大量的司法资源；（2）陪审团认定事实的能力有限，无助于案件的公正解决；（3）陪审团的制衡价值被渲染过头了，而其影响正义的偏见实际上难以避免等。[④] 在这种背景下，英美法系的陪审制度本身仍在继续变革之中。

（三）欧洲陪审制的流变：参审制

公元 813 年，法兰克王国分成了法兰西、德意志和意大利三个国家，其中法兰西成为西欧封建制的代表。13 世纪以后，随着中央集权的加强，法兰西普遍实行纠问式诉讼模式，而且国王派代表监督地方法院的审判活动——他们后来演化为拥有调查权、起诉权和审判监督权的检察官。在这种背景下，陪审团制度未能向英格兰那样进入司法程序之中。

在 18 世纪大革命期间，法国新兴资产阶级崇尚自由、民主、人权，对英国式的陪审团审判制度充满了好感，将其誉为“民众自由的守护神”[⑤]。1789 年，法国开始全面移植英国的陪审团审判制度，包括起诉

① Penny Darbyshire, The Lamp That Shows That Freedom Lives: Is It Worth a Candle? 1991, Criminal Law Review, P. 740.

② 参见汤维建：“英美陪审团制度的价值论争——兼议我国人民陪审员制度的改造”，载《人大法律评论》2000 年第 2 期，第 235—280 页。

③ 参见汤维建：《美国民事司法制度与民事诉讼程序》，中国法制出版社 2000 年版，第 217 页。

④ 参见许国鹏：“英国陪审制度改革及其走向”，载《行政与法》2004 年第 9 期，第 111—112 页。

⑤ 参见蒋惠岭：“论陪审制度的改革”，载《人民司法》1995 年第 6 期，第 31—32 页。

陪审团和审判陪审团。但起诉陪审团的存在时间很短暂（10 年），1811 年就通过立法将起诉权交给了法院的起诉庭；此后，法国的陪审制主要是审判陪审团，且与英国的陪审制度高度相似，陪审员和法官分别负责裁判事实问题和法律问题。但在实践中，由于陪审员担心法官在随后的程序中处刑过重，经常对（即使是犯罪事实确凿的）案件作出无罪裁定，导致放纵犯罪的事情时有发生。为解决这一问题，法国 1932 年修改了法律，规定陪审员在作出有罪评议后，应当继续与法官共同评议刑罚裁量问题。从 1945 年开始，改采参审制模式，即由 3 名法官和 9 名陪审员组成大合议庭，共同决定事实认定和法律适用问题，但只在重大刑事案件中才适用。

德国是大陆法系另一代表性的国家。第一次世界大战中，德国战败，德国南部地区曾一度被法国占领，受法国法律文化影响较大。因此，在法国大革命期间采用陪审制不久，德国南部诸邦纷纷效仿。1848 年，德国议会决定在全境实行法国式的陪审制度。但是，法国式的陪审制度难以与德国的法律文化传统相融合，自 1850 年开始德国部分地区开始改革，实行一种“1 +2”模式的合议庭（即 1 名法官与 2 名陪审员），共同对事实认定和法律适用行使审判权，从而在大陆法系率先确立参审制模式。① 这样，德国出现了部分地区实行陪审制、部分地区实行参审制的局面。直至 1924 年，德国才在司法改革过程中统一实行“大陪审合议庭”，即“6 +6”模式的大合议庭（即 6 名职业法官和 6 名非职业法官），但是这种模式的合议庭只适用于重大刑事案件中。

在大陆法系，还有一些国家出于艳羡的动机，学习和引进了英美式、法国式或者德国式的陪审制或参审制，最终却以失败告终。例如，日本曾于 1923 年颁布陪审法，但在 1943 年又废除了陪审制度。西班牙、意大利等国家，也都先引进、后废除了陪审制。在大陆法系的两个最具代表性的国家，即法国、德国，引进并改造了英美式的陪审制，最终取得了成功；在大陆法系的后起国家，如日本、西班牙、意大利等，引进

① 参见姜小川、陈永生：“论陪审制”，载陈兴良主编：《刑事法评论（第 7 期）》，中国政法大学出版社 2000 年版，第 503—520 页。

陪审制或参审制的努力都失败了，可见，法系特点并非是引进陪审制成功与否的关键，一国的文化传统和政治体制等特殊国情可能发挥着更大的决定性作用。

二、中国近代以来对陪审制的引进

（一）清末民国时期的陪审制

在中国法制史上，并未孕育出类似于西方陪审团审判的司法制度。清朝末年，外国列强以中国司法制度野蛮落后为由，纷纷在华攫取“领事裁判权”，严重损害了中国的司法主权。收回“领事裁判权”，是清政府决定变法图强的重要诱因之一。1906 年伍廷芳等负责起草的《大清刑事民事诉讼法草案》，在借鉴英国在华租界的陪审经验的基础上，试图将陪审团审判制度引入中国。[①] 但是，该草案提出后，遭到了以张之洞为代表的“礼教派”的激烈反对，最后不了了之，直至清朝灭亡。

1911 年辛亥革命爆发，南京临时政府成立，虽有零星的陪审实践，但没有形成制度。在北洋政府时期，未曾对陪审制作出法律规定。1927 年武汉国民政府制定了《新司法制度》，在借鉴两大法系陪审制度经验的基础上，既规定了参审制，也规定了陪审制，“凡人民法院审理的案件，必须由当事人所属的团体，如党部、农会、工会、商会等选出 1 人为参审员参与事实与法律的审理；凡其他法院审理的案件，也应由上述团体选出 2 至 4 人参与事实审理”。此后颁布实施的《参审陪审条例》规定，人民法院设立参审员，在县、市法院及中央法院设置陪审员，并且陪审员和参审员均可以参与案件的法律和事实的审判。[②] 此外，还对陪审员的任职资格做了规定，即凡具有中华民国国籍，具有一定的法律知识，年龄在 25—60 岁的国民党党员或者农、工、商各会会员，可以选为陪审员。可见，在当时实行的是参审、陪审并行的制度，并且具有浓郁的“司法党化”的色彩。不过，随着第一次大革命的失败，参审、

---

① 该法将陪审制度列于第四章“刑事民事通用规则”之中，共 27 条，对陪审制度的适用范围、陪审员的产生方式、条件、程序、义务以及参加审判和评议程序都做了详细规定。

② 何家弘主编：《中国陪审制度向何处去》，中国政法大学出版社 2006 年版，第 266 页。

陪审制并未得到全面贯彻。在1935年7月国民政府修正后的《刑事诉讼法》《民事诉讼法》中，均没再对参审、陪审继续作出规定。

（二）革命根据地时期的人民陪审制

新中国的人民陪审制度渊源于革命根据地时期的司法实践，并被作为人民司法的优良传统而加以继承。中国共产党领导下的陪审制的实践，最早可追溯至苏维埃政府时期。1931年，中华苏维埃共和国临时政府在瑞金成立。1932年，苏维埃临时政府相继制定了《军事裁判所暂行组织条例》《裁判部暂行组织及裁判条例》和《中华苏维埃共和国司法程序》三个文件。其中，《军事裁判所暂行组织条例》第12条规定，“初级军事裁判所审判时法庭由三人组织之，以裁判员为主席，其余二人为陪审员。高级军事裁判所所审理的初审案件须用陪审员，但终审的案件则不用陪审员，而是由裁判所所长和裁判员所组织”。《裁判部暂行组织及裁判条例》第13条规定，“法庭由工人组织而成，裁判长或裁判员为主审，其余二人为陪审员”。这些法律文件的颁布实施，是中共领导下的陪审制度的初步形态，也是新中国人民陪审制度的最早渊源。

抗日战争时期，中共领导下的陕北边区政府出台了一系列涉及司法审判的文件，通常要求，“各级审判机关在审理普通民刑事案件和特种案件时，除涉及机密案件外均应实行人民陪审”。① 当时的人民陪审员，以选派制为主、聘任制为辅，“主要形式有：群众团体代表陪审，包括工人抗日救国会、农民抗日救国会、青年抗日救国会、抗敌后援会、牺盟会以及其他群众团体；同级参议会驻会委员会代表参加陪审；地方公正人士参加陪审，这里的地方公正人士是指参加抗日民族统一战线的开明士绅”。② 虽名为陪审，实际上是大陆法系的参审模式，即审判法庭由陪审员与审判员共同组成，陪审员和审判员有同等的权利和义务，且主要适用于第一审民刑事案件。③ 而且，各边区、解放区的具体做法差异较大，如苏中区要求应由2—6名陪审员参与审判，而晋察冀解放区则

① 邱腾：《论我国法律文化演变中的陪审制度》，重庆大学2012年硕士学位论文，第18页。
② 同上，第18页。
③ 张晋藩：《中国法制史》，群众出版社1985年版，第503页。

要求3人，淮海区要求1—3人。[①] 从某种意义上说，这一时期多样化的陪审实践，在新中国成立后被视为人民政法传统优良经验而加以继承。但总结来看，这一时期的陪审制度还只是一种地方性、局部实施的法律制度，不具有稳定性、连贯性和全国意义上的普遍性。

在新中国成立前，中共领导下的人民陪审制度的创立是多重因素综合作用的结果。具体来说，苏联陪审制度的理论和立法，对中华苏维埃共和国时期陪审制的初创有直接的影响；国民党政府的陪审制度，是根据地和解放区陪审制度的重要参考；最重要的，正如有的学者所指出的那样，人民陪审制度符合了革命战争年代政治斗争的需要，“我国传统法律文化中将法律的主要功能定位于刑事惩罚，作为单纯的暴力工具，陪审制度本身既竞合了共产党发动群众、依靠群众的政治理念，也是贯彻党的各项政治方针的重要手段和途径”。[②] 换言之，中共领导下的革命根据地之所以倡导陪审制，目的不仅仅在于从司法层面上解决争议、平息冲突，还有通过司法审判调动人民群众与当时的国内国外反动势力进行阶级斗争、政党斗争、民族斗争的功能，是一种服务于政治斗争和民族斗争形势需要的司法制度。

（三）新中国的人民陪审制度

1949年新中国成立后，加强了对苏联陪审经验的学习，在革命根据地和解放区实践经验的基础上，开始以法律形式对陪审制度加以制度固化。总的来看，新中国的陪审制度大致经历了以下四个发展阶段。

1. 第一个阶段（1949—1965年）：政治宣誓意义上的人民陪审制度

1949年9月中国人民政治协商会议通过了《共同纲领》，其并未对陪审制度做出明确规定，仅在第17条提出要尽快“制定保护人民的法律、法令，建立人民司法制度”。1951年9月制定的《人民法院暂行组织条例》第6条规定：“为便于人民参与审判，人民法院应视案件性质，实行人民陪审制。陪审员对于陪审的案件，有协助调查、参与审理和提出意见之权。”此后的1954年《宪法》和《人民法院组织法》，也都对

---

① 程维荣：《中国审判制度史》，上海教育出版社2001年版，第252页。

② 左卫民等：《合议制度研究——简论合议庭独立审判》，法律出版社2001年版，第6页。

陪审制度做了宣示性规定。但是，由于长期没有颁布民事刑事诉讼法，因此陪审制是在极其不稳定的情况下实施的，实践中的混乱在所难免。而且，在那个重革命、轻法制的时代，人民陪审制度更多地充当了政治宣传的工具，在司法过程中具有相当大的随意性。从某种意义上说，具备可操作性的人民陪审司法制度，在这一时期还并不存在。

2. 第二个阶段（1966—1976 年）：“民众审判”式的人民陪审制

“文化大革命”期间，在“以阶级斗争为纲”的口号下，社会上“法律虚无主义”思想泛滥。“革命无罪、造反有理”式的“革命口号”极大地冲击着本就脆弱的新中国法制，红卫兵、造反派等甚至公开宣称，“法律的存在是维护既得利益者的利益，一个无产阶级国家在没有法律的情况下也照样能够有效地运作。革命的合理性远远高于法律的合法性”。[①] 在这种背景下，公、检、法被砸烂，专业的审判活动被“人民公审”“人民公判”式的群众集会活动所取代。如果稍加回顾的话，就会发现这种群众运动式的司法活动的历史颇为悠久。早在 20 世纪 30 年代的苏维埃政权时期，就曾从苏联引入了司法公判大会的方式，在陕甘宁边区政府时期同样不乏其例，[②] 它们与“文革”时期的人民公判是一脉相承的关系。

这一时期的人民陪审制度，被赋予了“贯彻群众路线”“一切为了群众、一切依靠群众”的全新理念。从本质上讲，群众路线也是对司法民主的一种诠释，只不过是一种政治意义上的“大民主”，其司法层面的意蕴被大大削弱了。与其说民众审判式的陪审是一项司法制度，不如

① 沈敏荣等：“论法律万能主义与法律虚无主义”，载《思想战线》2003 年第 3 期，第 29 页。

② 1930 年 12 月，红军活捉了敌师长张辉瓒，一个月后，召开祝捷大会，群众要求公审张辉瓒。结果，在公审过程中局势失控，群众强行从红军手里抢走张辉瓒，当场将他处死。（陆茂清：“齐声唤，前头捉了张辉瓒”，载《同舟共进》2010 年第 10 期，第 47 页）延安时期，黄克功因情感纠纷枪杀了陕北公学的学生刘茜。边区法院决定对他进行公审，审判台搭在陕北公学的操场上，参与公审的人群数以万计。审判长是边区高等法院院长雷经天，抗大和陕北公学推出四位陪审员，抗大政治部的胡耀邦、高等法院检察官徐世奎等担任公诉人。1970 年，南京的方子奋被人民公审，审判台搭在五台山体育场，参与的民众有十万之众。大会结束后，十几辆敞篷军车押着被告，游街示众，南京 30 万人被组织起来，列于干道两旁。（方子奋：“我被抓上‘一打三反’公判大会”，载《经济观察报》2013 年 5 月 6 日，第 43 版）

说是一种政治运动中的政治安排和手段。或者说，这种司法中的民主形式，已经与司法的本质相去甚远，倒是与古希腊时期的原始司法民主状态有相似之处。

3. 第三个阶段（1978—1998 年）：法制重建时期的人民陪审制度

“文革”结束后，保障人民民主和健全社会主义法制成了时代的最强音，人民陪审制度作为发扬人民民主的方式之一，迎来了新的发展契机。1979 年《刑事诉讼法》第 9 条和《人民法院组织法》第 10 条都规定，人民法院审判第一审案件，原则上应由审判员和人民陪审员组成合议庭。但是，此后的 1982 年《宪法》却未再作类似的规定，《民事诉讼法（试行）》也仅仅模糊地规定，法院审理第一审民事案件，可以有陪审员参与合议庭。为什么出现了这样的变化呢？曾参与《民事诉讼法》起草的人士指出，这主要是出于对司法实务中操作困难和诉讼经济的考虑，陪审制在实践中难以操作。①

后来，1989 年《行政诉讼法》、1991 年修正后的《民事诉讼法》和 1996 年修正后的《刑事诉讼法》均延续了这种模糊规定的做法，在制度操作层面并没有改观。长期以来，由于法律规定过于粗疏，导致实践中陪审制难以操作，在有些地方甚至连法律规定的标准都没有达到，更谈不上对陪审制的完善和发展。例如，1993 年对海南省 10 个县市人民陪审制度的实施情况的调查显示：“较为完整执行人民陪审制度的有 1 个县院……普遍流于形式化，虚无化”。②

4. 第四个阶段（1999 年至今）：法治转型期的人民陪审制度

鉴于司法实践中人民陪审制度虚化、流于形式的态势，最高人民法院曾于 2000 年 9 月向九届全国人大常委会报送了《关于完善人民陪审

---

① 老一辈法学家张友渔曾指出，“从我国当前实际情况看，完全实行还有困难，据不少法院反映，常常找不到陪审员；即使找到了，也多半是缺乏法律知识的，因而在合议庭进行表决时，往往出现缺乏法律知识的陪审员占多数的情况，不利于正确地判案，再加上不少法院在这方面的财政负担也暂时无法解决，据说一个人民陪审员需要的费用，比增加几个审判员的工资还多。”参见张友渔：“论我国民事诉讼法的基本原则和特点”，载《法学研究》1982 年第 3 期，第 57 页。

② 张建东：“关于人民陪审制度执行情况的调查与思考”，载《海南大学学报》1993 年第 4 期，第 83 页。

员制度的决定（草案)》，建议全国人民代表大会以单行立法的形式对人民陪审制度作出详细规定。但全国人大常委会经审议认为，草案中对人民陪审员的职责定位、任职条件等问题尚需进一步研讨，草案的审议工作遂被搁置。此后几年中，不少人大代表、政协委员连续向全国人大和最高人民法院提出立法议案和建议，最高人民法院经过进一步的调研，对原来的“草案”进行了完善，并再次提交全国人大常委会审议。2004年8月，全国人民代表大会审议通过了《关于完善人民陪审员制度的决定》，对人民陪审员参与审判的案件范围、人民陪审员的任职资格、遴选程序和在诉讼中的权利义务等问题做了较为详细的规定，共20个条文。

在世纪之交，我国为什么要完善人民陪审制度呢?

1997年党的十五大正式提出“依法治国”的治国方略，1999年“依法治国”入宪，标志着我国进入了从“完善社会主义法制”到“依法治国”的社会转型期。在依法治国的情势下，人民群众参政议政的热情高涨，要求以多样形式参与国家和社会事务的管理，包括参与司法、加强对司法机关的监督和促进司法公正，这是人大代表、政协委员持续提案立法的大的社会背景。从立法者和提案者的立法意图看，最高人民法院在《关于〈关于完善人民陪审员制度的决定（草案)〉的说明》中开篇就提出，“人民陪审员制度最早始于革命根据地时期，是我国司法制度的一项优良传统”，接着在分析实践中陪审制度基本流于形式的现状后，提出了完善人民陪审制度的四个现实理由，包括：司法工作践行“三个代表重要思想”和“立党为公、执法为民”要求的需要；弘扬司法民主、维护司法公正的需要；增加司法透明度，加强群众对司法监督的需要；解决实践中陪审制流于形式、操作混乱等问题的需要。这些理由，分别回应了审判工作服务于党的中心工作、确保司法公正和提高司法公信力，以及在依法治国背景下加强程序法治等时代课题。当然，从法院自身来看，也有缓解“案多人少”压力的考量，通过大量吸收人民陪审员参加合议庭，来解决单纯由审判员组成合议庭带来的审判工作负担过重的问题。特别对于地方法院来说，宏观的理论和价值诉求往往只是一种托词，后一种考量在实践中可能占据了更重的分量，这实际上是一种工具主义和实用主义的思维。

在司法实践中，全国人民代表大会的单行立法实施效果如何呢？

自2004年《关于完善人民陪审员制度的决定》颁行以来，全国人民代表大会内务司法委员会先后于2005年4月、2006年7月、2008年6月、2013年10月四次听取最高人民法院关于贯彻落实《关于完善人民陪审员制度的决定》情况的汇报。最高人民法院还在2009年11月制定了专门的司法解释，即《关于人民陪审员参加审判活动若干问题的规定》，对司法实践中的经验进行了总结，对存在的问题作了一些补充规定。统计资料显示，近年来人民陪审制度改革取得了可喜的成绩。截至2012年年底，全国有人民陪审员8.7万人，共有628.9万件案件中使用了人民陪审员，其中第一审民事案件有429.8万件，占比约68%。[①] 但相关实证研究显示，现行的陪审制度依然存在一些问题，比如，选任的人民陪审员的来源结构还不够合理，城镇和农村普通居民偏少，有丰富阅历的年长者偏少；在人民陪审员队伍中存在一些“陪审专业户”，影响了陪审制民主功能的发挥；在实践中存在需要陪审的案件没使用陪审员，不需要的案件使用过多的问题，一些“有社会影响的案件”和“当事人要求使用陪审员的案件”反而没使用陪审员；最为重要的是，实践中“陪而不审”的现象仍然非常突出等。[②] 这就意味着，我国人民陪审制度改革的实际效果非常有限，特别是“陪而不审”的顽疾并没有因改革而根本好转。

三、我国学术界有关人民陪审制度改革的争议

新中国成立后，人民陪审制度在发展中呈现“三起三落”的态势：1949年《共同纲领》和1954年《宪法》的确认，使得人民陪审制度迎来了第一个发展的“黄金期”，此为“一起”；“文革”期间，人民陪审制度遭到破坏，1975年《宪法》取消了人民陪审制度，此为“一落”。

① 参见周强：《最高人民法院关于人民陪审员决定执行和人民陪审员工作情况的报告》（2013年10月22日在第十二届全国人民代表大会常务委员会第五次会议上）。

② 参见张嘉军：“人民陪审制度：实证分析与制度重构”，载《法学家》2015年第6期，第3—7页。

1978年《宪法》、1979年《刑事诉讼法》、1982年《宪法》和《民事诉讼法（试行)》的确认，使得人民陪审制度的发展迎来了“第二春”，此为“二起”；但此后，人民陪审制在实践中遭遇冷落，陪审员成为“花瓶”，“陪而不审”，此为“二落”。1999年最高人民法院《人民法院五年改革纲要》和2004年全国人民代表大会《关于完善人民陪审员制度的决定》的出台，使得人民陪审制度迎来了发展的第三次机遇；但是，学术界随即展开了一场人民陪审制度改革的大讨论，由于该制度在实践中发挥的作用有限，使得它面临着第三次受冷落的局面。

（一）关于人民陪审制度的存废之争

早在20世纪80年代，我国司法实践中人民陪审员“陪而不审”的现象就比较突出，当时已开始出现取消陪审制的声音。① 90年代以后，有关陪审制度存废的论争日趋激烈。② 归纳来看，主张废除人民陪审制度的理由可以概括为五个方面。

第一，从法律文化传统看，陪审制度是西方“民主政治”的产物，难以与中国国情融合。在中国古代，从来没有产生过类似的陪审制度，也缺乏相应的法律文化环境。近代以来，无论是清末还是民国，抑或是新中国，有关陪审制度的引入总体上都以失败收场。③ 这是一种法律文化传统的视野，基本思路是法律文化存在冲突，我国缺乏建立陪审制度的法律文化传统。

第二，从国际发展潮流看，英美法系的陪审团审判制度已经日趋衰微，我国没有必要再追随。例如，在英格兰和威尔士，仅有1%的民事案件实行陪审团审判，而刑事案件中90%都没有陪审团参与。④ 在美国，

---

① 参见钱卫清：“建议取消人民陪审制度”，载《法学杂志》1987年第5期；余汉平：“我们应当废除陪审制度”，载《法学评论》1989年第1期。

② 参见陈家新：“人民陪审员制度改革的刍议”，载《政法论坛》1990年第12期；梁全：“人民陪审制度应当废除”，载《河池师专学报》（文科版）1991年第1期；吴厚宽：“人民陪审制度必须坚持和完善”，载《上海人大月刊》1991年第3期；刘定国：“关于完善人民陪审制度的思考”，载《中南政法学院学报》1992年第4期等。

③ 参见房保国：“我国陪审制度存废之争研究”，载金有成主编：《民事诉讼制度改革研究》，中国法制出版社2001年版，第26页。

④ 参见邵军：“我国的陪审制立法应当缓行”，载《华东政法大学学报》2001年第一期，第10页。

进入21世纪后，实行陪审团审判的案件在各州只占1%，在联邦法院也仅占2%左右。[①] 不但在英美法系，即便在后来引进陪审制度的大陆法系诸国，要么已很少适用，要么完全废除了陪审制。在这种国际视野下，我国没有必要坚持人民陪审制度。这是一种比较法的视野，基本思路是别人都不发展的，我们也不用再发展。

第三，从实践中的运行状况看，人民陪审制度在司法实践中问题重重，积重难返，没有必要再保留这一制度。在2004年全国人大的《关于完善人民陪审制度的决定》颁布前，主要存在的问题包括：陪审员的能力不足，难以就事实认定和法律适用发挥与职业法官平等的作用；陪审员选任方式欠合理，[②] 难以体现民主性、科学性；[③] 在市场经济的冲击下，出于诉讼经济的考虑，无论是当事人还是法院，都不愿意陪审员参与，以免耗费大量时间、人力和精力；陪审员由于法律知识的欠缺，或者受职业法官的诱导或者强制，“陪而不审”“审而不议”“议而不决”的现象比较普遍，难以发挥制衡法官的作用等。[④] 在2004年全国人民代表大会的《关于完善人民陪审制度的决定》颁布后，由于实行人民陪审员任期制、法律知识培训制等，使得陪审员沦为“二流法官”，大大损害了陪审制的民主性和科学性。这是一种现实主义的视野，认为现实中运作不好的，就不必再保留。

第四，从陪审制的价值功用看，完全可以由别的制度替代。如陈桂明教授认为，陪审制度的功能无非是两个方面，第一个是民主的功能，第二个就是弥补法官在知识结构上的缺陷。其中，民主功能只能是象征性

---

① 参见汤维建：《美国民事司法制度与民事诉讼程序》，中国法制出版社2000年版，第217页。

② 在2004年以前，人民陪审员的选任方式异常混乱，问题很多：由地方人大在选举人大代表时同时选举，失去了临时随机召集的民主价值；由法院聘任，会使陪审员失去独立性和对法院的制约作用；群众推荐，往往是推荐单位内可有可无、甚至无法管理的闲散人员，也无法有效执行陪审任务。另外，当事人无权对陪审员的选任进行选择，无法保障有偏见的人员进入审判，影响法官中立。

③ 调查显示，“有的法院常年聘请一些街道待业青年临时工或退休人员，还有的法院甚至将陪审员的席位用来解决内部下岗人员‘再就业’问题”。参见曾浩荣：“关于我国人民陪审制度改革的新构想”，载《法学家》2000年第6期。

④ 参见廖永安：“对我国陪审制的否定性评价”，载《金陵法律评论》2003年第2期，第46页。

的，而第二个功能由鉴定人制度来解决效果会更好。在此基础上，他认为，法院花费了大量的人力、精力来建立这样一个制度，是得不偿失的。[①]这是一种功利主义的视野，认为用处不太大的，可以不必保留。

第五，从法治发展的路径看，人民陪审制度不符合司法职业化发展的趋势。2008 年，学术界展开了一场司法职业化，抑或司法民主化的大讨论。贺卫方教授认为，司法职业化的一个重要方面就是司法人员任职的专业化，即为法律职业设置准入门槛，只有取得法定资格才能进入司法行业、行使司法权。[②] 何兵教授则认为，中国的司法一方面是职业化不足，但更重要的是民主化不足，导致职业化尚未成型，官僚主义和官僚腐败蔓延，“必须坚定不移地打破法官群体对司法权的垄断，通过各种秩序化的民主手段，实行人民对司法的有效控制”。[③] 这种争论迅速扩展到整个学术界，作为司法民主的一个象征的人民陪审制度的存废当然是争论的焦点之一。这场争论以中国司法改革的进程为背景，用地道的中国场景、中国语言、中国任务进行叙事，极大地深化了人们对陪审制存废与否的认识。

（二）关于人民陪审制度改革方案之争

与废除论不同，另外一种声音认为，人民陪审制度不需要废除，今后的重点是如何进一步完善或者改造我国的人民陪审制度。至于是借鉴英美式的陪审团审判，还是大陆法系的参审制，还是自创一套新的模式，则在学术界和司法界存在认识差异。

有的学者认为，陪审制在世界范围内并没有没落。英美法系的陪审团审判使用确实在减少，但“认为陪审团正在消亡的观点是错误的，……事实上，与其说陪审团审判制度正在消亡，不如说其正在日益进入这样一个法律领域：重大刑事案件的审判”。[④] 有的学者认为，即便

---

① 陈桂明：“期待第四部民事诉讼法”，2009 年 9 月 9 日在南京师范大学所做学术报告，参见 http：//lawinnovation. com/html/zgfx50rlt/16452379. shtml，访问时间：2017 年 1 月 20 日。

② 贺卫方：“司法改革的难题和出路”，载《南方周末》2008 年 9 月 18 日，第 E31 版。

③ 何兵：“必须打破法官对司法权的垄断”，载《南方都市报》2008 年 11 月 13 日，第 A23 版。

④ W. R. Cornishi，The Jury，London：Allen Lane Penguin Press，1968，p10.

在大陆法系国家，对英美法系的陪审制的移植也不是完全失败了，例如，法国结合本国国情确立了参审制，这不是失败，“不应夸大陪审制与参审制之间的对立关系，更不应因法国实施了参审制而惊呼陪审制已在法国灭亡，甚至断言‘陪审制不可移植’”。①

在河南省法院系统，自 2009 年开始探索“人民陪审团”的改革。所谓人民陪审团，是指法院从普通群众中随机抽取若干人组成陪审团，参加庭审，并对案件处理发表意见。这种改革方案既与英美式的陪审团不同，也与大陆法系的参审制不同，而是兼有两种模式特点的“第三种模式”。② 因为，人民陪审团提供的意见只供法院裁判参考，而不具有强制约束力，所以不同于英美陪审制；同时，陪审团不是与审判员组成混合合议庭，也不享有表决权，不同于大陆法系的参审制。在 2009—2010 年，河南省法院系统共在 490 件案件中试行了人民陪审团制度，共有 4600 余名群众担当了人民陪审团成员。③

在各地法院改革实践中，更为常见的是在借鉴大陆法系参审制的基础上探索“大合议庭制”。例如，2009 年广东省高院探索“大合议庭”改革，在重大刑事案件中试行由审判员和陪审员 5—7 人组成合议庭审判；2013 年南京市中级、基层法院开始探索大合议庭模式，在民事案件中试行“1 +4”（1 名法官加 4 名陪审员）和“2 +5”（2 名法官加 5 名陪审员）大合议庭审判；与此同时，郑州市中原区法院也开始试行“1 +4”“2 +5”模式的大陪审制合议庭。④ 正是在这些早期改革探索的基础上，2015 年 4 月中央全面深化改革领导小组通过了《人民陪审员制度改革试点方案》，后经全国人民代表大会授权，在北京等 10 个省市区进一步开展试点工作。

---

① 施鹏鹏：“法国的陪审制移植失败了吗？——以法国陪审制发展史为中心展开”，载徐昕主编：《司法·第 4 辑：司法的历史之维专号》，厦门大学出版社 2009 年版，第 306 页。

② 参见邓红阳：“全面解读河南试水人民陪审团制度”，http：//www. legaldaily. com. cn/zmbm/content/2010 -06/10/content_ 2165744. htm，访问时间：2017 年 1 月 20 日。

③ 参见李冰：《人民陪审团制度探析——以河南法院司法改革为视角》，郑州大学 2011 年硕士学位论文，第 5 页。

④ 参见傅达林：“‘大合议庭’推进司法审判更科学”，载《检察日报》2015 年 9 月 16 日，第 7 版。

有的学者主张，当前我国的人民陪审制度仍然肩负着实现司法民主的政治功能，在坚持党的十八届四中全会定下的改革基调的情况下，应当从优化人民陪审员的来源构成、重新界定陪审制的适用范围、改革陪审员的挑选机制、改造合议庭的组成模式等方面，进一步完善我国的人民陪审制度。[①] 2014 年 10 月党的十八届四中全会通过了《关于全面推进依法治国若干重大问题的决定》，提出要进一步完善这项制度。在其中“保证公正司法，提高司法公信力”的部分，提出了改革的重点，即要“完善人民陪审员制度，保障公民陪审权利，扩大参审范围，完善随机抽选方式，提高人民陪审制度公信度”。不仅如此，还提出了“逐步实行人民陪审员不再审理法律适用问题，只参与审理事实认定问题”的长远改革目标。

四、中国特色的人民陪审制度的发展前瞻

（一）正确看待“人民陪审是人民司法的优良传统”的观点

人民陪审是否如人所言，是人民司法的优良传统？中国有没有系统、连贯的人民陪审制度？今天的人民陪审制度，是否与早期的人民陪审在技术和精神上一脉相承？从历史维度看，答案是否定的。不仅中国古代没有陪审制的传统，中国近代（民国时期）也没有真正贯彻陪审制度，中国共产党领导下的早期的陪审制度与当今的陪审制也是不同的。

中国共产党领导下的人民司法工作，起步于瑞金苏维埃政权时期，与梁柏台有直接的关系。[②] 梁柏台奉行的是什么样的司法理念？从两个例子可窥一斑。一是当时的立法，如《中华苏维埃共和国军事裁判所暂行组织条例》第 12 条、《中华苏维埃共和国裁判部暂行组织及裁判条

① 参见张嘉军：“人民陪审制度：实证分析与制度重构”，载《法学家》2015 年第 6 期，第 10—12 页。

② 梁柏台，1899 年生，1921 年赴苏联进入莫斯科东方大学，1927 年以后被派往伯力省法院当审判员，从事法律研究和司法工作。1931 年回国，成为中共极为少见的红色法律专家，被委以重任。中华苏维埃共和国临时中央政府成立后，梁柏台任司法部长，组织制定了《革命法庭条例》《革命法庭的工作大纲》《看守所章程》《中华苏维埃共和国惩治反革命条例》《中华苏维埃共和国司法程序》等 10 多部法律法规，负责组建中华苏维埃共和国的司法机关和司法制度。

例》第13条均规定，法庭由三人组成，由裁判员任主席，其余二人位陪审员。二是一个案例，即“公审刘开案”。刘开当时是中央政府办公厅厅长，办事骄傲，群众控告他存在官僚主义作风。项英、何叔衡找梁柏台商量，按照什么法律处罚他。梁柏台在苏联工作过，就建议采用苏联“人民公审”的办法。[①] 当时对法律案件实行的是“参审制”，政治案件实行的是“人民公审”，但二者的界限并非十分清楚。

在党领导司法、政治引领司法的年代，“人民公审”很容易步入司法领域。在延安时期，人民公审的现象也时有发生，审判黄克功案就是一例。1937年，时任旅长的黄克功因逼婚不成，枪杀陕北公学女生刘茜。1937年10月11日，在延安陕北公学的操场召开了黄克功枪杀刘茜案的公审大会，陕甘宁边区高等法院院长雷经天担任审判长，抗大、陕北公学群众选举的李培南等四人担任陪审员，有近万人参与了公审大会。最后，黄克功被判处死刑，并当场执行。[②] 新中国成立后，延续了这种公审公判的作风。1952年2月10日，在河北省省会保定市召开了刘青山、张子善的公审大会，公审大会由河北省节约检查委员会委员张庆春任主席，出席这次大会的党、政、军领导，机关干部，厂矿企业、群众团体代表等共约21800人。当宣布判处二人死刑立即执行之后，全场起立，口号声响彻云霄：“拥护人民政府枪决大贪污犯刘青山、张子善！”“严办拒不坦白交代的大贪污分子！”“坚决打退资产阶级的猖狂进攻！”[③] “文革”期间，公、检、法被砸烂，各地纷纷成立军管会，兼行司法、行政权力，军管会召开大规模的公判大会更是司空见惯。

综上可见，认为人民陪审是人民的司法优良传统并不准确。因为：第一，陪审制的具体操作并未严格地制度化，不同时期、不同地方的操作差异很大；第二，即便有些规定，实践中也没有得到认真贯彻执行；第三，即便实践中有陪审的现象，也更多的是作为政治斗争的手段，而

---

① 公审大会是苏联的一种旨在预防犯罪、具有公众法庭性质的社会组织，设于各企业、机关、学校、集体农庄和农村定居点、乡镇等。其成员经公开选举产生，职能是审理尚不需追究刑事责任的违法案件。处罚形式包括：同志式警告、公开谴责或训诫、罚金等。

② 参见佚名：“黄克功枪杀刘茜命案的真相”，载《重庆日报》2014年7月5日，第15版。

③ 参见“新中国‘反腐第一刀’——刘青山、张子善腐败案”，人民网报道，http：//dangshi. people. com. cn/n/2013/1217/c85037－23866911－3. html，访问时间：2017年1月21日。

不是为了制衡法官、保障当事人的权利；第四，人民陪审与人民公审之间具有某种暗合，司法审判和政治斗争经常混同或相互替代，是原始的民主政治的表现，而非成熟的法治社会的审判方式。20 世纪 80 年代以后建立起来的现行人民陪审制，是在从法制向法治转型中的司法方式，更多地借鉴了大陆法系国家的参审制度。很难从人民司法传统中，总结出能够为当今参审制所采纳的精神要素。

（二）理性看待世界范围内“陪审制渐趋衰微”的趋势

从逻辑上看，很难从陪审制度在一个国家正在走向衰落的趋势中，得出其在另一个国家也无法繁荣发展的结论。即便全世界其他国家都在放弃或削弱陪审制，也不意味着我国不能发展陪审制度。

我们既反对将陪审制度进行模式化，也反对将陪审制度所具有的价值固定化。从陪审制度的发展历史可以看出，从来不存在两个国家的陪审制度是完全一样的，陪审制也不存在永恒不变的价值内涵。（1）在古希腊的雅典，陪审制本身是一种政治制度安排，是人民参与管理国家事务的一种方式，是一种粗糙的、原始的民主政治和司法混杂的制度。（2）在英国，陪审制度于 14 世纪建立之初并非是为了保障人民的自由和权利，恰恰相反，它是扩张王权的工具。只是到了 16 世纪以后，才反过来成为制约王室司法权的一种手段。（3）美国继承和发展陪审制度，是在同英国统治者斗争的过程中，将陪审、代议制作为反对英王专制的司法工具，故而从一开始就大肆宣传陪审制在保障自由、反抗专制权力的民主价值。（4）大陆法系引进陪审制是在资产阶级大革命年代，受到了美国独立的影响，带有革命理想主义色彩。在随后的发展中，不得不根据本国国情对陪审团审判制度进行改造，从而发展出了陪审员与职业法官同权的参审制度。

通过以上历史回顾可以发现，一个国家对陪审制度的构建和引进主要是由本国当时的特殊国情所决定的。虽然在理论上能总结出陪审制的若干美好价值意蕴，但现实是，它总是为了满足某个阶级或某个政治群体的革命性任务而形成的，它的形成总是充满了现实主义和功利主义的色彩。

（三）人民陪审制改革应着重关照中国的现实需要

人民陪审制度的改革发展问题是一个涉及社会主义民主的重大问题，目前尚没有取得共识。正因如此，2007 年和 2012 年两度修改民事诉讼法的过程中均没有涉及。我们认为，讨论人民陪审制度的存废或者发展问题，必须正视以下几个社会现实。

第一个现实是，从目前的法律规定和司法实践看，人民陪审制除了宣示社会主义民主的象征性价值之外，并无太大的实际作用，它长期以来无法发挥制约法官、保障人民权利的作用；如果取消陪审制，除了给法院组成合议庭造成一些不便（“案多人少”的困难更加突出）之外，不会产生很大的制度性和社会反响，人民群众不会因为取消陪审制而有多大心理波动。

第二个现实是，中国的司法正遭遇严重的危机：一是刑事诉讼中冤假错案频发；二是司法腐败较为严重；三是外部干预司法的现象较为突出；四是司法公正和司法的社会公信力偏低；五是部分敏感案件的社会争议比较大。如果要发展和完善人民陪审制，也应当是从解决这些现实问题的角度出发，而不仅仅是空谈国外的制度模式，这样才能使得陪审制具有吸引力和实际效用。

我们主张，对我国人民陪审制度的改革，须立足于对我国现有审判制度进行系统改革的宏观视野，既要通过改革消除现有陪审制的流弊，也要与现有制度体系能够适度衔接，具体主张如下。（1）对于通常的案件，提倡专业法官一人独任审判，重大的案件由专业法官三人以上单数组成合议庭。对于特殊的案件，才实行人民陪审合议庭制。（2）特殊案件的范围，主要限于当事人（原告或被告一方）自愿选择的如下案件：一是社会关注度高的重大复杂刑事犯罪案件；二是涉及公共利益和公正政策的重大疑难案件；三是可能存在妨害司法自治（即干预审判独立）的案件。适用与否的关键，在于当事人是否选择，法院不能无故拒绝。（3）人民陪审制不宜实行英美式的陪审团审判的模式，因为它在陪审员的遴选、表决规则、是否与我国诉讼模式相匹配、法庭应否采纳陪审团意见等一系列问题上都存在难题。相较之下，3 名法官、9 名陪审员组成混合法庭，且陪审员超过半数的模式，既能有效发挥制约法官专横和保障审判独立的价值，也能与现有法律制度进行较好的衔接。(4) 配套机制方面，建立陪审员随机遴选和有因排除机制；对于陪审合议庭的裁决仍能上诉，但上诉法院不得直接改判，只能发回重审，除非双方当事人同意直接改判；陪审带来的经济成本的增加，由国库负担。成本的增加是肯定的，但相比较而言，司法公正和公信更加值得追求。

我们建议推行的“扩大版”的陪审合议庭模式，能够在以下几个方面发挥效应。

第一，制约法官专横，保障司法公正。要想制约法官，除了赋予和保障当事人及其诉讼代理人的诉讼权利，以权利制约权力之外，最有效的方法就是外在力量的监督。在我国过往的实践中，这种外在的力量往往来自党、政府、人民代表大会或者检察机关，但这些权力一旦强大又会形成干预审判独立的力量，这已经成为我国诉讼法治发展的一个困境。为此，有必要实行“扩大版”的人民陪审制度，由相对多数的陪审员制约法官。正如美国学者所言，“较之直接的和公开的立法进攻来说，那种悄然挖掘自由精神根基的司法篡权更加危险。为了防止这种威胁，唯一有效的保障就是陪审团审判”。①

第二，防止外来干预，保障审判独立。在我国，审判独立问题是长期困扰法院系统的一个难题，在党的领导与审判独立、人大监督与审判独立、行政权与审判独立、舆论监督与审判独立等诸多关系中，都存在这样或那样的干扰审判独立的因素。如何克服这些问题？2014 年 10 月，党的十八届四中全会通过的《中共中央关于全面推进依法治国若干重大问题的决定》，明确提出要建立领导干部干预司法活动插手具体案件处理的记录、通报和责任追究机制。但从本质上讲，这只是一个应急措施，且带有行政治理的色彩，不具有诉讼制度建设的长远意义。邓小平曾说，“制度好可以使坏人无法任意横行，制度不好可以使好人无法充分做好事，甚至会走向反面”②。实行“扩大版”的人民陪审制度，就是这样一个好的制度，能够增强法院抵御外来力量的干预，或者说给法

① William Burnham, Introduction to the Law and Legal System of the United States, CA: West Publishing Co. (1995), P. 130.

② 《邓小平文选》第 2 卷，人民出版社 1983 年版，第 333 页。

官提供一个抵御外来干预的借口。

第三，增强司法权威，提升司法公信力。在我国当前司法实践中，法院的权威性受质疑，司法公信力不高是一个现实问题。而且，在社会转型期一些争议比较大、涉及群体利益或者公共利益的案件中，法官的裁判不被社会舆论认可也是在所难免的，这时，法院就很容易成为人们泄愤的靶子。通过引入陪审员参与的大合议庭制度，法官就能免遭公众抱怨和谴责，因为大合议庭中陪审员的人数占了合议庭成员总数的过半以上，从某一意义说是陪审员代表的民众做出了一项裁判、而主要不是专业法官。在此意义上，陪审员参与的大合议庭也能发挥英美陪审团类似的“避雷针”的作用，不但能保障审判的独立，还能增强司法的权威和公信力。正如托克维尔所指出的那样，“表面上看来似乎限制了司法权的陪审制度，实际上却在加强司法权的力量；而且，其他任何国家的法官，都没有人民分享法官权力国家的法官强大有力”。①

① ［法］托克维尔：《论美国的民主》，童果良译，商务印书馆2002年版，第319页。

第七章　中国司法调解政策的传统、流变与现代转型

司法调解是中国处理民事纠纷的传统方式，在国际上有“东方经验”之誉。但从历史的角度看，中国的司法调解并非一成不变的，而是在不同的历史时期呈现出不同的特点和文化底蕴。在中国古代，官府调解以教化无讼为其最主要的特点；在20世纪40年代新中国成立前后，毛泽东的“人民内部矛盾和敌我矛盾”这种带有强烈意识形态的理论是司法调解的理论基石；而2004年以后逐渐形成的“调解优先、调判结合”的司法政策，则是以社会主义和谐社会理论为基础的。在全球化和中国传统文化的传承与创新的视角下，在市场经济和全面建设社会主义法治国家的新型历史条件下，有必要对中国的司法调解政策进行全面梳理和重新勾画。

一、中国古代的官府调解及其文化底蕴

（一）中国古代的官府调解

在中国古代，官府调解最早可以追溯到西周时期。此后，宋、元、明、清等历朝历代莫不沿袭。古代的官府调解在不同时期有一定的差异，但调解方法概括起来不外乎以下三种。

第一，官府直接调解。即在行政长官的主持下，对民事案件或轻微刑事案件的调解。官府调解，主要是官员通过现身说法，晓之以理、动之以情，以促成当事人和解。例如，《汉书·韩延寿传》记载了这样一起案件。西汉宣帝神爵三年（公元前59年），左冯翊韩延寿出行巡查属

县，至高陵，有兄弟二人因田产纠纷前来投诉。韩延寿当即晓之以理，发生争议的兄弟二人深感懊悔，髡首祖肉前来谢罪，愿相互谅解，至死不再争讼。韩延寿闻讯大喜，设酒宴宴请二人以示勉励。[①]

第二，官批民调。是指官府在审理案件过程中，如果认为情节轻微、不值得传讯，或认为事关亲族伦理、不便公开传讯，即批令亲族长者加以调处，并将调处结果报告官府。如亲族调解成功，则请求销案；调解不成，则需禀明两造不愿私休，由官府裁判。例如，南宋时期的官员刘克庄，在审理德兴县董党诉立继事一案中，虽然查明了本案是非曲直，曲在董党养母一方，但因是继母与养子之间的争讼，事关伦常，所以劝令董党"亦宜自去转恳亲戚调停母氏，不可专靠官司"。[②] 这种官批民调的方式，具有半官方的性质，类似于我们现在所谓的委托调解。

第三，民间调解，官府认可。是指纠纷发生后，当事人并不到官府起诉，而是邀请乡党宗族自行调处，官府一般也承认调处的效力。例如，宋代有朱司户与族人朱元德因立继之事起争，在族人劝和之下达成如下协议："朱司户在苫块之中，不欲争之讼庭，竟从族人和议，捐钱五百贯于朱元德，此与可谓无名，其意盖图安静耳。朱元德已立领钱文约，又责立罪罚两千贯，文墨显然，合族乃朱修炳等一一押于其后，亦有一状申缴在官矣。"事后，朱元德反悔，又到官府起诉。官府认为："却谓亲约文书不可照用，有此理否?"不但驳回诉讼请求，而且判令"今后朱元德再词，定照和议状，追入罚钱断罪"。[③] 但如果亲族乡党的调解不合法，或有恃强凌弱的情形，官府也不承认其效力。

（二）中国古代官府调解的文化底蕴

中国古代的官府调解不仅仅是一种纠纷解决的技术手段，如果没有深厚的文化底蕴和社会观念基础，调解是绝不可能获得如此强大的生命力而传承数千年的。官府调解的生命力，深深植根于历史社会文化的沃土之中。

---

① 张晋藩主编：《中国民事诉讼制度史》，巴蜀书社 1999 年版，第 43 页。

② 《后村先生大全集》卷一九三，《德兴县董党诉立继事》。

③ 《清明集》卷七，《下殇无立继之理》。

其一，儒家“克己复礼”“明德慎刑”的治国思想。儒家先师孔子以西周时期以“亲亲”“尊尊”为基本原则的周礼为基础，建构了庞大的“仁”学体系。孔子讲“仁”就是为了恢复“周礼”。《论语·颜渊》载曰：“克己复礼为仁，一日克己复礼，天下归仁焉。”[①] 众所周知，“礼”是以血缘为基础、以等级为特征的氏族统治体系，孔子将“孝”“悌”作为“仁”的基础，把“亲亲”“尊尊”作为“仁”的标准，实际上是把“礼”的氏族血缘关系转化为“仁”的政治主张。可见，孔子的“礼治”（或曰仁治、德治）思想，对于以“合情合理”“合乎道德”（而非“合乎法律”）为首要标准的调解来说，无疑在精神上是息息相通的。而调解这种温和的纠纷解决手段，极大地维护了血缘亲族关系和封建等级秩序，符合统治阶级的利益，因而获得了强大、持久的生命力。

其二，儒家“德化教育”“以求无讼”的社会治理思想。在儒家看来，法与“刑”合而为一，常常与赤裸裸的暴力镇压相联，因而难免染上血腥味；而儒家“仁学”体系向往的是一种既具有严格的等级秩序，又极富人情味的温情脉脉的阶级统治。所以，孔子才会认为，“道（导）之以政，齐之以刑，民免而无耻；道之以德，齐之以礼，有耻且格”[②]。也就是说，在如何治理社会方面，儒家反对刑治（法治），主张德治（礼治）、教化。孟子说，“人之有道也。饱食暖衣、逸居而无教，则近于禽兽。……教以人伦”[③]。儒家主张的教化有两方面要求。一方面，要求统治者以身作则，作为道德楷模来引导老百姓不要兴讼，前引《汉书》记载的韩延寿办案一事就是明证。另一方面，要求老百姓不要兴讼，极力宣扬贱讼、耻讼思想。曾作为鲁国大司寇的孔子就曾说：“听讼，吾犹人也；必也，使无讼乎！”[④] 受儒家思想熏陶，古代社会的人们耻于将纠纷诉诸司法，形成了“家丑不可外扬”“屈死不告状”等社会心理，形成重视调解的传统自然是水到渠成。

其三，“和为贵”“以和为美”的社会意识和古典审美观。从深层文

---

① 《论语·颜渊》。
② 《论语·为政》。
③ 《孟子·滕文公上》。
④ 《论语·颜渊》。

化根源看，调解即“和解”，其基石乃是古代中国独特的“和”的观念，以及由此产生的“以和为美”的审美观念与“和为贵”的社会意识。如儒家认为，“礼之用，和为贵，先王之道斯为美”。① 既然社会的和谐是美的，而人际相互矛盾和冲突则是应当竭力避免的，这就不难理解孔子要提出“无讼”的理想，而民众要视“诉讼”为灾难了。虽然纠纷是对美（“和”）的破坏，但纠纷的发生毕竟是客观存在的，既然出现了纠纷就得尽力消除，消除纷争的最佳手段自然莫过于体现着“和”文化的“调解”。除儒家思想外，道教、佛学也蕴含着丰富的和谐思想。如道家的人生哲学主张“和之以是非”，并强调“不争”“居下”“取后”“以屈求伸”“以退为进”，其政治哲学主张“处无为之事，行不言之教”。② 佛教认为，影响人际和谐的因素是在欲望驱使下的利益争夺，这种争夺给人带来了怨、憎恨。佛教看到了欲望失控的后果，提出用控欲、心净的道德修养途径来拯救失衡的人际关系。可见，对中国古代影响最大的儒释道文化中均包含着和谐的思想，这成为重视调解、化解纠纷的司法政策的深层文化原因。

二、新中国成立前后“调解为主”的司法政策及其文化底蕴

（一）“调解为主”司法政策的历史生成

新中国成立前后，我国形成了一种“调解为主、审判为辅”的司法政策，其源头则可以追溯到陕北革命根据地时期的“马锡五审判方式”。“马锡五审判方式”是指马锡五同志自 1943 年初开始在担任陕甘宁边区高等法院陇东分庭庭长期间，在审判实践中摸索出的以“审判和调解相结合”为其典型特点的审判方式。1944 年 1 月，陕甘宁边区政府主席林伯渠在《边区政府一年工作总结报告》中提出，“提倡马锡五同志的审判方式，以便教育群众”。③ 1944 年下半年，边区高等法院连续发布指示，确定了“调解为主，审判为辅”“调解是诉讼的必经程序”“调解

① 《论语·学而》。

② 《道德经·道经》第二章。

③ 张希坡：《马锡五审判方式》，法律出版社 1983 年版，第 55 页。

的数字，作为干部的政绩标准”等几大审判原则和办法。[①] 此后，调解工作在边区法院系统全面展开。据统计：1942 年，调解结案的民事案件只占边区全部民事案件的 18%；1943 年，上升到 40%；1944 年，又提高到 48%，接近一半的案件以调解的方式结案。[②] 此后几年，“马锡五审判方式”作为一项行之有效的司法政策，在各解放区得到了极大推广。

1949 年 2 月，中共中央发布了《关于废除国民党六法全书与确立解放区司法原则的指示》，在宣告废除国民党的六法全书的同时，要求司法机关“在人民新的法律还没有系统地发布以前，应该以共产党的政策及人民政府与人民解放军已发布的各种纲领、法律、条例、决议作为根据”。这一指示，为新中国成立后“调解为主”司法政策的延续做了很好的铺垫。1958 年 8 月，毛泽东在著名的北戴河中央政治局扩大会议上讲话指出：“解决民事案件还是‘马青天’（马锡五）那一套好，调查研究，调解为主，就地解决。”[③] 1963 年 7 月，第一次全国民事审判工作会议正式确立了“调查研究、调解为主、就地解决”的十二字方针。1964 年，又将其发展为“依靠群众、调查研究、调解为主、就地解决”的十六字方针。1979 年 2 月，最高人民法院制定的《审理民事案件的程序制度的规定（试行）》重申了“十六字方针”，要求“处理人民内部矛盾”，必须坚持“调解为主”。

1982 年 3 月，全国人民代表大会终于颁布了新中国第一部民事诉讼法典即《民事诉讼法（试行）》，其中第一章第六条规定：“人民法院审理民事案件，应当着重进行调解，调解无效的，应当及时判决。”虽然，立法在措辞上将“调解为主”修改为“着重调解”，但就其实质而言，仍然保持着调解为主和调解优先的基调，在内涵上并无本质区别。自此以后直至 1991 年修订《民事诉讼法》，全国法院系统一直将“着重调解”奉为基本的民事司法政策。在整个 20 世纪 80 年代的审判实践中，

---

① 习仲勋：“贯彻司法工作的方向”，载《解放日报》1944 年 11 月 5 日，第 1 版。

② 李忠全：“浅论陕甘宁边区司法制度”，载《中国延安干部学院学报》2010 年第 3 期，第 80 页。

③ 高岭：“马锡五的故事”，载《人民法院报》2007 年 11 月 10 日，第 3 版。

法院办理民事案件的调解结案率一直居高不下，维持在65%—80%；而判决结案率不到20%（参见图7—1）[①]。

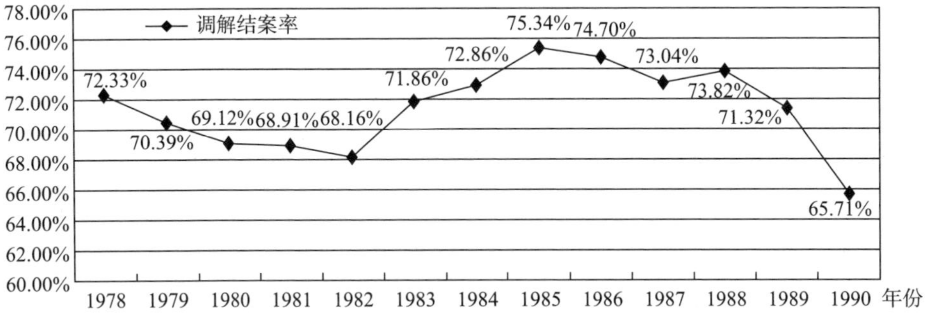

图7—1 1978—1990年法院办理民事案件的调解结案率

（二）"调解为主型"司法政策的文化底蕴

对于这一时期"调解为主"政策的理论基础或文化底蕴，学术界有不同的解读。有学者认为，"调解为主"的政策是"和为贵""以和为美"等传统文化的外化，是中国传统法律文化在当代的体现和延伸。[②]这种观点，可称之为"文化传承论"。但美国学者陆思礼（Stanly Lubman）认为，中国共产党所推行的调解与中国的调解传统在性质、权威依据、目的和手段等方面有所不同，"中国当代的调解已被发展成为一种社会动员工具，一方面是为了解决纠纷，另一方面是提高群众政治觉悟和意识，以此来贯彻党的主张、维持社会秩序、实现对社会的重建"。[③] 这种观点，可称之为"文化断裂论"。虽然，否认文化传承的观点有其片面性，但不可否认，仅仅用文化传承来解释中国当代调解政策的合理性是不能令人满意的。

我们认为，"人民内部矛盾和敌我矛盾区别对待"的政治理论，是这一时期司法调解政策最重要、最直接的思想基础。1957年2月毛泽东在最高国务会议上所作的《关于正确处理人民内部矛盾的问题》讲话

① 如未特别注明，司法统计数据均来自相应年度的《中国法律年鉴》。

② 梁治平等：《新波斯人信札——变革中的法观念》，贵州人民出版社1988年版，第146—156页。

③ Lubman，Mao and Mediation：Politics and Dispute Resolution in Communist China，California law review，Vol. 55 No. 5，1967. pp. 1284 - 1359.

中，第一次系统阐述了社会主义社会两类不同性质矛盾的学说。他指出，“在我们的面前有两类社会矛盾，这就是敌我之间的矛盾和人民内部的矛盾。……敌我之间和人民内部这两类矛盾的性质不同，解决的方法也不同”①。“凡属于人民内部的争论问题，只能用民主的方法去解决，只能用讨论的方法、批评的方法、说服教育的方法去解决，而不能用强制的、压服的方法去解决。”② 其实，我党“区别两种性质的矛盾”和“人民内部矛盾只能用说服教育的方法解决”的思想，向前还可以追溯到新中国成立初期。1949 年 6 月毛泽东在《论人民民主专政》一文中指出，“对人民内部的民主方面和对反动派的专政方面，互相结合起来，就是人民民主专政”；解决人民内部的问题，“使用的方法，是民主的即说服的方法，而不是强迫的方法”。③ 如果再向前，还可以追溯到陕北革命根据地时期。1942 年，中共在延安整风运动期间倡导整顿党的作风要坚持“批评与自我批评”的方法，后来被总结为“团结——批评——团结”的公式，并广泛运用于处理军民关系、官兵关系、群众关系。中共的前述政治思想，在产生时间上与“调解为主、审判为辅”司法政策的形成时间恰好是吻合的，并且对老一辈诉讼法学家产生了普遍而直接的影响。正如老一辈权威诉讼法专家柴发邦教授 1992 年出版的《民事诉讼法学新编》中所记述的那样：“中国民事诉讼法和人民法院的审判实践，都非常重视和强调法院调解，有其理论基础和实践中的必要性。从理论上讲，民事案件是人民内部矛盾，这种矛盾可以通过法制宣传教育和思想疏导方法来解决，存在着调解解决的可能性。”④

三、1990 年以后我国司法调解政策的三次调整及其原因

（一）1991—2004 年：“自愿、合法调解”的司法政策

1991 年 4 月，我国修订后的《民事诉讼法》对司法调解政策作了重

① 《毛泽东选集》第五卷，人民出版社 1977 年版，第 363、367 页。

② 同上，第 367 页。

③ 同上，第 372 页。

④ 柴发邦、常怡、江伟：《民事诉讼法学新编》，中国法律出版社 1992 年版，第 250—251 页。

大调整。该法第 9 条废除了先前“着重调解”的提法，改为“人民法院审理民事案件，应当根据自愿和合法的原则进行调解；调解不成的，应当及时判决”。这次政策调整的重点，是淡化调解、重视判决。具体体现为两点：一是在调判关系上，不再强调“调解为主”，而是强调“调解不成的，应当及时判决”；二是在调解原则上，强调法院调解必须遵守“自愿、合法的原则”，不能强迫、也不得违反法律规定。这种新政策，可简称为“自愿、合法调解”政策。

为什么要出台“自愿、合法调解”的政策呢？参与立法的权威学者江伟教授指出，其实早在 1982 年试行法起草过程中就对原来“调解为主”的提法作了检讨，并将“调解为主”改为“着重调解”，以纠正实践中部分法院将“调解为主”量化、将“调解结案率”作为办案质量标准的不当倾向。但是，《民事诉讼法（试行）》中“着重调解”的措辞仍然保留了调解为主和调解优先的基调，所以，立法机关才在 1991 年修订《民事诉讼法》时再度进行政策修正。① 令人遗憾的是，“自愿、合法调解”政策的出台，并没有起到立竿见影的效果。统计显示，1991—1996 年全国法院一审民事案件一直维持在 55%—60% 的高调解结案率（参见图 7—2）。高调解结案率的背后，是各地法院乐此不疲的调解偏好：一方面，当时的法官群体“职业化”程度低，难以应对高度复杂化、专业化的现代民事诉讼问题，通过调解可以回避这些难题；另一

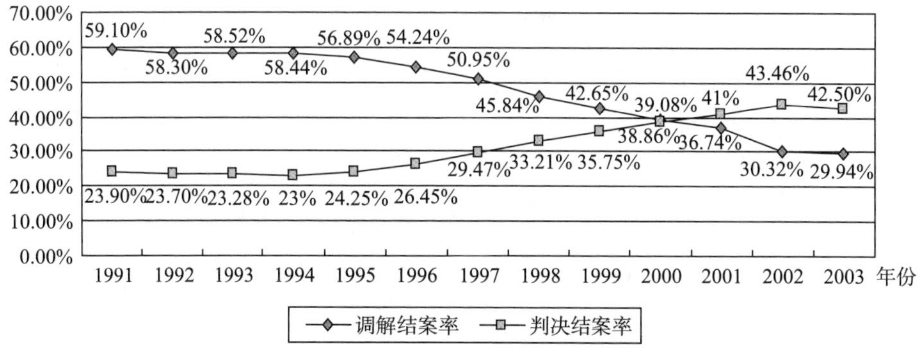

图 7—2　1991—2003 年全国法院一审民事案件调解结案率及判决结案率

① 江伟：《民事诉讼法学原理》，中国人民大学出版社 1999 年版，第 311 页。

方面，对于法官群体来说，“高调解结案率”往往意味着是一个风险较小（上诉率、再审率、信访率大大降低，有利于维稳）、收益很大（提高了办案效率，还有机会获得“办案能手”“优秀法官”等荣誉称号和奖金奖励）的选择。法官的调解偏好被极端化之后，就导致了法官滥用调解权、侵害当事人权利的现象蔓延，出现“强迫调解、违法调解和久调不决，以及片面追求调解结案率等”。①

20 世纪 90 年代中期以后，司法实践的偏差引发了理论界对法院调解制度正当性的口诛笔伐，学者们从多种角度提出了质疑。有的从法治的立场出发，认为法治社会应当重视对当事人权利的保护，应当重视运用判决的方式；而调解倡导当事人作出权利让步，与法治精神相悖。②有的从市场经济出发，认为中国传统的社会是一个“熟人社会”，而且社会生活高度政治化，反映到法律上就是把民事纠纷抽象为人民内部矛盾；而现代社会是以商品经济、市场经济为导向的“陌生人社会”，以偏重调解为特征的传统审判方式的不适应性愈加明显。③ 有的从司法公正出发，认为调解方式不可避免地导致法官与当事人“讨价还价”，法官的中立地位与尊严难以得到维持。④

与此同时，20 世纪 90 年代中期的审判方式改革也压缩了法院调解的空间，比如“一步到庭”的改革曾使得法官难以在开庭前作调解工作，而“当庭宣判”则使法官在庭审辩论终结后无法反复对当事人做思想工作。在前述原因的综合作用下，从 1996 年开始全国法院一审民事案件调解结案率开始迅速下降，1996 年为 54.2%，此后大约以每年 3% 的速度下降，至 2003 年跌至新中国成立以来调解结案率的谷底 29.94%。与此同时，判决结案率从 1996 年的 26.45%，迅速攀升至 2003 年的 42.5%。

（二）2004—2007 年：“调判结合、案结事了”的司法政策

2004 年，最高人民法院对实践中轻视调解、重视判决的做法踩了

---

① 李浩：“民事审判中的调审分离”，载《法学研究》1996 年第 4 期，第 57—68 页。

② 季卫东：“法制与调解的悖论”，载《法学研究》1991 年第 5 期，第 24—34 页。

③ 江伟：《中国民事诉讼法专论》，中国政法大学出版社 1998 年版，第 412 页。

④ 景汉朝：“经济审判方式改革若干问题研究”，载《法学研究》1997 年第 5 期，第 3—34 页。

“急刹车”，并出台了“调判结合、案结事了”的新政策。“调判结合、案结事了”提出的标志，是 2004 年 11 月最高人民法院下发的《关于人民法院民事调解工作若干问题的规定》。其中第 2 条规定：“对于有可能通过调解解决的民事案件，人民法院应当调解。”这种表述，虽然不能说与 1991 年《民事诉讼法》确立的“自愿、合法调解政策”相悖，但是在“调判关系”上已经带有“偏重调解、不轻易判决”的含义了，这等于部分修正了 1991 年《民事诉讼法》确立的调解政策。

“调判结合、案结事了”的政策出台后，收到了立竿见影的效果。自 1991 年以来“调解结案率逐步降低、判决结案率逐步上升”的势头得到了遏制，并出现了“调解结案率反弹、判决结案率迅速下降”的势头。据统计，全国法院一审民事案件调解结案率 2003 年为 29. 94%，2004 年为 30. 01%，此后逐步攀升至 2011 年的 40. 63%；如果考虑到经调解而撤诉的情形，全国法院一审调解和撤诉率从 2003 年的谷底即 50. 64%，2004 年的 51. 66%，逐年攀升至 2011 年的 67. 3%，达到了九年来的最高点。与此同时，判决结案率则从 2002 年的最高位 43. 46%，一路下滑至 2011 年的 28. 82%，跌至十五年来的最低点（参见图 7—3）。

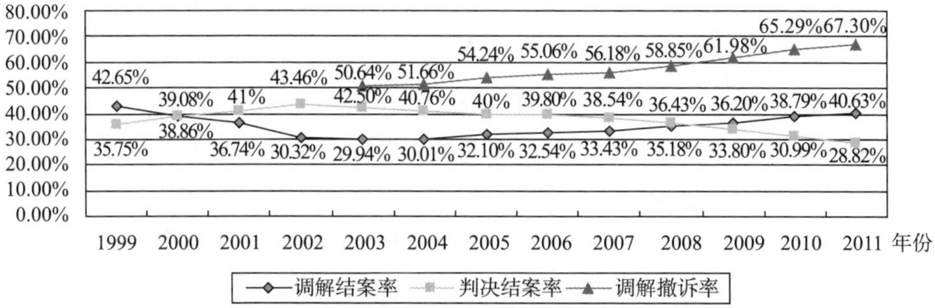

图 7—3　1999—2011 年全国法院一审调解结案率、判决结案率及调解撤诉率

最高人民法院出台“调判结合、案结事了”的新政策的背景是什么呢？综合当时的情势，出台新政策主要是考虑了当时的社会形势和政治发展动向。具体有以下两点。

第一，涉法信访案件激增给法院带来的社会压力，是新政策出台的实践基础。2004 年 8 月，全国人大常委会称，“从全国人大信访内容来看，约 34% 的来信和约 75% 的来访属涉法问题，涉法问题中的 70% 左右属不服设区的市一级司法机关处理结果的申诉”。[①] 同月，最高人民法院在秦皇岛召开了全国部分法院院长座谈会，肖扬院长在讲话中指出：“诉讼调解是法院审判工作的重要形式，是解决人民内部矛盾的重要方式，要进一步强化基层法院的诉讼调解，坚持能调则调，调判结合，调解不成再判决的原则，防止‘一判了之’的做法，以减少当事人的对立情绪，化解矛盾，定分止诉。”[②] 2004 年 11 月，时任最高人民法院副院长的黄松有在《关于人民法院民事调解工作若干问题的规定》的新闻发布会上也指出：“近些年来，诉讼调解工作也面临许多新的问题。由于民事案件数量大量增加，法院审判力量相时不足，一些法院过分强调‘一步到庭’‘当庭宣判’，对调解重视不够……调解结案率下降，上诉、申诉率上升，信访压力增大。”[③] 作为应对信访压力的对策，肖扬院长在 2005 年 3 月两会期间所作工作报告中明确提出，“能调则调，当判则判，调判结合，案结事了”是全国法院应当坚守的审判工作原则。

第二，建设社会主义和谐社会的政治理论，构成了新政策的理论基础。2004 年 9 月，党的十六届四中全会通过了《中共中央关于加强党的执政能力建设的决定》，第一次鲜明地提出和阐述了“构建社会主义和谐社会”这个命题。2005 年 2 月，胡锦涛主席在中央党校讲话中全面阐述了构建社会主义和谐社会的时代背景、重大意义、科学内涵、基本特征和主要任务。因此可以说，最高人民法院出台“调判结合、案结事了”的司法政策正是基于这一历史背景。2006 年，肖扬在山东考察工作时指出，“如何认识和把握新形势下人民内部矛盾产生的特点和规律，建立健全社会矛盾纠纷调处机制，是构建和谐社会所必须研究和解决的具有全局性、前瞻性、战略性的重大课题”。[④]

---

① 乔晓阳：“多数信访是因基层失职失误和错误”，载《中国老年报》2004 年 8 月 10 日，第 1 版。

② 高宝林：“对肖扬院长 8 月 4 日在秦皇座谈会上关于诉讼调解论述的理解”，载“中国法院网” http：//www. chinacourt. org/html/article/200410/11/134293. shtml，访问时间：2017 年 1 月 20 日。

③ 杨润时：《最高人民法院民事调解工作司法解释的理解与适用》，人民法院出版社 2004 年版，第 6 页。

④ 肖扬：“充分发挥司法调解在构建社会主义和谐社会中的积极作用”，载黄松有主编：《民事审判指导与参考（第 2 辑）》，法律出版社 2006 年版，第 2 页。

（三）2008—2012 年："调解优先、调判结合"的司法政策

2008 年以后，最高人民法院又提出了"调解优先、调判结合"的新提法。2009 年 3 月，王胜俊院长在两会工作报告中要求各级法院要"着眼于促进社会和谐，转变审判观念，坚持'调解优先、调判结合'原则，把调解贯穿于立案、审判、执行的全过程"。[①] 同月，最高人民法院制定了《人民法院第三个五年改革纲要（2009—2013）》，再次重申了人民法院应当坚持"调解优先、调判结合"的八字方针，并将其作为今后一段时期法院的基本审判政策。2010 年 9 月，最高人民法院又颁布了《关于进一步贯彻"调解优先、调判结合"工作原则的若干意见》（以下简称《若干意见》），将"调解优先、调判结合"工作原则予以具体化和规范化。

"调解优先、调判结合"与先前的"调判结合、案结事了"相比，并非仅仅是文字表述不同那样简单。根据《若干意见》可知，司法调解政策有了实质性调整，突出表现在如下三个方面。（1）不仅仅以法院审判工作为着眼点，而是从"大调解"的视野看待司法调解，即试图建设人民调解、行政调解、司法调解"三位一体"的大调解体系。（2）极大地扩张了法院调解的主体和适用范围，把调解主体从承办法官延伸到合议庭所有成员、庭领导和院领导，适用范围扩展至立案、审判和执行的各个环节，一审、二审、执行、再审、申诉、信访的全过程，并从民事案件逐步扩展到行政、刑事、国家赔偿及其执行的案件，以期构建覆盖全部审判、执行领域的立体调解机制。（3）就法院的审判工作而言，在调判关系上强调"调解优先"，在调解目标追求上强调"案结事了"，亦即在处理案件过程中，首先要考虑用调解方式处理；不论是调解还是裁判都必须立足于有效化解矛盾纠纷、促进社会和谐，定分止争，实现法律效果与社会效果的有机统一。综上可见，如果说"调判结合、案结事了"的提法只是隐晦地表达了调解优先的含义，那么"调解优先、调判结合"的新"八字方针"则明白无误地将"法院调解"置于比判决方式更加优先的地位，可以说大体与 20 世纪 90 年代以前的"调解为主"

---

① 王胜俊："最高人民法院工作报告"，载《最高人民法院公报》2009 年第 4 期，第 5 页。

或“着重调解”的政策相当，在实质上完成了司法调解政策的复归。

任何一种司法政策的形成，总是基于特定的社会背景和理论基础。但是，“调解优先、调判结合”政策与此前的“能调则调，当判则判，调判结合，案结事了”政策相比，在社会背景和理论基础方面并无大的变革。因此可以说，新司法政策的出台更多的是体现了政策制定者的主观能动性，即法院系统对群众信访、上访等不稳定事件的恐惧，以及由此对党提出的“建设社会主义和谐社会”目标的过度、甚至片面的强化。法院系统的这种主观能动性，不能不引起我们的担忧。

四、关于“调解结案率”与办案质量和社会和谐度关系的检讨

回顾历史，可以看到我国法院的民事案件调解结案率呈“U”字形分布。在20世纪90年代，“低调解率”一度被认为是市场经济的需要和民事审判方式改革成功的标志，于是，全国法院调解结案率从1991年的59.1%一路跌至2003年的29.94%。但是，2004年以后，“低调解率”反而被认为是“机械司法”“案结事不了”的罪魁祸首，成了急需解决的“问题”。于是，最高人民法院出台了“调解优先、调判结合”的新政策。在此背景下，有的地方法院开始把“调解率”作为衡量法官审判业绩水平的“硬指标”，[①] 有的法院片面追求高调解率，甚至出现了80%、99%的高调解率。[②]

“高调解率”的背后隐含着这样一个认知逻辑：调解结案率越高，办案质量就越好，社会就越和谐；反之，调解率越低，办案质量越差，社会越不和谐。显然，这是我国司法实践中一个亟待澄清的认知误区。

1. 调解率高，并不必然意味着社会矛盾得到了化解、社会更和谐

从理论上说，法院调解较之法院判决更有利于化解当事人的矛盾，有利于降低上诉率、信访率，也更有利于促进社会和谐。但是，机械地将“调解率”与社会和谐度直接挂钩，则是偏颇的，甚至是有害的。据

---

① 赵红旗：“豫高院首次发文明确调解结案率成考核法官硬指标”，载《法制日报》2009年2月24日，第3版。

② 朱雨晨：“法院高调解结案率背后的隐忧”，载《法制日报周末》2009年6月11日，第2版。

司法实务部门统计，湖北宜昌市中级人民法院 2000 年审结民事案件 16500 起，调解结案 7920 起，占 48%；但事后，当事人申请强制执行和申请再审的 3168 起，占调解结案的 40%。① 另据统计，2008 年至 2010 年 6 月成都市武侯区法院共受理 25 件调解结案后当事人或案外人信访的案件，其中 2008 年 7 件、2009 年 10 件、2010 年上半年 8 件；从诉讼案由分布看，人身损害赔偿纠纷 9 件，占该类信访投诉案件的 36%；婚姻家庭纠纷 7 件，占该类信访投诉案件的 28%；继承纠纷 2 件，占该类信访投诉案件的 8%；商品房买卖纠纷 6 件，占该类信访投诉案件的 24%；群体性劳动争议纠纷 1 件，占该类信访投诉案件的 4%。② 调解结案以后，动辄 40% 的申请执行与再审率和 36% 的信访率，使得“只要调解率高、社会就更加和谐”的认识变成了痴人说梦。

我们认为，应当辩证地看待法院调解与社会和谐度的关系。一方面，“和谐社会”与“法治社会”都是社会改革的目标，但要正确处理好二者的关系。法治社会的理想状态是：权利受到侵害，就应当得到法律保障；违反法律，就必须承担法律责任。在此前提下，如果权利人出于同情而自愿放弃部分权利并与违法者达成调解协议，从而避免了社会矛盾激化，也应当允许和鼓励。这样，就实现了法律效果与社会效果的统一。但是，绝不能容许为了追求所谓的和谐而违反法律，离开了法律准则的“和谐”只能是“和稀泥”“办糊涂案”。另一方面，要正确处理好“和谐社会”与“纠纷解决”之间的关系。判断社会是否和谐的标准，不是纠纷发生后将其“捂住”“盖住”，关键还在于让权利人的权利得到保障、让义务人付出相应的代价。否则，片面地追求高调解率只能损害当事人的权利，不但会激化社会矛盾，而且会伤害司法的尊严和权威。

2. 调解率高，并不必然意味着办案质量高、司法公正得到了实现

衡量法院办案质量的根本标准，只能是自愿、合法和公正。从逻辑上看，“高调解率”可能产生办案质量高的效果，也有可能产生办案质

① 蔡云：“当前我国民事诉讼调解制度面临的问题和对策”，中国法院网，http：//www.chinacourt.org/article/detail/2005/04/id/159584.shtml.

② 范伟、张方方：“调解案件信访问题研究”，成都法院网，http：//cdfy.chinacourt.org/public/detail.php？id =28241.

量很低的结果。实践中，“高调解率”可能掩盖了强制调解、以判压调、以判促调等现象，当事人是在被强制和恐惧的情况下进行的妥协；“高调解率”还可能掩盖了久调不决的现象，当事人是在耗不起的情况下接受了调解方案，这种情况下，自愿、合法、公正和效率从何而来？案件质量又从何而来？前述成都市武侯区法院的调研显示，调解结案后两至三成的信访率，其原因主要有三：一是调解协议无法执行或不易执行；二是认为调解协议违背真实意思；三是认为法官违法调解，而请求法院撤销调解协议、继续审理案件。总之，调解率只能反映案件数量，但是不能反映案件的质量；越是片面地追求高调解率，有可能造成办案质量越低的情形。

3. 扩大司法调解主体和适用案件范围的动向，值得警惕

伴随着“调解优先、调判结合”新政策的出台，法院调解的适用范围也出现了扩张的趋势，表现在两个方面。一方面，调解主体从原来的承办法官，扩张至庭长、院长。值得警惕的是，如果庭长、院长不是合议庭成员，他们主持调解实质上是行使了审判职权，这违反了“直接言词原则”，并可能出现“审者不判、判者不审”的扭曲现象。

另一方面，调解适用的案件范围呈逐渐扩张的趋势。首先，调解从法庭审判阶段，出现了向立案、审判和执行等各个环节扩张的趋势。但是，立案阶段的调解如果是在法院作出立案决定前进行，那么这种调解的性质、调解权力的来源就存在疑问；执行阶段的调解，则会反过来直接伤害法院的审判权威。其次，调解本来是民事审判领域的一项司法政策，但近年来出现了向行政、刑事、国家赔偿及其执行案件扩张的趋势。这种试图构建覆盖全部审判、执行领域的立体调解机制的努力，到底是契合了社会发展的客观需要、还是对诉讼规律的盲目违反，目前尚无定论，但值得警惕。以行政诉讼为例，自 1990 年我国《行政诉讼法》颁布实施以来，人民法院审理的行政案件平均每年保持二位数的增长；与此同时，全国一审行政案件撤诉率从未低于收案数的 1/3，最高时达 57.3%，个别地区高达 81.7%。[①] 行政诉讼中的高撤诉率与行政诉讼调

---

① 孙林生、邢淑艳：“行政诉讼以撤诉方式结案为什么高居不下？——对 365 件撤诉行政案件的调查分析”，载《行政法学研究》1996（3），第 34—35 页。

解的适用休戚相关，其中近七成与法官的直接调解有关。行政机关通过法院调解或庭外和解的方法换得原告的撤诉，实际上是逃避了司法审查，这与法律精神是相悖的。正如有学者所指出的那样，“向他们提供调解会被视为给了他们一个替代方案的诱饵，却延缓了一个真正公正的司法体系发展的步伐”①。总之，对于行政诉讼和刑事诉讼中推行法院调解的政策，我们持谨慎的态度。

五、重构我国司法调解政策的基本思路

我们不反对法院以调解的方式处理民事案件，由于历史文化传统的原因，法院调解在中国是无法绕开的话题。但是，我们反对过分强调法院调解、片面强调“高调解结案率”和盲目扩大调解适用范围的做法。2012 年 8 月 31 日，全国人大常委会通过的《民事诉讼法修正案》中，虽然只有一个条文涉及法院调解（即新增一条作为第 122 条），但我们由此看到了政策调整的契机。立法机关或最高法院可以按如下思路调整司法调解政策，以纠正实践中的偏差。

（一）推动“法院调解”向“社会调解”转型

重构我国司法调解政策的基本思路之一，就是坚持“调解社会化”，在实现“法院调解”向“社会调解”转型的同时，健全法院对社会调解的确认机制。所谓调解社会化，是指压缩法院直接主持调解的范围，转而主要借助于社会民间力量来主持调解化解社会纠纷。通过调解社会化的转型，充分调动民间调解的积极性，同时完成法院审判权行使方式的常态“复归”，即让审判权归于法院，让调解权还于社会。

推动“调解社会化”，既顺应了社会转型发展的需要，又能解决法院在调解活动中的角色紊乱问题。一方面，调解社会化是“纠纷解决社会化”的重要体现，与西方国家“接近正义”（Access to Justice）的司法改革运动精神暗合。发端于 20 世纪 70 年代的“接近正义”运动如今已经推进到了“第三波”，其基本理念之一就是将“实现正义”与“司

① 罗礼平：“行政诉讼调解制度论纲”，载《当代法学》2011 年第 1 期，第 157—160 页。

法”相对区分开来，通过完善“替代性的纠纷解决机制”（Alternative Dispute Resolution），来保障公民接近正义的机会。[①] 另一方面，法院作为行使审判权的国家机关，对同一案件在同一诉讼程序中既行使“判决权”，又行使“调解权”；既充当裁判者，又充当调解人。鉴于判决和调解的目标、方法等方面存在重大差异，不可避免地出现角色的紊乱。面对外来干预、人情关系和棘手案件时，调解也为法院滥用权力、谋取私利等提供了借口。最重要的是，法院充当调解人，与审判权的性质天然地存在矛盾。“司法部门既无军权、又无财权，不能支配社会的力量与财富，不能采取任何主动的行动。故可正确断言：司法部门既无强制，又无意志，而只有判断。”[②] 就我国而言，不少人喜欢援用“和谐社会”政治理念来论证法院调解的正当性，其实，“维稳”和“促和谐”等政治性任务由社会调解主体承担更为适宜，对于法院来说实在是不能承受之重。因为，这不仅使法院偏离了中立判断的立场，而且会将社会矛盾不正当地集中到法院身上，严重损伤司法权威和司法公信力。

在近年来的司法实践中，已有不少地方法院在探索“调解社会化”的改革，改革探索有三种思路。

第一种思路，“协助调解”。所谓协助调解，是指在诉讼过程中，审判法院邀请与本案有关的单位和个人协助法院进行调解，调解达成的协议，经法院确认后赋予其调解书的法律效力。这种模式，并没有从根本上改变法官对调解事务的主导地位，有关组织和个人在调解过程中依然从属于法院的审判活动，因此，很难从根本上化解法院在调解中的角色紊乱问题。

第二种思路，“司法附带调解”。所谓司法附带调解，是指在诉讼过程中，审判法官将调解的任务以指引当事人选择的方式，由当事人自行选择社会调解主体进行调解，调解不成的再重新启动诉讼审判程序。2012 年 8 月修订后的《民事诉讼法》第 122 条规定：“当事人起诉到人民法院的民事纠纷，适宜调解的，先行调解，但当事人拒绝调解的除

① ［意］莫诺·卡佩莱蒂：《福利国家与接近正义》，刘俊祥等译，法律出版社 2000 年版，第 5 页。

② ［美］汉密尔顿等：《联邦党人文集》，程逢如等译，商务印书馆 1980 年版，第 291 页。

外。”该条文在解释上尚存在模糊空间。一是哪些纠纷“适宜调解”，范围上尚不明确。二是“先行调解”是由“法院”主持调解，还是由“社会组织”主持调解？前者代表了强化法院调解的趋势，后者代表了调解社会化的趋势。三是“先行调解”是“立案前”的调解，还是“立案后、开庭前”的调解呢？我们首先分析后一种情况，即将第122条理解为“立案后”的调解（“立案前”的调解，将放在后文“诉前调解”模式中分析）。这种调解属于什么性质呢？从理论上看，可能是人民法院行使审判权的性质，也可能因法院委托了社会组织进行调解而转化为民间调解性质。我们认为，不宜把该条文理解为法官主持的调解，因为根据对1991年《民事诉讼法》第9条的传统理解，人民法院的调解贯穿于民事诉讼的全过程，当然也包括可以在“立案后、开庭前”调解；这样一来，2012年的新法增加的该条文就没有意义了。相反，基于调解社会化的理念，我们认为宜把2012年《民事诉讼法》第122条解释为司法附带ADR的一种，即司法附带调解制度。这种理解既有法律依据，也有实践依据。各地法院的实践更是难以完全列举，以北京市朝阳区法院为例，其早在2006年就设立了“庭外和解制度”，即法院立案后，根据案件情况分别由法官助理、特邀调解员、律师在庭前进行调解。如果按照这种理解，司法附带调解（委托调解）是在“司法社会化”理念推动下，不逾越现行民事诉讼法律框架的一种纠纷解决机制和创新方案。

第三种思路，“诉前调解模式”。所谓诉前调解，是指法院在收到当事人起诉状或者口头起诉之后、正式立案之前，引导当事人借助于社会调解力量达成争议解决方案。由于2012年《民事诉讼法》第122条语言具有模糊性，也可以将该条文中的“先行调解”解释为“立案前”的调解。其实，早在《民事诉讼法》修改之前，不少地方法院就开始在实践中探索这种改革思路了。北京市朝阳区法院的“诉前调解联动机制”最具代表性。[①] 这种探索，为我们解释2012年《民事诉讼法》第122条

① 陈虹伟、焦红艳：“一个基层法院的调解工作布点与制度突围”，载《法制日报》2007年4月8日，第6页。

和法院调解社会化政策的转型，提供了有益的思路。

无论是前述第二种模式，还是第三种模式，这种社会化的调解在性质上都已经不再是“法院调解”，不再是法院的审判活动。因此，至关重要的一点就是，调解达成的协议具有什么效力？我国2011年1月生效的《人民调解法》第33条规定，经人民调解委员会调解达成调解协议后，双方当事人可以向人民法院申请司法确认，法院确认调解协议有效的，协议内容具有强制执行效力。该法虽然是针对“人民调解委员会”主持下达成的调解协议的，但由于人民调解与行业协会、其他社会组织的调解同属于社会调解，因此，《人民调解法》的立法精神完全可以类推适用。

（二）建构以“当事人和解为主、法院调解为辅”的新型司法政策

推行“法院调解社会化”政策的结果，是由各种社会组织分担了法院原有的调解职能。这样，法院就从繁重的调解工作中解脱了出来，以更好地依法公正审判案件。但考虑到我国的实际情况，完全取消法院的调解职能也是不现实的，法院调解仍然有其存在的空间。我们认为，目前阶段下列类型的案件不宜急于推行调解社会化的政策：（1）婚姻家庭、继承和身份关系确认案件，由于涉及社会公共利益，暂不宜调解社会化；（2）物权权属争议，由于涉及物权法定问题，暂不宜调解社会化；（3）公益诉讼和群体性诉讼，由于涉及公共利益或集合性利益，暂不宜调解社会化。而在单纯的财产争议、经济纠纷案件中，不宜再继续保留法院调解的职能，可不再纳入法院调解的范围。

在前述三种特定类型的案件中，一方面暂时保留法院的调解职能；另一方面应当对调解行为进行一定的规制和调整。（1）为了防范法院“强制调解”“和稀泥式调解”和“诉讼欺诈”等不当现象的发生，在调解过程中应当严格贯彻自愿原则、不违反法律强制规定原则和诚实信用原则，调解活动也不得侵犯国家利益、社会公共利益和案外他人合法权益。（2）为了确保前述调解原则的贯彻落实，应当完善相应的程序机制。一种是事前告知制度，即法院在调解开始前，应当告知当事人调解与审判的区别、调解本身的风险和法律效果。二是事后救济程序机制，对于违反自愿、合法等原则的调解活动，应当建立法院调解行为无效宣

告制度；[①] 对于当事人恶意调解或者通过调解进行诉讼欺诈等情形，应当构建程序责任与实体责任相配套的综合法律制裁措施体系。

除在特定类型的案件中保留法院调解职能以外，在其他类型的案件中应尽可能地限制法院的调解权力。这丝毫不会影响民事诉讼处分原则的作用空间，因为法院调解权力退出后遗留下的空当，完全可以由当事人和解制度填充。我国《民事诉讼法》第51条规定："双方当事人享有自行和解的权利。"但是，我国法律尚缺乏有关和解的程序、和解协议的审查、和解协议的法律效力等详细规定。通过重视和完善当事人诉讼和解制度，能够更好地贯彻私权自治的精神，又能避免法院调解带来的一系列问题。

总之，中国司法调解政策调整的基本思路应该是：一方面，改变法院内部调解和审判"肩并肩"的现状，逐渐实现由法院直接调解向社会调解的转型；另一方面，充分考虑诉讼的特点、机理和运行机制，在限制法院调解适用范围的前提下合理规制法院的调解行为，并不断完善法院调解的程序和制度。我们相信，唯有适用范围有限的司法调解，才能使司法调解政策真正发挥积极效应，才能使有"东方经验"之誉的司法调解焕发出新的青春活力。

① 王德新："民事诉讼行为的无效及确认程序——以法院的诉讼行为无效为中心"，载《河北科技大学学报（社会科学版）》2011年第2期，第48—53页。

第八章　涉诉信访与再审机制改革的文化困境与出路

我国民事诉讼法针对生效裁判的救济，设计了一套发达的涉诉信访和再审机制。传统儒家文化与现代法治文化之间的冲突，使得申诉信访和再审机制的改革遭遇了一系列的困境。突围之道，不能仅在诉讼法学科的狭隘范围内探寻，需要从以现代法治文化统摄传统文化的高度，从正当法律程序的重塑、检察机关与法院之间的关系以及程序制裁理论等宏大的视野，对我国生效裁判救济的理念和法律运作机制进行全面的审视，从中探寻制度变革之路。

一、从法律文化视角分析申诉信访改革的必要性

根据我国人民法院组织法和诉讼法的相关规定，我国实行四级法院、两审终审的审级制度。虽名为“两审终审”，但实践中二审法院的终审裁判通常并不能真正终结对案件的处理。自我国 1982 年《民事诉讼法（试行)》颁布以来，解决人民群众的“申诉难”问题，构成了民事诉讼法历次修改的一条思想主线。为了解决“申诉难”问题，我国构建了一套发达的生效裁判救济机制，一方面体现为《民事诉讼法》中不断完善和复杂化的“审判监督程序”；另一方面体现为非程序化特征明显的“涉法涉诉信访机制”。这一整套生效裁判救济机制，可统称为“申诉信访机制”。蕴含这一整套救济机制背后的，就是党领导下的司法领域的“实事求是、有错必纠”和“群众路线”的政法传统。

在新中国成立后很长一段时间内，各级党政司法机关根据“实事求是”和“群众路线”的要求来处理人民群众的申诉信访被视为一项人民

政法工作的优良传统，因此，这并不被认为是一个“问题”。但从20世纪90年代中期以来，当事人缠诉与涉诉信访有愈演愈烈之势。以1998—2012年的数据为例（参见表8—1），全国法院系统处理的涉诉信访和再审案件的数量每年都在100万—900万件（或人次）之间。其中，1998—2002年五年间全国法院二审民事、刑事和行政诉讼结案总数约为225.8万件，但同期接待信访4224万人次，进入再审程序的有43万余件；2003—2007年五年间二审结案数为258.5万件，同期接待信访1947.9万人次，进入再审程序的有25万余件；2008—2012年五年间二审结案数为353.6万件，同期接待信访530余万人次，进入再审程序的有20余万件。十五年间，全国法院一审裁判的上诉率约为9.9%，但同期二审裁判生效后进入再审的比率却高达约10.6%，再审后直接改判的比率在27%以上；法院平均每审结9个二审案件，相应的就有75人次的涉诉信访（包括多次、多级信访）。近年来，再审和涉诉信访案件总量有逐步下降的趋势，但基数仍然非常可观。

表8—1　全国法院1998—2012年各类再审和信访案件数据统计①

	全国法院二审结案总数（万件）	全国法院审理再审案件情况			全国法院接待信访总数（万人次）
		再审结案数（万件）	改判案件数（万件）	再审后改判的比例	
1998—2002年	225.8	43.36	11.1	25.6%	4224
2003—2007年	258.5	25.18	7.9	31.4%	1947.9
2008—2012年	353.6	20.8	5.5	26.4%	533.7

庞大的涉诉信访和再审案件数量与较高的再审改判率并存，使得我国涉诉信访和再审制度改革陷入了“两难”境地。一方面，如果在实践中任由涉诉信访和再审程序频繁启动，则法定的两审终审制度将形同虚设，法院生效裁判的稳定性和既判力将荡然无存，“终审不终”的现象将持续存在。这显然有违现代司法的本质与运行规律，因为在现代法治社会里，司法是一个按既定的程序规则和实体规则对当事人间的争议进

① 数据来源于最高人民法院统计部门在《人民司法》杂志上发布的相应年度的司法统计公报，以及最高人民法院院长向两会所作的工作报告。

行公正并最终裁判的过程，“司法的本质应体现在裁判公正性和最终性”。①“终审不终”现象的存在，会进而严重损伤司法权威和司法公信力，瓦解公众的法治信仰，最终威胁和破坏整个社会的法律秩序。另一方面，27%以上的高再审改判率表明我国法院生效裁判的质量不容乐观，如果片面追求法院生效裁判的稳定性和既判力，断然取消再审和涉诉信访途径，无疑等于纵容司法不公、漠视人民权利，极有可能激发民愤民怨，埋下社会动荡不安的种子。

自2004年以来，尤其是2013年党的十八大报告作出“全面推进依法治国”的战略部署以来，中共中央、最高人民法院等中央权威陆续出台了“诉访分离”“逐级信访”“信访终结”等一系列改革措施，体现了以法治思维推进改革的思路。但与此同时，一些与“法治”相悖的现象和质疑改革的声音也开始出现。例如，某些官方的改革举措，如“政法委评查法院裁判质量”“涉诉信访排名通报”“涉诉信访责任追究”等，本身就有违背法治精神的嫌疑。在社会上，媒体和民众质疑“逐级信访”“信访终结”等改革的声音不绝于耳。②在学术界，有学者甚至主张要强化涉诉信访机制，认为“在中国这样一个行政主导的国家，在司法难以真正独立的情况下，需要信访这样一套没有门槛的反馈系统来了解社会存在的问题。了解民众的需要，并通过赋予信访机构的实实在在的权力，树立信访机构的权威来解决社会问题”。③

前述现象和问题不能不引起我们反思：为什么人民群众“信访、不

① 何兵、潘剑锋：“司法之根本：最后的审判抑或最好的审判”，载《比较法研究》2000年第4期。

② 例如，《北京青年报》刊文指出，“不受理越级上访”的改革举措最为引人注目，也引发了最多的议论和疑虑，其出发点原本不错，但人们难免担心，不受理越级上访之后，群众的信访权利如何得到有效保障？（参见潘洪其：“‘不受理越级上访’要有基层善治做保障”，载《北京青年报》2014年4月24日，第A02版）。湖北荆楚网刊文指出，“越级上访不受理令人忧虑”，因为“官官相护”“利益链条”造成许多涉及地方政府、领导的上访问题长期得不到纠正，如果越级上访不予受理，无疑切断了民众最后的希望（参见 http：//focus. cnhubei. com/original/201404/t2908192. shtml）。对于“信访核查终结制”，《经济导报》刊发评论员文章指出，“信访核查终结制度的风险，在于它在提高效率、节约资源的同时，堵塞了公民寻求正义的最后救济途径”（参见兰恒敏：“信访核查终结制 不许长吁一两声？”，载《经济导报》2011年8月19日，A4版）。

③ 赵凌：“信访改革引发争议”，载《南方周末》2004年11月18日，E1版。

信法”呢？在官方的改革举措中，为什么“遵循法治”与“违背法治”的举措混杂呢？当代中国的申诉信访现象，与中国传统的儒家文化有没有内在的关联？重塑当代中国的生效裁判救济机制的出路何在？我们认为，涉诉信访和再审机制的改革与一般技术性制度的改革不同，其背后有着深厚的法律文化因素。如果不从法律文化入手，就无法揭示申诉信访改革中的种种困境，也无法真正破解制度改革的困境。正如钱穆先生所言，“一切问题，由文化问题产生。一切问题，由文化问题解决”①。按照弗里德曼的解释，法律文化是指“公众或者某个群体对法或者法律制度所秉持的观点、价值判断、期望或者态度”。② 这表明，法律文化主要是一种精神（心理）层面的东西，它对人的行为模式往往起决定性的作用。因此，着眼于传统儒家文化与现代法治文化的交互影响，对人民群众的申诉信访心理和官方的改革举措进行文化层面上的揭示，在当前诉讼制度改革不断深化的情势下仍有其必要性。

二、儒家文化影响下申诉信访机制及改革的多重困境

（一）民众的“申冤心理”与诉讼“途径不畅”的制度困境

在法院作出的裁判生效后，当事人为什么要锲而不舍地申诉或者信访呢？或者说当事人申诉或者涉诉信访的心理动机是什么？当事人自认为遭受了冤屈、在司法程序中受到了不公正对待，这是最显而易见的原因。

对此，从中国传统社会的民众申冤文化中可窥一斑。在古代法律语境中，“冤”有两层意思。一是无端遭受别人侵犯或伤害时的心理感受，对此，可通过向宗族长老、地保里正、官府衙门“诉冤”的方式排解。二是受到官府衙门不公正对待时的心理感受，对此，可向上级衙门以“哭诉”“陈情”“请愿”“越诉”“邀车驾”等方式“申冤”。在封建社会，由于多重原因造成冤案频发，民间流传着“何处衙门不冤枉”的说

① 钱穆：《文化学大义》，台湾中正书局 1981 年版，第 3 页。

② Lawrence M. Friedman, The Concept of Legal Culture: A Reply, in David Nelken (ed). Comparing Legal Cultures, (Dartmouth: Darmouth Publishing, 1997), p. 34.

法。“冤案”多，“申冤”的民众多，有关申冤方式、申冤策略等申冤文化的积淀也就比较深厚。

在当代中国，司法裁判质量总体不高的现实，是民众冤屈感产生的根源。从媒体报道来看，以下几种原因尤其容易激发民众的信访热情。其一，司法腐败。据中纪委2004年公布的一项调查显示，我国公检法领域的腐败问题名列“群众心目中五大腐败重地”第二位。[①] 全国法院系统因违法违纪被处理的干警人数，1988年为351人，1998年为2512人，2008年为817人。尤其是一些较高级别的法官，如前最高人民法院副院长黄松有腐败案，以及广东、广西、云南、湖南、河北、辽宁、黑龙江高级人民法院的前院长相继被追究刑事责任，极大地加剧了社会公众对司法公正的疑虑。其二，法官专业能力的欠缺。实践中，有些法官的法律专业技能低下，在审判中认定事实、适用法律时常犯一些低级错误，裁判文书“不讲理”，甚至“讲歪理”。例如，在2007年南京彭宇案中，当地法官在一审判决书中频繁使用与常人有异的“经验法则”，层层错误推理，造成错案。[②] 其三，诉讼程序不合法。长期以来，我国司法实务界弥漫着“重实体、轻程序”的观念。近年来虽有所好转，但依然是当事人反响强烈的问题。据一份调查报告显示，在对南京市法院系统审结案件的当事人进行回访时，约18%的当事人认为法院审理程序不合法，约9%的当事人认为法官对待各方当事人不平等，进而产生司法不公的感受。[③]

当民众遭遇司法不公时，总会不自觉地唤醒记忆中的申冤意识，即便知识分子、法律专家也不例外。[④] 本书第四章对当代中国人诉讼心理

---

① 林海纵：“理性看待‘腐败重地’的群众评议”，载《中国青年报》2004年2月3日，第A02版。

② 参见王德新：“自由心证的界限与限制——兼评南京某法院彭宇案一审判决书”，载卞建林编：《中国诉讼法判解》第7卷，中国人民公安大学出版社2009年，第21—39页。

③ 参见柏亚琴：“南京市司法公信力实证研究”，载《金陵科技学院学报（社会科学版）》2010年第4期，第57页。

④ 例如，湖北孝感市中级人民法院法官冯某，在发现难以用法律诉讼为妻子维权后，“穿着法袍”到省高院门口喊冤、拦车，“穿着法袍”溜进最高人民法院“递状子”。他的同事说，“按照法律，他的维权没有错，甚至他的执拗还值得赞赏；按照现实，他全错了”。这里的“按照法律”和“按照现实”，折射出了现代法治文化与传统文化之间的紧张关系，连法官都“信访不信法”，可见传统申冤文化的影响之深远。参见黄秀丽：“穿着法袍上访”，载《南方周末》2010年4月15日，第A04版。

的调查显示，当诉讼当事人主观上认为法院的生效裁判不公正时，有81%的人选择“继续向法院、检察院申诉，要求再审纠正错误的原判”，有27.5%的人选择“向党委、人民代表大会、政协、信访部门申诉，要求干预司法”，有46%的人选择“通过媒体、网络等爆料，呼吁社会关注”，这也印证了前述判断。对于民众“申诉信访”的动机，有人归之为“精神疾病”，有人斥之为“刁民”，但事实告诉我们，申诉信访大多缘起于冤假错案。据《半月谈》杂志刊文称，信访中有“80%以上有道理或有一定实际困难和问题应予解决”。[①] 换言之，80%以上的信访者的要求都有一定的合理性，或者说都有一定的“冤屈”。根据笔者对最高人民法院发布的历年“司法统计公报”和“工作报告”的统计，全国法院生效裁判呈现信访率高、再审率高和错案率高的“三高”特点，这也揭示了我国“司法裁判质量总体不高”的现实及其与申诉信访之间的关联性。

对于民众的申冤诉求，我国在制度设计层面上是如何应对的呢？一方面，遵循“诉讼经济”和“两便原则”（便利群众诉讼、便利法院审判），[②] 我国法院组织法和诉讼法规定了“两审终审制度”，即只赋予当事人一次上诉的机会。另一方面，根据新中国成立后流行的“实事求是、有错必纠”和党的“群众路线”等政法观念，我国在两审终审之外又设置了发达的“再审程序”，不仅如此，还在诉讼程序之外设置了庞杂的“信访救济”渠道。在如何为“裁判的错误提供救济”这一问题上，由于两种指导思想的出发点不同，结果造成了“一个悖论、一个困境”。所谓“悖论”，是指如果完全贯彻“诉讼经济”和“两便原则”，就不应该在裁判生效后，还允许无穷无尽的“再审申诉和涉诉信访”；反之，如果彻底贯彻“实事求是、有错必纠”和党的“群众路线”，就应该在诉讼法上设置更多的上诉救济层级，上诉层级越多越有利于“纠错”。就诉讼经济来看，无论是当事人，还是党政司法机关，耗费在申诉信访过程中的“人力、物力、财力”可能远远超过增加一个审级（即

---

① 王永前：“破解群众信访八大热点”，载《半月谈》2003年第4期，第16页。

② 最高人民法院民事诉讼法调研小组：《民事诉讼程序改革报告》，法律出版社2003年版，第172页。

实行三审终审）所耗费的成本。[①] 所谓“困境”，是指民众之所以选择诉讼外的涉诉信访渠道，往往是因为“申诉难”。两审终审制造成民众不满裁判只有一次上诉机会，上诉救济的层级不够，导致民众“申诉”的司法渠道受阻，选择非程序化的“申诉信访”渠道有迫不得已的成分。由此可见，消除前述悖论和困境的根本出路在于扩大和规范诉讼内救济程序的设计，除了不断提高司法公正和司法公信力之外，为当事人在诉讼程序内提供充分和有效的救济渠道，以此满足民众的申冤需求，逐渐消除不符合法治精神的非程序化的涉诉信访现象。

（二）民众的“天理正义观”与司法“终审不终”的司法困境

在当事人申诉信访的过程中，有哪些传统文化观念在潜移默化地发挥影响作用呢？应该说，这是一个综合作用的产物，其中传统的“天理正义观”影响巨大。

中国古代社会秉持一种“天理”正义观，其本身就包含了情理法之间的冲突。“天理”正义观总体上有以下特点。其一，将自然规律和社会伦理视为天理。如《二程遗书》曾对天理解释道，“凡眼前无非是物，物物皆有理。如火之所以热，水之所以寒，至于君臣父子间皆是理”[②]。换言之，天理是世间规律，具有至高无上的正确性，类似于西方的自然法思想。其二，充斥着朴素的实质正义思想。中国社会历来有“欠债还钱、天经地义”“杀人偿命”的说法，将有害行为斥为“伤天害理”“天理难容”，对正义的实现抱有理想主义所谓“天理昭昭”等，都体现了一种实质正义观。其三，在传统的情理法社会中，“天理”具有明显的优越地位。亦即，“天理”高于“人情”，也高于“国法”，甚至也高

① 当事人的申诉信访成本包括邮寄费、通信费、交通费、食宿费等，如果多部门多级申诉信访，尤其是进京上访的话，成本就更高。在实践中，赴省、赴京上访者并不在少数，高达54.9%的进京上访都属于涉诉信访（参见于建嵘：“信访的制度性缺失及其政治后果”，载《凤凰周刊》2004年第32期）。面对涉诉信访高发的态势，“花钱买稳定”是地方党政司法机关普遍的选择，尤其是在“两会”、节庆日等敏感时期，人盯人、陪吃喝、塞“红包”、免费旅游等花费不菲。不少地方还在政法委、法院设立专项工作基金，专门用于安抚信访人员。例如，浙江省慈溪市法院2006年设立了“司法救助基金”，从2006年10月至2010年4月，给10件信访案件当事人发放了16万元的救助金（参见徐凯：“公共安全账单”，载《财经》2011年第11期）。

② 《二程遗书》卷第十九，伊川先生语五。

于“统治权威”。《荀子·臣道篇》曾记载，“《传》曰：‘从道不从君。’故正义之臣设，则朝廷不颇。”[①] 在天理正义观的影响下，老百姓将案件诉诸官府，如果认为正义没有得到伸张或者诉讼过程中遭遇了官府的不公正对待，民众就会继续采取“哭诉”“陈情”“请愿”“越诉”“邀车驾”等方式寻求救济（类似于当今之信访）；如果还解决不了，就进京“击登闻鼓”，诉诸皇帝（类似于当今之进京上访）。如果还不能得到满意的解决，还有“天理难容”的说辞，愤愤然难以释怀。

中国传统的天理正义观，内化为群众的诉讼心理，外化为追求实质正义的行为模式，通过人们在日常生活中的耳濡目染、代代相传，在当今社会的影响仍然不容小觑。我国司法界的人士普遍有这样的办案体会，“对于这些被害人家属而言，对实质公正的追求是涉法信访的精神动力”。[②] 从诉讼文化冲突的视角看，追求实质正义的古代诉讼文化和制度设计，与倡导形式理性、司法终审的现代法治文化和诉讼文化存在内在的冲突。现代诉讼文化发端于西方的法治主义，其以形式理性主义为思想基础，要求法院必须“据法司法”，对实质正义的追求应当以符合具有普遍约束力的法律规则为前提，“它意味着在具有普遍适用性的律令可以保护的范围内所实施的是一种非人格的、平等的、确定的司法”。[③] 现代法治文化要求，“国法”是法官裁判的唯一依据，不得以“天理”“人情”等法外因素为借口而扭曲国法。形式理性主义者认为，司法的本质应当体现为裁判“公正性”和“最终性”。美国一位大法官曾一针见血地指出，“我们能够作出最终判决并非因为我们判决正确，相反，我们之所以判决正确是因为我们享有终审权”。[④] 就这一点来看，在我国当前民事诉讼法中发达的再审程序和法外的涉诉信访救济机制导致了案件审理的“终审不终”，显然与司法的本质规律相悖。

当然，对司法“最终性”的强调，不能忽视司法的“公正性”这个

---

① 《荀子·臣道篇》第十三。

② 刘静坤：“死刑案件被害人家属信访问题研究”，载《政法论丛》2009 年第 1 期，第 95 页。

③ ［美］博登海默：《法理学 法哲学与法律方法》，邓正来译，中国政法大学出版社 1999 年版，第 148 页。

④ 解兴权：“法律问题有正确答案吗”，载《外国法译评》1998 年第 3 期，第 421 页。

前提。不过，判断司法公正与否的标准不应是每个人直觉中的“天理”，而只能是既定的程序规则和实体规则是否得以遵守。从我国实践来看，司法程序不公正、不合法也是引起缠诉信访现象的重要原因。据一份针对南京市法院系统审结案件的当事人进行的调查显示，约有18%的当事人认为法院审理程序不合法，约9%的人认为法官对待各方当事人不平等，进而产生司法不公的感受。[①] 总之，“天理”正义的传统文化是造成民众持续信访，进而导致司法“终审不终”的一个重要原因，但实践中法院审判程序普遍违法或不规范的因素，亦不容忽视。因此，申诉信访机制改革应当“两手抓”，一手抓司法终审机制的建设，一手抓审判程序的正当化、合法化工作，两者均不可偏废。

（三）官方“大事化小”的管控策略与民众“小事闹大”的申冤策略

在生效裁判的救济方面，老百姓的主观需求和官方的应对策略并不具有一致性，这一点古今皆然。在谋求纠纷合理解决的问题上，老百姓在救济的正常渠道受阻的情况下，常常采取“小事闹大”的策略，以求引起官方重视；而官方为了社会治理的稳定，往往偏重于“大事化小”的思路，一个国家的诉讼制度往往是这种博弈过程的产物。

在中国历史上，官府通常将民间讼争视为“细故”，并奉行“大事化小、小事化了”的态度。其思想基础主要是儒家“德化教育、以求无讼”的社会治理理念，以及“和为贵”的社会价值观念。例如，儒学宗师孔子曾言：“听讼，吾犹人也，必也使无讼乎！”[②] 孔门弟子有子说：“礼之用，和为贵。先王之道，斯为美。”[③] 即使发生了纠纷，也主要在宗族、行会内部消化，不能轻易摆到官府的台面上去。对此，西方学者一针见血地指出，“乡土社会是一个反诉讼的社会，因为一切以和为贵，即使是表面上的和谐，也胜过公开实际存在的冲突。在宗族、乡党、行

---

① 柏亚琴：“南京市司法公信力实证研究”，载《金陵科技学院学报（社会科学版）》2010年第4期，第57页。

② 《论语·颜渊》。

③ 《论语，学而第一》。

会这些团体里，个人被紧紧束缚着，而且得到官府的支持”。[①] 官府是怎么支持的呢？要么不受理，要么发回宗族处理，还可能对擅自兴讼者给予严惩。在这种“民间化、地方化”的司法文化中，老百姓若想申冤，就不得不想办法“把小事闹大”。而且，闹得越大，越有机会得到高级官员的关注。古代民众“把小事闹大”的方法有如下几种：一是谎状，即把小事说成大事、甚至无中生有，尤为讼师所好；二是缠讼，即经年累月地层层上告，直至进京告御状；三是自杀，形成“人命关天”的舆论氛围；四是械斗，通过扰乱社会秩序的手段，引起官方注意。[②]

在当代社会，民众“小事闹大”的申冤策略与官方“大事化小”的管控策略再次进入博弈状态。随着 2003 年前后群体性事件的激增和涉法涉诉信访的事态严重化，执政党开始将这些问题视为影响社会稳定大局的政治问题。正是在这种背景下，2004 年党的十六届四中全会通过了《中共中央关于加强党的执政能力建设的决定》，提出了“构建社会主义社会和谐社会”的目标，并将其作为提高党的执政能力的重点领域。此后，全国政法系统开始在“和谐、维稳”的政策基调下，形成了“无争、无讼、无访”的社会治理观念，提出了“管控”突发信访事件的口号。这种信访管控策略主要表现为：(1) 探索“诉访分离”，试行“逐级信访”，对申诉信访进行“渠道管控”。早在 1991 年中共中央办公厅下发的《信访问题归口分工处理办法》中，就提出了信访“归口管理”的思想。国务院 1996 年的《信访条例》和 2005 年的《信访条例》也秉持了这一思想，只是实践中一直未能很好地贯彻。2014 年 2 月中共中央办公厅、国务院联合下发了《关于创新群众工作方法解决信访突出问题的意见》，再次重申，“各级党委、政府对越级信访、涉法涉诉信访不予受理”。(2) 探索“信访终结”，为政法机关减负，对申诉信访进行“终端控制”。这在 2005 年中央政法委《涉法涉诉信访案件终结办法》、2011 年 5 月最高人民法院《人民法院涉诉信访案件终结办法》中有集中

① 顾元：“无讼的价值理想与和谐的社会现实”，载《中国人民公安大学学报》(社会科学版) 2008 年第 1 期，第 46 页。

② 参见胡旭晟：《狱与讼：中国传统诉讼文化研究》，中国人民大学出版社 2012 年版，第 137—141 页。

的体现。2013 年 11 月,《中共中央关于全面深化改革若干重大问题的决定》再次重申,“把涉法涉诉信访纳入法治轨道解决,建立涉法涉诉信访依法终结制度”。(3)重视“法院调解”,对申诉信访进行“源头控制”。自 2008 年以后,最高人民法院开始倡导“调解优先、调判结合”的工作方针。2010 年 9 月,最高人民法院在《关于进一步贯彻“调解优先、调判结合”工作原则的若干意见》中进一步要求,“把调解贯穿于立案、审判和执行的各个环节,贯穿于一审、二审、执行、再审、申诉、信访的全过程,把调解主体从承办法官延伸到合议庭所有成员、庭领导和院领导”。(4)实行“信访责任追究”,对党政司法工作人员加压,催生了“防访、控访、堵访”的信访管制思想。2005 年国务院新《信访条例》,首次为“信访责任追究”提供了法律依据;此后,从中央到地方、各部门各系统迅速建立起了“信访责任追究”“信访排名通报”“信访纳入党政干部政纪考核指标”等配套制度,法院系统也不例外。[①]地方党政机关由于担心“信访排名”影响政绩,一方面出台了形式多样的“三包”政策,协同“防访”;[②] 另一方面一些非法的“控访”手段开始出现,殴打、非法拘禁上访人的情形屡有发生,甚至出现了一批专

① 2011 年 5 月最高人民法院院长王胜俊就做了“贯彻‘四个必须’、推行‘五项制度’”的批示。所谓四个“必须”,即做好涉诉信访工作必须强化群众观念,必须坚持源头治理,必须建立长效机制,必须工作重心下移。所谓五项“制度”,即做好涉诉信访工作要建立评估预防制度,建立涉诉信访通报制度,建立约期接谈制度,建立多元化解制度,建立信访案件终结制度。参见武建:“最高人民法院就涉诉信访下发系列文件:贯彻四个必须 推行五项制度”,载《人民法院报》2011 年 5 月 16 日,第 1 版。

② 例如,甘肃省 2004 年 2 月率先在全国开始实行省级领导“包案督办责任制”,对信访案件实行“三包四定”,即“包调查、包处理、包稳定”,“定领导、定措施、定时间、定责任”。2006 年 4 月甘肃省委办公厅、省政府办公厅再发通知,在“三包四定”的基础上又增加“三个亲自”,即包案领导对所包案件要做到“亲自听取汇报、了解情况,亲自主持研究、提出解决方案,亲自督查督办、做好息诉罢访工作”,而且这一做法受到了党报(《人民日报》)的肯定(参见佚名:“信访包案关键在落实甘肃‘四定三包三亲自’受到党报肯定”,载《领导决策信息》2006 年第 21 期,第 14 页。)这种思路上行下效,很快在全国范围铺展开来,直至基层的乡镇政府。例如,河南省辉县北云门镇 2013 年 2 月制定了《关于对信访重点人员实行“三包一”稳控措施的决定》,内容是:为进一步做好我镇当前的信访稳定工作,确保我镇信访重点人员稳控在基层,使我镇社会稳定形势逐步好转,经研究决定对信访重点人员实行“三包一”措施(参见河南辉县人民政府网站:http://www.huixianshi.gov.cn/html/2013/gfxwj_0626/12768.html)。

替地方截访、堵访的“黑保安”。[①] 信访责任追究制所带来的消极影响，着实值得反思。[②]

在官方“管控信访”的措施之下，民众申诉信访的渠道受限、层级受限、次数受限，相应的“申冤”成功的几率就越低。为了申冤成功，民众不得不采取“把小事闹大”的应对策略；[③] 而且闹得越大，越有机会得到更高层级和更大权力的关注。从实践来看，“把小事闹大”的常见方法主要包括以下几个方面。（1）大肆渲染案件的社会影响，把司法问题升格为政治议题。如“造成国有资产流失”“××法官贪赃枉法，徇私舞弊，玩忽职守”“××院长滥用职权，杀害无辜共产党员”等，都是申诉信访者青睐的词汇。除了申诉信访材料外，申诉信访者通常还会借助于报纸、网络等公共媒体进行渲染，以扩大影响。（2）锲而不舍地“赴京上访”，试图引起高层的关注。据中国社会科学院2007年对560位进京信访者的问卷调查显示，信访者平均来京上访14.63次，最近一次平均在京停留292.07天，平均共跑了3.65个中央部门和机关。[④]（3）自伤、自杀，甚至杀人泄愤，逼迫党政领导介入司法。有的当事人因不满司法裁判，采取到党政机关、司法机关办公区域自伤或自杀的过激做法。更有甚者，诉诸“以暴制暴”“报复社会”等极端手段。[⑤]

---

① 邢世伟：“信访制度改革：不再进行全国排名”，载《新京报》2011年11月11日，第A30版。

② 还有一种现象值得注意，为了防止当事人上访，一些法院采取给上访者“安排工作”“解决低保”“发放救助金”等安抚措施；而这种法外的安抚策略，一方面使上访者更加坚信“上访有理”；另一方面产生了“会哭的孩子有奶吃”的效应，诱发了更多的当事人走上上访之路，甚至出现了以“上访”为由“勒索”法院和办案法官的极端不正常现象。与此同时，法官从“审判者”变成了“维稳者”，角色的紊乱和尊严的丧失，重压之下使得法官开始大量流失。以江苏法院系统为例，仅2008年至2012年6月四年间流出人员就达到2402名，其中法官占1850名。参见陈磊：“法官在流失”，载《法治周末》2013年9月26日，第1版。

③ 胡旭晟：《狱与讼：中国传统诉讼文化研究》，中国人民大学出版社2012年版，第137—141页。

④ 于建嵘：“对560名进京上访者的调查”，载《法律与生活》2007年第10期，第15页。

⑤ 例如，2010年6月1日湖南永州发生了一起当事人朱某闯进法院枪杀三名法官的惨案，原因只是朱某不满该院法官的一些不当言行；更令人诧异的是，惨案发生后有群众还将朱某视为“英雄”，在法院门口集会，要求严惩司法腐败。参见朱文强：“湖南永州法院枪击案真相”，载《小康》2010年第7期，第101页。

我们认为，治理申诉信访问题的根本，在于保障诉讼程序公正，提高裁判质量，并畅通诉讼程序内的救济渠道。申诉信访管控是一种行政化治理，难以收到长治久安的效果，一味地推行“管控”措施堵塞“申冤”之路，后果是极其危险的。

（四）儒家“权大于法”的政法文化与民众“信访不信法”的信仰危机

民众之所以出现“信访不信法”的信仰危机，除了我国法治建设还处于初期阶段，民众还没有养成法治意识的因素之外，传统社会“权大于法”的政法文化也是一个重要影响因素。

在中国古代政治文化中，皇帝是天之子，天子“以德配天”“替天行道”，老百姓对被神话了的皇权充满强烈的崇拜与迷信。张晋藩教授认为，“法自君出，权力支配法律，法律维护君权；君权凌驾于法律之上，是中国古代法律的传统之一”①。然而，现实生活往往不如意，在遭遇了一个个“贪官”“污吏”之后，老百姓总是期望“圣主”“贤相”和“清官”的出现。② 加之历史上对包拯、海瑞等一代代“清官”形象的宣传，在广大民众的内心深处，这种古老的“清官期盼意识”十分流行。在清末、民国时期虽经西法东渐的影响，但这种文化传统并未得到根本变革。新中国成立以后，权大于法的传统也未能得到根本扭转，只不过，对皇权和清官的崇拜，演化成了对革命领袖和共产党人人格的信任和崇拜。直至1999年明确将“依法治国”载入宪法，我国才从治国方略上开启了重法、尚法的新时代。

由于受上千年的“权大于法”的政法传统思想的影响，在当今社会的广大民众的内心深处，古老的“清官期盼意识”依然十分流行。例如，申诉者和信访者在其信访书面材料中，一般都会开门见山地写上这类话，“××书记/院长，我相信您是一个清官……”“我相信共产党的英明领导，共产党一定会给我一个说法的”等。这种挥之不去的“清官期盼意识”与“权力本位文化”相结合，使得当事人往往无惧于法院的

---

① 张晋藩：《中国法律的传统与近代转型（第3版）》，中国政法大学出版社2008年版，第139页。

② 参见陶东明、陈明明：《当代中国政治参与》，浙江人民出版社1998年版，第170—171页。

生效裁判文书和司法权威，层层向上寻找握有更大权力的“清官”，直至最高人民法院、最高人民检察院以及中共中央（政法委）等中央权威。可见，在“权大”还是“法大”这个问题上，传统文化的影响深远，每个中国人都有一颗“进京告御状”的心。

在国家和社会治理层面，政治思维和权力思维仍然有广泛的影响。这既表现在官方对待群众申诉信访的态度上，也表现在后来申诉信访机制改革的举措中。在对待群众申诉信访的态度上，新中国为了彰显“群众路线”的精神，形成了一套极为庞杂的接待和处理群众申诉信访问题的系统，除了各级法院接待和处理涉法涉诉信访外，各级党委、政府、人民代表大会也纷纷介入其中。据统计，2003 年全国党政信访部门共受理 1272.3 万人（件）次公民来信来访，其中 80% 属于涉法信访。① 1998—2002 年安徽省人民代表大会受理 1671 件涉法涉诉案件，其中“转法院办理、要求法院报告办理结果”的有 308 件，占 18.4%；人民代表大会进一步介入进行“个案监督”的有 12 件。② 显然，无论出于什么目的、以什么方式，党委、政府、人民代表大会处理涉诉信访案件，在潜意识中都有运用权力，而不是运用法律处理问题的想法。在近年来的申诉信访机制改革中，首选的方案也不是依法进行制度重塑，而是偏重于运用权力对司法官员进行追责。例如，2005 年中央政法委制定了《涉法涉诉信访案件终结办法》，其中第 7 条确立了“涉法涉诉信访终结备案制”，不仅授权“政法委对司法机关报备的终结结论进行审查”，而且，政法委认为司法机关的结论错误的，还有权取消其年度评先评优、晋职晋升资格，甚至调离岗位、清除出政法队伍。在这种氛围下，更加加重了民众对党政领导的“权力”依赖，更加激发了民众通过信访解决通过司法途径解决不满意的案件的热情，从而陷入了申诉信访越治越乱、越治越多的悖论和困境。

可见，治理申诉信访问题，关键是方向和方法要正确，依靠权力治理和政治思维不但无助于形势好转，反而会越陷越深；只有遵循法治思

① 参见宋心然：“涉诉信访中‘诉访循环’的形成及其治理”，载《行政管理改革》2012 年第 6 期，第 51 页。

② 蔡定剑：“人大个案监督的基本情况”，载《人大研究》2004 年第 3 期，第 4 页。

维，尊重司法规律，以科学理念完善诉讼法律制度建设，才能从根本上解决问题。

三、以“法治思维”重塑我国的生效裁判救济机制的设想

（一）以现代“法治文化”统摄传统儒家文化的可能性

在当代中国法律发展的大舞台上，同时活跃着“传统儒家文化、革命政法文化和现代法治文化”三种法律文化。其中，传统儒家文化中残存的一些关于定分止争的思想，对广大人民群众的诉讼心理影响更大一些；源自苏联的马克思主义与中国实践相结合形成的革命政法文化，对中国共产党和政府的施政理念影响更大一些；源自欧美西方国家的现代法治文化，对法律学术界的影响更大一些。近年来，法治文化经由学术界的广泛传播，已经被执政党和政府接纳并将“依法治国”上升为基本治国方略，与此同时人民群众的权利观念和维权意识也空前提高。在这种文化整合的过程中，三种文化也不可避免地会在各个领域发生冲突。如何在法律文化冲突与整合的时代大背景下把握我国法律未来发展趋势，是一个划时代意义的课题。

前文的分析表明，在市场经济条件下，建立在自然经济基础上的传统儒家文化试图以“教化无讼”的礼治观念处理市场主体的权利救济问题，显然力不从心；而建立在计划经济基础上的革命政法文化试图以“政治运动”的方式处理申诉信访问题，也日益捉襟见肘。我国执政党在世纪之交的1999年祭出了“依法治国，建社会主义法治国家”的大旗，但在2004—2012年出现的短期的“革命政法”思潮回流，致全国“维稳”形势日渐恶化。经过反思，执政党重新认识到了市场经济条件下以“法治文化”统合各种文化冲突的必要性。在2014年10月召开的中共中央十八届四中全会上，执政党重申了“市场经济就是法治经济”的论断，提出要“全面推进依法治国，总目标是建设中国特色社会主义法治体系，建设社会主义法治国家”。

如果仅从保障市场经济发展的视野看待法治文化，仅将法治看成权宜之计，未免狭隘。法治文化是人类法律文化发展的最高成就和总体发

展趋势，我国当前以法治文化为主导、统合传统文化和革命政法文化不仅必要，而且可能。有人担忧，西方法治文化的引入会导致对本土法文化的殖民，其实大可不必。一方面，法治文化虽近代以来兴盛于西方，但却并非西方的专利。每一种文化其实都是纷繁复杂的文化因素的复合体，本土的传统儒法文化和革命政法文化也包含有“法律平等”“法律至上”“执法公平”“执法必信”和“司法独立”等法治的要素，只是未占据主导地位，否则，断难与法治文化融合。如孔子曾说，“刑罚不中，则民无所措手足”[①]。韩非子说，“法不阿贵”“刑过不避大臣”“法不信，则君行危矣”。[②] 西晋刘颂强调，“法规既定则行之，行之信如四时，执之坚如金石”[③]。马克思主义法律思想的先驱认为，“独立的法官既不属于我，也不属于政府”，“法官是法律世界的国王，除了法律就没有别的上司”。[④] 新中国成立后，董必武1956年9月在中共八大上发言指出，“依法办事是进一步加强法制的中心环节”，并指出“有法可依”“有法必依”是“依法办事”的两个基本内涵。[⑤] 另一方面，各种类型的文化都处在不断生长之中，在不同的时期，其内涵的某些文化因素会得到特别强化和快速发展，最终成为此种文化的主流特征。例如，中国历史上的儒家文化与法家文化本是两种不同的治国文化，一度出现了秦始皇“焚书坑儒”和汉朝“罢黜百家、独尊儒术”的尖锐对立局面，但汉代以后，出于统治的需要也出现了“引礼入法”“出礼入刑”甚至“春秋决狱”等“儒法合流”的趋势，最终形成“外儒内法”的新儒家文化并在中国延续了上千年。因此，以法治文化为主导，结合中国国情对传统文化和革命政法文化的法治因素予以挖掘、发展和壮大，对于其中的某些反法治因素通过制度予以涤除，从而发展出具有中国特色的现代法治文化是完全可能的。

（二）以“法治思维”重塑我国申诉信访机制的基本思路

法治文化之下的法治思维，在本质上就是守法者和执法者一体遵守

---

① 《论语·子路》。
② 《韩非子·有度》。
③ 《晋书·刑法志》。
④ 《马克思恩格斯全集》第1卷，人民出版社1995年版，第176页，第180页。
⑤ 董必武：《董必武政治法律文集》，法律出版社1986年版，第487—488页。

法律，违法必究。近年来我国申诉信访频发的原因，无外乎以下四种：法院裁判质量不高、民众对司法不信任、正常复审救济受阻、无理缠诉。而党政、司法机关的应对失当之处在于，一方面过于强调实事求是、群众路线的革命政法文化，激起了民众表达诉求的愿望；另一方面又过于倚重权力而不是法律的手段，试图以政治手段操控民间信访需求，以致怨气累积。遵循法治思维处理申诉信访问题，需在观念、制度和行动上协调并进，做好以下四个方面的工作。

1. 遵循程序法治精神，完善正当法律程序设计，确保司法公正以赢得司法公信力

我国当前申诉信访机制出现问题的根本原因在于法院裁判质量不高、民众对司法丧失了信任。因此，遵循法治精神，完善正当法律程序设计，控制司法不公，保障申冤途径的畅通，是申诉信访改革的首要任务。法治观念有很多侧面，其中之一就是以“程序”约束权力的程序法治观念，美国大法官道格拉斯曾指出，“正是程序决定了法治与恣意的人治之间的基本区别”。[①] 另外，法治不仅仅强调法应当被严格遵守，还应当强调“法的正当性”，“法治应当包含两重意义：已成立的法律获得普遍的服从，而大家所服从的法律又应该是本身制定得良好的法律”。[②] 在诉讼法领域，能综合这两种“法治”观念的程序通常被称为“正当法律程序”。正当法律程序源于古老的“自然正义”思想，其基本要求有二，一是任何人不得成为自己或利害关系人案件的法官，二是对他人做出不利行为时必须事先告知、说明理由和听取申辩。[③] 自然正义原则被公认为司法审判公正性的最低标准要求。

自然正义思想涵盖了司法中立、回避、辩论和辩护、上诉等丰富的程序法内涵。按照自然正义思想，就我国申诉信访改革的实际需要来看，关键是选择以下几点作为突破口完善正当法律程序的设计。

（1）充分保障辩论权，当事人辩论的内容应当对法官的裁判具有约

---

① 季卫东：“法律程序的意义——对中国法制建设的另一种思考”，载《中国社会科学》1993 年第 1 期。

② ［希］亚里士多德：《政治学》，商务印书馆 1965 年版，第 164、199 页。

③ ［英］威廉·韦德：《行政法》，徐炳等译，中国大百科全书出版社 1997 年版，第 135 页。

束力。在实践中，当事人之所以申诉上访，往往是因为法院在审判中“不让辩论、不让充分辩论”；或者在裁判文书中对辩论观点不作分析，“你辩你的、我判我的”；或者裁判文书“不讲理，说理不充分”，[①] 导致当事人对司法程序的公正性充满狐疑。在我国学术界，多年以前就有学者呼吁修法确立“约束性辩论原则”，[②] 并已有充分的研讨，在此不赘，关键是修法将其落到实处。

(2) 构建四级法院三审终审制度，个别案件允许“越级上诉”至最高法院。根据自然正义思想，不服裁判的当事人应有权再次申辩，诉讼法对上诉申辩保障的越充分就越能确保司法公正，理想状态是，每个案件都有机会上诉到最高法院。而我国当前采取的两审终审制，使得绝大多数案件在中级法院终审，由于上诉复审层级偏少，不利于对下级法院司法腐败进行有效监督；由于终审法院级别较低，易受地方党政权力的不当干预；由于中级法院视野受局限，难以从更高的高度把握法律的精神。这些都是导致法院裁判质量不高，难以获得当事人信任的原因，缺乏安全感的当事人向高级法院、最高法院，乃至其他党政机关申诉信访也就顺理成章了。为了在制度供给上满足当事人“申冤”的需求，我们主张修改人民法院组织法和诉讼法，原则上构建四级法院三审终审的审判制度，允许个别案件“越级上诉”至最高法院，最高法院可通过“裁量提审”“指令其他法院再审”等方式控制自己的任务量。这样，既能以多层级的上诉机制监督下级法院，保障司法公正，又能在一定程度上满足饱受传统文化影响的民众“进京上访”的心理需求。

2. 遵循法律至上思想，弱化再审并取消涉诉信访，确保司法权威以培育法治信仰

我国目前的生效裁判救济机制的总体格局是：在审判公正难以保障、上诉救济层级不足的情况下，设置了发达的再审申诉和涉诉信访机

---

① 据重庆某法院对2013年、2014年100份裁判文书的调查分析，在事实认定方面，缺乏对证据分析的占43%，缺乏对事实论证的占82%；在综合说理方面，说理不充分占68%，说理缺乏针对性占59%，说理逻辑混乱占47%，法律解释笼统占65%。杨晓菲：“民事裁判文书说理现状调查及改革研究”，载重庆法院网 http：//cqfy. chinacourt. org/article/detail/2014/11/id/1488646. shtml，访问时间：2017年1月20日。

② 参见张卫平：“我国民事诉讼辩论原则重述”，载《现代法学》1996年第6期，第47页。

制作为补充。但在实践中，作为“补充”的申诉信访机制喧宾夺主，造成了司法终审不终、司法独立受到挑战和司法权威受损的局面。从法治精神和司法运行规律来看，法院以法律的名义作出的生效裁判理应得到全社会的尊重。今后改革中，首先应当调整立法的指导思想，将“实事求是、有错必纠”的诉讼立法指导思想修正为“程序保障，违法必究”，以突出程序法治和程序公正的司法理念；将“群众路线”的思想路线从法院审判业务活动中清除出去，或者仅在调解、陪审等具体制度中有限保留，以杜绝“让法官接待信访”“运动式治理信访”等严重违背法治精神的情形再度发生的可能。

具体来说，应当在保障充足的上诉救济层级（三审终审）的前提下，弱化再审程序，取消涉诉信访，确保生效裁判的既判力和稳定性，以维护法治和司法的权威。其中，关键是要处理好以下两个问题。

（1）遵循“诉审分离、不告不理”的司法运行规律，坚决取消“法院依职权主动决定再审、上级法院提审或者指令再审”的再审启动途径。这样做的好处是，等于事实上取消了法院接待涉诉信访的职能，使得法院能抽身将精力集中于庭审过程本身，全力提升审判质量。

（2）保留“当事人对生效裁判申诉”的再审途径，但在实行三审终审制、当事人已有两次上诉机会的前提下，应为“再审申诉”设置刚性的条件。可考虑将再审申诉的条件设置为三个：一是申诉人必须享有重大的“诉的利益”；二是申诉人必须已经穷尽审级内的救济机会，即申诉人庭审中已发现并对审判违法情形提出质疑、但未被采纳，申诉人已经穷尽两次上诉机会、但上诉理由未被采纳，或者原审裁判生效后出现了“新的理由”；三是将申诉理由限制为三种情形，即原审存在严重的程序违法情形、可能影响裁判结果的公正，或者原审裁判的内容违反宪法或法治原则，或者原审裁判违反实体法的基本原则。通过再审申诉条件的重置，再审程序的功能定位也不再是传统的“实事求是、有错必纠和保护私权”，而调整为“维护法治精神，恢复司法公信力”。这种定位意味着，仅因微小的私人利益而提起再审申诉的，或者因个人重大过失而能充分利用三审终审内的救济机会的，或者没有“破坏法治精神、污损司法公信力”嫌疑的生效裁判，都将不会进入再审程序。这种改革后的方案，将有利于发挥培育当事人、法院，乃至全社会的法治意识和法治信仰的功能。

3. 遵循权力制约思想，改造和完善检察监督制度，保障审判独立以消解尚权传统

法治的精义，在于控制国家权力，保护人民的权利。“作为法治来说，其所治的关键在于治权”①，司法权作为一种国家权力，自然也存在滥用和司法腐败的风险，需要外在的监督。外在监督的方式不外乎两种：一是以“权利”制约“权力”，即通过正当程序的设计，利用当事人的诉讼权利（如辩论权）制约审判权；二是以“权力”制衡“权力”，譬如西方的三权分立与制衡思想。不过，正如汉密尔顿所分析的那样，司法权是一种消极裁判权，“司法部门既无军权，又无财权，不能支配社会的力量与财富，不能采取任何主动的行动”，② 因此，实现三权平衡，关键是保障司法权独立、免受其他两权的不当干预。换言之，比起法官自身滥用权力的风险来说，来自行政权、立法权的不当干预的风险更大、危害更甚。

新中国成立后，我国不采用西方的分权制衡理论，而是根据“人民主权理论”确立了“人民代表大会制度”，确定了人民代表大会与法院之间的监督与被监督关系；在我国政法实践中，又确认或默认了党对司法的政治监督，政府对法院的财务监督，以及检察机关对法院的法律监督。在传统“权大于法”的文化意识形态下，“党的政治监督、政府的财务监督、人民代表大会的权力监督”经常嬗变为对司法的“业务监督”“个案监督”甚至“以权代法”，在申诉信访领域表现尤为突出。

我们认为，既要看到对司法权进行外在监督不可或缺的一面，更要看到审判业务独立的必要性的一面，具体改革思路有如下两点。

（1）将“党的政治监督、政府的财务监督、人大的权力监督”合而为一，统一融入检察机关的“法律监督”之中，将“法律监督权”的性质阐释为“诉权”（另参见本书第九章第四部分）。具体来说，检察机关

① 卓泽渊：《法治国家论》，中国方正出版社 2001 年版，第 92 页。

② ［美］亚历山大·汉密尔顿：《联邦党人文集》，商务印书馆 1989 年版，第 391 页。

法律监督的方式包括：一是对于涉及国家利益和公共利益的案件，检察机关作为公共利益之代表，享有起诉权、参诉权、上诉权和抗诉权；二是司法审判违反宪法或基本法治原则的，检察机关作为法治秩序的监护者，有权提请全国人民代表大会常委会审查；三是审判人员的职务行为触犯刑律的，检察机关以侦查员和公诉人的身份，依法侦办、公诉。经过“诉权”化改造的“法律监督”有两个好处，一是检察机关只负责表达“诉求”，不干预法院的裁判权；二是党委、政府、人民代表大会均在审判业务层面退出与法院的直接监督关系，确保了司法独立。如果执政党、政府基于公共利益需表达对案件的关切，借助于检察机关的“诉权”这个媒介，更符合法治精神。

（2）强化法院审判独立的观念和保障机制。《宪法》第126条和三大诉讼法都规定，“人民法院依照法律规定独立行使审判权，不受行政机关、社会团体和个人的干涉”。对于党政官员、普通民众等一切企图干预审判业务的行为，一律由法院报送检察机关追究其法律责任。如此做法，既有助于消除传统的“权力本位”“以权代法”的思维惯性，又维护了法治的尊严和审判的独立。

4. 根据违法必究原则，强化程序制裁观念和机制，重树司法权威以确立法治信心

“已成立的法律获得普遍的服从”，执法必严、违法必究，这是法治的基本内涵之一。在我国，司法权威得不到尊重和司法公信力极低的原因之一，就是对各种妨害司法的行为制裁不到位。从某种意义上说，我国在司法领域已经形成了“违法行为”环环相扣、法律制裁节节落空的局面，法治秩序成为各方博弈的牺牲品。要想在全社会重树司法权威、确立法治信心，就必须强化程序制裁的观念和机制。

法治的关键在于强制力，“哪里没有强制力，哪里就没有法律”。[①] 在申诉信访机制改革过程中，保障司法权威的关键是落实以下改革措施。

---

① Giorgio Del Vecchio, Philosophy of law, transl. by T. O. Martin from 8th ed. (Washington D. C.: The Catholic University of America Press, 1953), P. 305.

（1）从立法上完善针对程序违法行为的制裁体系。“每一种法律在某种意义上都具有一种法律制裁形式”，而且“制裁是每一个法律体系和每一项法律规定的必要特征”,[①] 程序法也不例外。针对法院的违法行为，应当通过“宣告审判行为无效、使违法审判行为不能产生预期效果”和“对违法法官滥权渎职行为追责”并用的方式，来进行遏制和惩罚；针对党政官员干预个案审判的行为，应当从“违宪和破坏法治”的高度设置，同时设置“司法处罚”和“刑事制裁”方式；针对当事人毫无事实和法律根据的妨碍司法、妄议裁判、滥诉滥访等藐视司法的行为，也应当从“破坏法治”的高度，增设低烈度的刑事制裁方式。[②]

（2）加强对诉讼违法行为的执法力度。在执法观念上，要破除当前对党政司法官员的违法行为以“内部纪律处理”为先，对当事人滥诉滥访等违法行为以“政治处理”为主的执法观念。遵循法治思维，应当确立“法律制裁为主、纪律处分为辅”“先法律制裁、后纪律处分”“先法律处理、后政治处理”的新型执法理念。在执法主体上，要充分利用现有宪政体制下检察机关作为“法律监督机关”的制度设计，加强检察机关从中央到地方的垂直领导，摆脱检察机关对地方党政权力的依附性和畏惧感，充分利用检察机关享有的起诉、参诉、抗诉的职能，从外部对法官违法、官员干预司法、公民藐视司法的行为进行强有力的调查和追诉，为法治和司法权威营造良好的制度保障氛围。

---

① Edwin W. Patterson, Jurisprudence: Men and Ideas of the Law (Brooklyn: The Foundation Press Inc. 1953), P. 169.

② 参见王德新：“民事诉讼法律制裁初论”，载《法学论坛》2011 年第 4 期，第 76 页。

第九章　民事检察监督的理念转换与制度转型

新中国的检察监督制度，源于列宁的法律监督思想和苏联的检察监督制度。苏联根据“议行合一”的宪政体制特点，将检察机关定位为国家专门的“法律监督机关”，这与西欧君主制国家将检察机关定位为“国王的代理人”（或“国王的律师”）的思想，以及现代欧美国家在“三权分立”宪政体制下将检察机关定位为“政府律师”的思想，均有重大不同。在我国，由于民事检察监督改革事关司法机关之间权力的重新配置，因此“是我国司法改革中最重要、最棘手、最困难的一块”。[①]本章着重从宪政体制和诉讼文化冲突的宏观视野，讨论民事检察监督制度改革的基本思路问题。

一、宪政体制与检察监督文化之比较

（一）“君主专制”政体与检察监督文化

君主制（Monarchy）是由世袭君主充当国家元首的一种政权组织形式。[②]在君主专制政体下，君主（国王、皇帝、天皇等）充当单一国家领袖，拥有统治国家的所有权力，几乎没有法律或法定程序对君主权力构成有效制约。与中国相比，西欧进入真正的封建社会的时间

---

① 孙谦等:《司法改革报告——检察改革·检察理论与实践专家对话录》，法律出版社2002年版，第15页。

② 君主制与君主政体是两个不完全等同的概念，通常认为君主政体包括君主制、君主立宪制和类似君主制或类似君主立宪制三种政体。

稍晚，[①] 而且国王的权力虚弱，各地封建主掌控着社会管理和法庭审判。因此，谋求加强中央集权就成了君主们殚精竭虑的重大国事。但在当时，靠武力征服或者东方式的礼制教化不被认为是最好的方法，“强化政府的最佳方案是改进司法管理，说服或者强迫臣民服从法庭”。[②] 于是，作为“国王代理人”的检察机关，开始出现并活跃于司法及相关领域中。

例如，法国是最早设立检察机构的西方国家之一，其检察机构脱胎于国王代理人的实践。在腓力二世（1180—1223）统治时期，由于城市商品经济日渐发达，国王开始将一些经济事务委托给代理人办理。后来，代理人的职权扩展至以国王名义提起民事诉讼。13 世纪以后，国王为了实现国家统一和巩固王权，开始进行司法改革，先后设立国王法院和王室最高法院（简称 Parlement，巴利门），国王亲自担任最高审判官。国王法院可以受理对任何领主法院判决的上诉，重大疑难案件以及政治案件只能由国王法院受理，这就极大地削弱了封建领主的司法权，加强了中央集权。[③] 开始时，国王经常亲自在王室最高法院主持审判；后来，国王不常参加审判活动了，就在国王为一方当事人的案件中，不定时地雇佣一名法律代理人或者检察官为其服务。1323 年法国国王在王室最高法院设置了总检察长一职，由其在民事诉讼中代表国王的利益。[④] 到了 13 世纪中后期，总检察长的权力开始扩张，不仅代表国王的个人利益，还负有维持公共秩序和代表公共利益的职责；不仅处理民事诉讼事务，还可直接提起刑事诉讼。直到 1670 年国王路易十四颁布刑事法律敕令，法国才出现了成文法意义上的检察制度。在此之前，“国王代理人”和“检察官”的活动缺乏明确的法律依据，换言之，他们只是国王个人意

---

① 从公元 476 年西罗马帝国灭亡到公元 1500 年左右的欧洲历史，被西方史学家称为“中世纪”，其中 10—14 世纪约四百年被看作是严格意义上的封建社会，它是古代希腊、罗马文明与近代资本主义社会之间的一段过渡式的社会形态。

② ［英］佩里·安德森：《从古代到封建主义的过渡》，郭方、刘健译，上海人民出版社 2001 年版，第 156 页。

③ 参见何勤华：《法国法律发达史》，法律出版社 2001 年版，第 33 页。

④ 参见陈颐：《腓力四世到路易十四时代法国的法律与国家建构》，华东政法大学 2006 年博士学位论文，第 37 页。

志的产物，按照惯例运作，缺乏公共机构所应有的独立性。

在英国，早期的检察机构也是由国王代理人演变而来的。威廉于1066年征服英格兰并称英王之后，各地处于封建割据状态，地方封建主掌握着法庭审判事物。为加强王权和维护王室利益，英王开始设置国王的法庭，并在诉讼中引入陪审团制度。[①] 由于大陪审团具有公诉职能，有学者认为其是英国检察机构的雏形。[②] 但实际上，后来出现的“国王代理人”才是检察官更直接的源头。随着“王室诉讼”管辖范围的不断扩张，英王无力在个案中亲力亲为，于是从1315年开始委任“国王代理人”，1461年“国王代理人”更名为“总检察长”。总检察长被视为政治和公共利益的代表，具有多种身份，既是总检察长，又是国王的法律顾问，还是政府的法律官员，同时也是律师界的领袖。[③] 英国的中央检察机构由此定型，这也是英国检察制度形成的标志。但长期以来，英国并未形成从中央到地方统一的检察体系，总检察长的职能也主要局限于在涉及王室利益的重大刑事案件和少量涉及公共利益的民事案件，对王室利益以外的利益持一种漠视态度。[④] 在民事诉讼中，“总检察长在相当一部分案件中是必要的当事人。在其余的案件中，他有权发表意见。在有关慈善事业管理的案件中，总检察长作为皇室代表，他是当然的当

---

① 英国法律史上的第一个陪审团，出现在1075年罗彻斯特大主教冈道尔夫起诉国王的司法长官皮考特蛮横没收教区土地纠纷一案中，大法官兰弗兰克根据起诉颁布令状，指定本案由国王的弟弟、首席政法官（Justiciars）奥都主持法庭审理，奥都命令全郡郡民推选出12个代表组成陪审团，宣誓并作证土地权利的归属。参见［美］约翰·梅西·赞恩著：《法律简史》，孙运申译，中国友谊出版社2005年6月第1版，第151—152页。

② 英王亨利二世于1166年颁布诏令，规定凡属重大刑事案件（如暗杀、强盗、抢劫、窝藏罪犯、伪造货币与文件以及纵火等），都应当经由12名陪审员向法庭控诉。1352年，英王爱德华三世颁布诏令，将起诉陪审团和审判陪审团明确分开，起诉陪审团后来发展成为由12—23人组成的大陪审团，专司起诉。后来，大陪审团的起诉职能逐渐弱化，1948年《刑事司法法》将其彻底废除。参见程汉大、李培锋著：《英国司法制度史》，清华大学出版社2007年版，第379页。

③ ［英］里约瑟·J. 爱德毕兹：《皇家检察官》，周美德等译，中国检察出版社1991年版，第50页。

④ 直到1827年才增设追究侵犯王室利益以外案件的检察官，1879年增设受总检察长监督的检察处。真正对检察体系进行大刀阔斧的改革，则始于1985年英国议会通过了《犯罪与起诉法》，并自1986年10月起重建了英国的检察体系，在中央设置总检察长和皇家检察署（CROWN PROSECUTION SERVICE，简称CPS），下设区检察署和检察分署。参见徐学东：“英国检察制度的演变和改革”，载《中共四川省委省级机关党校学报》2000年第3期，第93—94页。

事人”。[①] 尽管总检察长很少亲自提起公益诉讼，实践中大多数是由个人或法人提起的告发人诉讼（Relator Action），但总检察长的权力是不容侵犯的。[②] 综上可见，由国王的代理人演进而来，并主要服务于国王的利益，是英国封建时代检察制度的基本特点。

（二）“三权分立”政体与检察监督文化

三权分立（Checks and Balances），是由资产阶级启蒙思想家洛克、孟德斯鸠等提出来的一种政治学说。其核心思想是，应当打破国家一切权力属于君主的封建专制制度，将国家权力一分为三，即立法权、行政权和司法权，三种权力应当分别交给不同的主体分别独立行使，并相互形成制衡，以防止掌权者滥用权力形成专制统治。[③] 资产阶级大革命胜利后，“三权分立”理所当然地成为欧美国家的基本政治制度。在实行三权分立的国家，检察权一般隶属于行政部门，但是独立地行使职权；检察机关被认为是政府和公共利益的代表，除了具有刑事公诉权外，通常还具有提起或参与民事公益诉讼的职能；但是，由于其行政权属性，出于保障司法权独立的政治考虑，检察机关一般不能对法院的生效判决行使事后监督权。

法国是最早建立检察制度的国家，也是资产阶级大革命最为彻底的国家。大革命胜利后，法国按照“三权分立”的原则重组了国家政权，检察机关从封建时代服务于君主司法专权的工具转型为国家权力制衡的工具，在性质上隶属于行政权。具体来说，法国当前的检察制度具有以下特点。(1) 检察机关受司法部长领导，内部贯彻检察一体化原则。法国实行“审检合署制”，普通法院由法官、检察官两个群体组成，二者分工不同，相互独立。1790 年的法令明文规定，“检察官是行政派在各

---

① 转引自肖何、杨宏志：“外国检察机关参与民事诉讼的两个特点”，载《人民检察》1989 年第 6 期。

② 在告发人诉讼中，公民为告发人，检察长是原告，告发人起诉必须取得总检察长的许可，因为“为公共利益而采取行动是检察总长的专利，他的作用是实质性的、合宪性的，他可以自由地从总体上广泛地考虑公共利益。因而他可自由地考虑各种情形，包括政治的及其他的”。参见王名扬：《英国行政法》，中国政法大学出版社 1987 年版，第 202—203 页。

③ ［法］孟德斯鸠：《论法的精神》（上册），张雁深译，商务印书馆 1982 年版，第154—156 页。

级法院的代理人。”在检察官系统内，实行检察一体化，即本院检察官听命于检察长指挥，下级检察长听命于上级检察长指挥，上诉法院检察长听从司法部长的指挥。[①] 但是，欧盟人权法院的判例要求检察官必须拥有一定的独立于行政权的特质。所以，2004 年以后法国的立法规定，司法部长有权发布有关公诉的一般指示，但对于个案，只能要求提起公诉、不得要求放弃公诉。[②] 可见，检察机关的独立性呈加强趋势。（2）检察机关主要行使起诉职能，不仅有权提起刑事公诉，而且有权提起和参加民事公益诉讼。早在 1806 年《法国民事诉讼法典》中，就规定检察官有权通过起诉或其他方式介入“关于国之安宁之诉讼，关于官府之诉讼，关于属于官之土地邑并公舍之诉讼，关于因贫人不公赠与之诉讼”等民事案件。现行《法国新民事诉讼法典》第 421—425 条，对检察机关提起、参与民事公益诉讼的范围和方式做了一系列的规定。在民事公益诉讼中，检察机关的地位是当事人。除了起诉职能，检察机关作为公共利益的代表人，还有权监督或干预一些一般社会事务。[③]（3）最高检察长拥有独立的法律地位，既不从属于司法部长，也不指导地方检察官的工作，其职责是“对国家整体执法活动进行监督”。比如，为了维护法律秩序，使判决适用法律更加准确，对于终审判决，最高检察长有权“为法律之利益向最高司法法院提起上诉”（类似于我国的再审抗诉——笔者注）。再如，如果发现法院有侵犯立法权或执行权的行为，最高检察长根据司法部长的命令，有权向最高法院提起“越权之诉”。[④] 这表明，最高检察长具有一定的法律监督职能。

---

① 法国的普通法院分为四级，即最高法院、上诉法院、大审法院和初级法院。最高法院设最高检察长，检察官若干人；上诉法院设检察长，检察长助理、代理检察官若干人；共和国检察官，代理检察官若干人。

② 参见魏武：“法国现代检察制度的确立”，载《检察日报》2007 年 6 月 25 日，第 4 版。

③ 根据国家安全和公共利益的需要，检察职能有扩张的趋势。例如，“城市安全问题，政府在制定政策时经常吸收检察官参加”（参见周理松：“法国德国检察制度的主要特点及借鉴”，载《人民检察》2003 年第 4 期）。此外，检察机关还加强了对司法人员、行政执法人员和一般社会事务的监督，比如有权对书记员、司法辅助人员、户政官员、私立教育机构、精神病院、报纸期刊等的检查和监督（参见黄东熊：《中外检察制度之比较》，台北“中央”文物供应社 1986 年版，第 151 页）。

④ 参见［法］让·文森、塞尔日·金沙尔：《法国民事诉讼法要义》，中国法制出版社 2001 年版，第 186、1315 页。

在三权分立的政治思想指导下，其他资本主义国家也确立了大体类似的检察制度。例如，1985 年英国议会通过了《犯罪与起诉法》，英国据此重建了检察体系，在中央设置总检察长和皇家检察署，下设区检察署和检察分署。检察机关在性质上属于行政机关，主要职能是对犯罪提起刑事公诉。总检察长是皇家检察署的首脑，同时还是政府的总法律顾问和英国律师协会会长，由首相从该党的下议院议员中提名任命，与内阁共进退。再如，受英、法等国检察制度的影响，结合自身国情，美国建立了联邦和州“双轨制”的检察体制。1870 年，美国设立联邦司法部，司法部长兼任总统的法律顾问和总检察长，这一体制沿用至今。总检察长是联邦司法部首脑，统领全联邦检察官系统；全联邦共设 94 个联邦司法管辖区，每个区设置联邦检察署，与联邦各法院平行存在。联邦总检察长在法律上代表美国，由总统任命、参议院认可，接受总统的领导和指挥，并向总统负责和报告工作。检察机关在性质上也属于行政机关，主要职能是对犯罪提起公诉。但在民事诉讼中，检察机关作为政府和公共利益的代表，对涉及政府和公共利益的案件也有权参与诉讼。①

总体上看，在三权分立的体制下，检察机关隶属于行政权，但又有一定的独立性；作为政府的法律顾问和公共利益的代表，有权提起或参加民刑事诉讼；以起诉职能为主，但普遍无权对法院生效裁判提出抗诉。以上这些均是欧美检察制度的共性之处。

（三）“议行合一”政体与检察监督文化

“议行合一”与“三权分立”二者都强调人民民主，反对君主专制；但又有区别，前者强调民主集中，后者强调分权制衡。马克思对资产阶级的议会民主制和三权分立制持批判态度，② 他主张实行普选制，并建

---

① 参见李忠芳、王开洞主编：《民事检察学》，中国检察出版社 1996 年版，第 36 页。

② 马克思认为，资产阶级议会民主的本质，“就是容许被压迫者每隔几年决定一次究竟由压迫阶级中的什么人在议会里代表和镇压他们”（转引自《列宁全集》第 31 卷，人民出版社 1985 年版，第 84 页）。在三权分立的政体下，立法机关拥有的只能是一种残缺不全的主权，这是对“人民主权”原则的否定，实际上“真正进行统治的是资产阶级”（《马克思恩格斯全集》第 1 卷，人民出版社 1956 年版，第 688 页）。

立行政权与立法权合一的人民代表机关。这种思想，在马克思对巴黎公社政权建设的评价中有集中的体现，“公社是由巴黎各区普选选出的城市代表组成的。……公社不应当是议会式的，而应当是同时兼管行政和立法的工作机关”。[①] 列宁在领导俄国革命和政权建设过程中，继承了马克思的思想，但又进行了发展，把立法、行政机关由“合一制”改为“统一制”，由“苏维埃代表大会”代表人民行使国家一切权力，另设“人民委员会”专门行使行政权。社会主义国家通常认为，“这种新的制度同资产阶级国家‘三权鼎立’的制度相比，是更高类型的民主制度”。[②]

在人民掌握政权的情况下，人民的意志经普选产生的代表机关上升为国家法律，因此保障法制的统一正确实施至关重要。怎么来保障法制的统一实施呢？与“三权分立”体制不同（分权制衡本身就包含了相互监督的意蕴），在“议行合一”体制下，由普选产生的人民代表机关没有能力监督法制的统一实施，执行机关又不适合充当监督者，因此，就需要设置一个专门的法律监督机关。列宁主张，应当设置全国统一的检察机关，“检察长有权利和有义务做的只有一件事：注意使整个共和国对法制有真正一致的理解，不管任何地方差别，不受任何地方影响”。[③] 在列宁法律监督思想指导下形成的苏联检察监督制度，具有如下特点。(1) 检察机关由人民代表机关选举产生和罢免，向其负责，并接受其监督；检察机关与行政机关没有隶属关系，二者是监督与被监督的关系。(2) 苏联检察机关享有一般性的“法律监督权”，并不局限于诉讼过程中，这与“以诉权为核心”的欧美检察制度形成鲜明的对比。苏联1979年《检察院组织法》第4条规定：“检察机关对正确和统一地适用法律实行监督，不照顾任何地方差别，也不受任何地方和部门的影响。检察机关采取措施揭露和及时消除任何违法行为，不论这些违法行为来自何

① 《马克思恩格斯选集》第3卷，人民出版社1995年版，第55页。

② 全国人大常委会办公厅：《论我国人民代表大会制度建设》，中国民主法制出版社1990年版，第240页。

③ 《列宁全集》第43卷，人民出版社1987年版，第195页。

人，恢复被侵犯者的权利，追究违法者的法律责任。”[①]（3）检察机关在诉讼中不只是一个起诉机关，其首要职能是对诉讼全过程实行法律监督。在刑事诉讼中的每一阶段，“检察长都是作为监督法律的机关而活动的，它是处理案件全过程的唯一国家机关”。[②] 在民事诉讼中，检察机关不仅具有代表公共利益起诉和参诉的职能，而且对法院审判活动的合法性进行监督，有权对生效裁判提起抗诉。总之，“检察长在参加诉讼时，乃是苏维埃国家的代表人和苏维埃法律的维护者”。[③]

二、我国对苏联检察监督文化的借鉴与反思

（一）对苏联检察监督制度的借鉴与变通

1949 年新中国成立后，由于与苏联具有相似的意识形态，在政权组织方面偏向于学习苏联“老大哥”的经验。1949—1954 年，新生政权采取“议行合一”制，即中央人民政府不但是最高立法机关，又是国家最高行政机关。1954 年《宪法》仿照苏联模式，改行“议行统一”制，[④]即设置“全国人民代表大会”作为最高国家权力机关，另设“国务院，即中央人民政府”，是最高国家权力机关的执行机关和最高国家行政机关。这部《宪法》的起草，及其规定的政权组织形式，显然受到了 1936 年苏联宪法的极大影响。[⑤]

不仅在宪政体制方面，新中国检察监督制度的设计也着重参考了列宁的法律监督思想。但是，在借鉴中有变通，中间也一度经历曲折。

---

① 该法第 3 条对检察院的监督范围作了以下描述：对国家管理机关、企业事业单位、公职人员和公民进行法律监督（一般监督）；对调查机关和侦查机关执法进行执法监督；对拘留场所、监禁场所，对执行法院判处的刑罚和其他强制措施进行执法监督；同违反社会主义所有制保护法的行为进行斗争；同犯罪行为和其他违法行为进行斗争；侦查犯罪案件；追究犯罪人的刑事责任，保证有罪必究；会同其他国家机关制定预防犯罪和其他违法行为的措施；参与完善立法和苏联法律的宣传工作。

② ［苏］蒂里切夫等：《苏维埃刑事诉讼》，张仲麟等译，法律出版社 1984 年版，第 88 页。

③ ［苏］B. H. 别里鸠根等：《民事诉讼中的检察长》，王更生译，中国人民大学出版社 1957 年版，第 14 页。

④ 也有观点认为，没有“议行统一”的问题，“议行统一”本质上还是“议行合一”，二者只有形式上的区别，本质上都是强调人民代表机关的至高权威。

⑤ 参见杨培田：“五四宪法诞生记”，载《人民日报》2004 年 8 月 18 日，第 13 版。

首先，对于检察机关的宪法定位，在认识上存在反复和曲折。1954年《宪法》明确规定了“最高人民法院是最高审判机关”，但对最高人民检察院的地位却未言明，仅在第81条中规定“最高人民检察院行使检察权”。检察权是否就是法律监督权？这个用语导致学术界长期存在争议，存在“一元论”和“二元论”的对立。[①] 但从1954年《宪法》所规定的检察权内容来看，[②] 似乎与苏联检察机关的法律监督权差异不大，只是名称表述不同而已。“文革”期间，法律虚无主义盛行，检察制度遭到严重破坏。“文革”结束后，我国进入法制重建时期，1979年《人民检察院组织法》和1982年《宪法》均规定“中华人民共和国人民检察院是国家的法律监督机关”。时任全国人大委员长彭真曾对立法的指导思想做过如下说明，检察机关不是单纯的公诉机关，“列宁在十月革命后，曾坚持检察机关的职权是维护国家法制的统一。我们的检察院组织法是运用列宁这一指导思想，结合我国实际情况指定的”。[③] 这也表明，在中国法制重建时期，苏联的法律监督理论和立法经验发挥着立法指导思想的作用。

其次，对于检察机关的诉讼监督职能，在模仿中有变通。新中国成立后早期阶段一直模仿苏联模式，既允许检察机关对法院判决抗诉监督，也允许检察机关提起和参与民事公益诉讼。例如，1949年12月《中央人民政府最高人民检察署试行组织条例》第3条规定：“最高人民检察署受中央人民政府委员会之管辖，直接行使并领导下级检察署行使下列职权：……对各级司法机关之违法判决提起抗议……对于全国社会与劳动人民利益有关之民事案件及一切行政诉讼，均得代表国家公益参与之。”1954年《宪法》将“人民检察署”改称“人民检察院”，并将其权力规定为“检察权”。随后制定的《人民检察院组织法》第4条规定的人民检察院的职权包括：对于人民法院的审判活动是否合法，进行监督；对于有关国家和人民利益的重要民事案件有权提起诉讼或参加诉

---

① 参见王桂五：《中华人民共和国检察制度研究》，法律出版社1991年版，第164页。

② 1954年《宪法》第81条规定：“中华人民共和国最高人民检察院对于国务院所属各部门、地方各级国家机关、国家机关工作人员和公民是否遵守法律，行使检察权。”

③ 龙宗智：《检察制度教程》，中国检察出版社2006年版，第90页。

讼。这是全国人民代表大会第一次以立法的形式，对民事检察监督制度作出规定。检察机关依据这些规定也进行了一些实践，仅1954年北京等9个省市检察机关就办理了民事案件2352件，其中起诉55件，参诉25件。[①]“文革”结束后，我国法制重建工作的重点就是从20世纪50年代的法制经验和马列主义原理中寻求智力支持，从某种意义上说“重建”就是“恢复”，就是对马列主义和苏联模式的“再回头”。所以，1979年《人民检察院组织法》和1982年《宪法》明确将人民检察院定位为“国家的法律监督机关”。但是，1982年《民事诉讼法（试行）》却并未对《宪法》规定提供制度性保障，仅仅在第12条中原则性地规定“人民检察院有权对法院的民事审判活动实行法律监督”，对监督程序和监督方式只字未提。1991年《民事诉讼法》延续了这一做法，只是在审判监督程序中增加了4个条文（第187—190条），规定检察机关有权对错误的生效裁判提起抗诉，使得我国民事检察监督制度几乎与再审抗诉制度划上了等号。这种变化的原因主要有二：一是受“重刑轻民”的观念影响，1982年试行法起草过程中，立法者认为检察机关的主要任务是打击犯罪，没有多少力量参与民事诉讼；二是认为新中国成立后的三十多年间，检察机关很少在实践中参与民事诉讼，现在恢复50年代的立法简直是自找麻烦。[②] 换言之，对宪政体制和检察监督文化层面的考虑是很少的，基于实务操作的实用主义成了立法指导思想，这也是缺乏诉讼文化和理想的时代的产物。

最后，对于检察机关的一般监督职能，在改革中渐趋虚化。按照列宁的法律监督理论和苏联的模式，检察机关的法律监督属于一般监督，包括但不限于诉讼监督。新中国成立后，对于检察监督制度这个新事物，采取了从诉讼监督着手探索，然后再推进到其他领域的法制建设思路。正如1949年《中央人民政府最高人民检察署试行组织条例》颁布后，最高人民检察署所做的实施规定中要求的那样，“检察是新机关新工作，需要经过摸索过程。在起初只能先从刑民案件做起，以其稳打稳

① 参见柯汉民：《民事行政检察概论》，中国检察出版社1993年版，第34页。

② 参见本书第五章第一部分“1982年《民事诉讼法（试行）》的历史使命”的阐述。

扎，逐步推进”。但后来的实践表明，虽然宪法中明确确认了检察机关是法律监督机关，在宪法层面上继承了列宁的法律监督思想和苏联的模式，但在部门法保障和实践中却进行了大规模的限缩。一般监督因缺乏具体的制度保障（如缺乏监督的范围、内容、程序和方式的法律依据）而在实践中落空；而且，根据1991年《民事诉讼法》的规定，诉讼监督也收缩为仅仅是对生效裁判的抗诉监督。检察机关进行一般监督不仅缺乏制度保障，而且缺乏制度完善的动力。改革开放以来，在加强和完善党对政法工作的语境下，在反腐倡廉的制度建设方面，将加强纪检监察监督机制建设放在了更优先的地位，对检察机关的法律监督机制的完善缺乏强劲的驱动力。在实践中，对国家机关及其工作人员的监督，主要依靠党的纪律检查部门和政府的监察部门合署办公机制，在办案程序上纪检监察监督一般先于检察监督，[①] 在社会认知上前者的权威性上也更高一些。特别是近年来，面对反腐倡廉的巨大压力，国家选择了将完善党内法规和监察监督机制放在了更优先的战略地位，检察机关的一般性法律监督被进一步虚置和弱化。[②] 这也意味着，我国宪政体制下的检察监督文化，在当前司法改革进程中正在发生潜移默化的巨大变化。

（二）诉讼文化冲突与检察监督制度的改革论争

我国的民事检察监督制度，是由1982年《宪法》、1979年《人民检察院组织法》和1991年《民事诉讼法》共同确定的。其核心特征是：

---

① 从1993年开始，党的各级纪律检查机构与各级行政监察机构开始合署办公，以使党内党外监督的合力达到最佳效果。1993年11月《中共中央纪律检查委员会、最高人民检察院、监察部关于纪检监察机关和检察机关在反腐败斗争中加强协作的通知》中要求，在纪检监察机关的组织协调下，参加专案的各机关应当联合调查、协同办案。《中国共产党纪律处分条例》（1994年）第32条规定：“党员受到党纪追究，涉嫌犯罪的应当移送司法机关。”《行政机关公务员处分条例》（2007年）第5条规定：“行政机关公务员违法违纪涉嫌犯罪的，应当移送司法机关追究刑事责任。”

② 党的十八大召开后，中央首次开展党内法规和规范性文件集中清理工作，出台了《中央党内法规制定工作五年规划纲要（2013—2017年）》。习近平总书记在2016年党的十八届中央纪委六次全会上，强调要“健全国家监察组织架构，形成全面覆盖国家机关及其公务员的国家监察体系”。2016年11月，中共中央办公厅印发了《关于在北京市、山西省、浙江省开展国家监察体制改革试点方案》，改革的方向就是，检察机关剥离职务犯罪侦查权，并将主要从事职务犯罪侦查预防工作的反贪、反渎和预防三个部门整体转隶新设立的各级监察委员会。

人民检察院是国家法律监督机关，有权对民事审判活动进行监督；民事检察监督的主要方式，是对法院错误的生效裁判进行抗诉——这是自20世纪90年代中期以来，我国讨论民事检察监督制度改革的基础（具体的改革争论将在后文中详述）。从本质上说，有关民事检察监督制度改革的思路论争，实为不同诉讼文化观念冲突的反映。

首先，关于“审判独立”与“检察监督”的必要性之争，在某种程度上涉及“三权分立”政体下与“议行合一”政体下的检察监督文化的选择问题。关于民事检察监督制度的改革之争，缘起于20世纪90年代中期检察、法院系统围绕民事抗诉的范围展开了一场“攻防战”。其突出表现就是，最高人民法院在1995—2000年陆续制定了一些司法解释，试图限制检察机关抗诉的范围。2000年，“两高”（最高人民法院、最高人民检察院）之间进行了一场“检察监督存废”的论争。[①] 其中，有人撰文称，“在国家权力结构中，审判权居于不依赖也不受行政权、立法权干预的独立地位”；对此，有人撰文反驳，认为人民代表大会制度是中国基本的政治制度，在人民代表大会监督下，设置“一府两院”，“这种权力结构不同于美国的三权分立的权力结构，……法院的审判权不是平等于立法权，而是必须接受人民代表大会的监督”，“简单地用美国的制度与中国的国家制度相类比，用以说明中国不应当建立民事行政诉讼检察监督制度，……显然是不正确的”。[②] 前述争论，显然部分地触

---

① 这场论争的导火索，是2000年5月9日《人民法院报》发表的文章《对现行民事检察监督制度的法理思考》。与此针锋相对，《检察日报》2000年5月19日发表了最高人民检察院署名为“高建民”的文章《论民行检察监督制度的法理基础》。此后，最高法院以《人民法院报》为阵地，相继发表了河北省高院副院长景汉朝的《走出司法公正的误区》（2000－06－19），最高法院法官高洪宾、朱旭伟的《民事检察监督不宜强化》（2000－06－27），汪治平的《民事抗诉与刑事抗诉之比较》（2000－08－01），胡华军的《现代民事诉讼结构与检察监督》（2000－08－29），虞政平的《再审程序有限性的思考》（2001－9－20）等论文，着重从保障审判独立与弱化、甚至取消检察监督的角度进行了论证。而最高人民检察院以《检察日报》为阵地，相继发表了署名为高建民的《民行检察制度的立法借鉴》（2000－07－05）、《民事行政监督方式之完善》（2000－10－18），最高人民检察院检察理论研究所张智辉的《再论检察权的性质》（2000－10－11）、李少波的《如何认识民事检察监督制度》（《人民检察》2000年第9期）等论文，着重从我国民事检察监督的宪政基础和对审判监督的必要性等角度进行了论证。

② 高建民：“论民行检察监督制度的法理基础”，载《检察日报》2000年5月19日，第3版。

及了宪政体制下的检察监督文化的区别问题。

其次，关于“强化”还是“弱化”民事检察监督之争，在某种程度上涉及苏联检察监督文化与西方检察监督文化的选择问题。有的学者主张弱化民事检察监督，甚至逐步取消检察机关的抗诉监督权，但可以一定范围内恢复检察机关的民事诉权。而在这一点上，正是苏联检察监督文化与西方检察监督文化的根本区别。有学者曾深刻地指出，“就像中国人加工食品用的石磨，整个检察权内容构成一个磨盘，而苏联检察监督制度中的磨心就是法律监督权，其他权利都是环绕这个磨心运行。如果把检察权比作一个磨盘，那么西方检察制度中的磨心就是诉权”。① 民事检察“诉权化”，还是检察监督“一般化”，是弱化还是强化检察监督的立场的实质，其背后存在的正是不同宪政体制下有关检察职能的不同定位。

最后，关于“保留”还是“取消”检察抗诉监督之争，在某种程度上涉及传统诉讼文化与现代诉讼法理文化的选择问题。包括抗诉在内的检察监督制度，是新中国成立后人民政法工作在实践中不断探索逐渐形成的，可以说是人民政法文化的一部分，属于人民政法传统的制度表现形式。近年来，随着市场经济发展和欧美诉讼法学理论的逐渐引入，法治规律和司法规律逐渐引起学术界的兴趣。有的学者认为，检察机关的抗诉监督违反了民事诉讼法处分原则的精神（“不告不理”），违反了既判力理论，破坏了司法的终局性等，因而主张取消检察机关的抗诉监督权。这些观点不能一概地扣上否定宪政体制的帽子，实际上是传统诉讼文化与现代诉讼法理文化的冲突问题，属于民事检察监督制度合理改革和发展的弹性空间。

三、民事检察监督制度改革的思路之争

根据我国《民事诉讼法》的规定，民事检察监督是指对“民事诉讼活动”实行法律监督，重心是对“法院的审判活动和执行活动的合法性”进行监督。从支撑程序来看，检察监督的方式主要体现为审判监督

---

① 刘方：《检察制度史纲要》，法律出版社 2007 年版，第 105 页。

程序中的抗诉监督和检察建议，这实际上是一种“事后监督”。近二十年来，围绕民事检察监督制度存在的必要性和合理性，我国学者形成了“否定论”和“肯定论”两大对立阵营；就具体改革方案，又分化成多种有代表性的观点。这些争论有时并不具有严格的对应性，因为有的学者仅讨论检察机关抗诉监督的问题，有的则延伸到了整个民事检察监督制度领域。

（一）检察抗诉监督“否定论”

围绕“检察抗诉监督”这个核心问题，法院系统和部分学者认为，抗诉监督既违反诉讼原理，又在实践中滋生诸多问题，因此他们对检察机关的抗诉监督总体上持否定的观点。但对于论证的角度，司法界和学者们各有侧重。

司法界比较有代表性的看法是，检察抗诉监督存在三个方面的问题：一是案件事实认定和法律适用存在一定的模糊性或不确定性，究竟何为“错误的裁判”难有统一的标准，允许检察机关对法院裁判正确与否进行监督与法治精神相悖；二是法院独立审判受宪法保障，检察机关对生效裁判进行抗诉监督，损害了法院裁判的权威性，动摇了公众对法院审判公正的信心；三是从诉讼法理看，检察抗诉监督违反既判力原理，在实践中经常造成终审不终，破坏了司法的终局性。[①] 此外，民事检察监督制度的理念基础是“有错必纠”，这本是刑事审判工作的指导思想，把民事诉讼与刑事诉讼理念混同，显然不恰当。[②] 有的侧重于实务运作，提出了一些质疑。例如，检察机关的抗诉监督，在抗诉的案件范围、抗诉案件的审级、抗诉的次数、抗诉检察官的席位和是否起立等实务操作层面，时常导致检、法之间的权力冲突；对同一案件的多次抗诉、反复抗诉，增加了诉讼成本，浪费了司法成本；从司法实践看，检察机关的抗诉绝大多数源自当事人的申诉，既然当事人已经有申请再审救济的途径，那么检察院抗诉监督就没有必要了。[③]

---

① 黄松有：“对现行民事检察监督制度的法理思考”，载《人民法院报》2000 年 5 月 9 日，第 3 版。

② 黄松有：“检察监督与审判独立”，载《法学研究》2000 年第 3 期，第 72—82 页。

③ 景汉朝：“论民事审判监督程序之重构”，载《中国法学》1999 年第 1 期，第 35—36 页。

在学术界，更多的是从社会转型和诉讼法原理的角度展开讨论的。比较有代表性的观点认为，检察监督存在以下问题：一是从诉讼结构看，民事诉讼本来是一个等腰三角形结构，法院居中裁判，双方当事人对立，检察机关抗诉监督，运用国家权力支持其中一方，违反了诉讼平等原则，损害了诉讼结构的平衡和稳定；二是从市场经济发展看，市场经济要求尊重民事主体的意思自治，减少国家干预，检察抗诉监督违反了处分原则，干预了当事人的处分权；三是从检察监督产生的时代背景看，我国传统的检察监督受苏联的影响，强调国家干预，这在计划经济时代有其合理性，有利于保障法律的统一实施，但同时也会导致权力集中和扩大化。[①] 也有学者从比较法的角度出发，认为检察抗诉监督不符合国际惯例，在我国加入 WTO 的背景下，不利于树立司法独立的国际形象，也不符合 WTO 规则的要求。[②] 还有学者从实证分析的角度出发，认为我国 1991 年《民事诉讼法》增设检察抗诉监督制度，本意为利用检察权拓宽再审渠道，解决“申诉难”问题；但实践表明，“申诉难”并没有明显改观，甚至还在一定意义上加大了。[③]

持“否定论”的人士，尽管对我国民事检察抗诉监督制度总体上持批判态度，但他们的改革思路却不完全相同。归纳来看，主要有三种有代表性的观点。

第一种观点：取消检察抗诉监督。有的学者认为，由于检察抗诉监督在理论上、实践中存在着一些难以克服的弊端，因此，取消检察机构的抗诉权是一种明智的选择。[④] 在取消检察机关的抗诉权之后，检察机关在民事诉讼中干什么呢？有的主张，检察机关应将监督对象集中于法

---

① 张卫平：“民事再审：基础置换与制度重”，载《中国法学》2003 年第 1 期，第 104—106 页。

② 林蜀鲁、谭闯：“加入 WTO 与我国检察工作发展的思考”，载《西南政法大学学报》2003 年第 2 期，第 74 页。

③ 许红霞：“论取消我国民事检察监督制度”，载《广西政法管理干部学院学报》2003 年第 3 期，第 31 页。

④ 参见方如初：“民事抗诉权质疑和民事检察工作的基本思路”，载《法治论丛》1996 年第 2 期；景汉朝、卢子娟：“论民事审判监督程序之重构”，载《法学研究》1999 年第 1 期，第 35 页；王福华：“我国检察机关介入民事诉讼之角色困顿”，载《政治与法律》2003 年第 5 期。

官个人的违法、违纪行为。[①] 有的主张，“取消民事检察监督”仅指取消检察机关对法院的“上位监督”，但同时应保留检察机关参与民事诉讼的权利，但其在诉讼中的地位仅为诉讼当事人，而不是法律监督者。[②] 有人主张，如果为了保护公益，检察机关提起民事公诉实无必要，倒是在行政公诉制度大有用武之地。[③] 按照后者的理解，检察机关应当立即、全面、彻底地从民事诉讼领域退出。

第二种观点：分阶段取消检察抗诉监督。有人认为，我国原有的检察抗诉监督确有不合理之处，但实践中通过检察抗诉监督而改判的案件数量也为数不少，在当前情势下，对检察机关抗诉监督制度的改革应当循序渐进，总体上可以分两步进行。[④] 第一步：对检察机关民事审判监督权进行必要的限制。措施包括：（1）只能针对适用法律错误的裁判提起抗诉；（2）可以抗诉的案件应当限制在重大、疑难案件范围内；（3）检察机关抗诉监督的时间应有限制，宜设置在判决生效后 30 日内为限。第二步：取消检察机关的民事审判监督权。这一步改革应当建立在对我国民事诉讼制度不断完善和优化，以及建成一支高素质的法官队伍的基础上。

第三种观点：弱化检察监督，限制抗诉的范围。有些学者认为，鉴于检察抗诉存在诸多问题，需要限制抗诉的范围，规范抗诉权的行使。具体来说，又有两种不同的观点：一种观点是，应当将检察机关抗诉的事由限制在“审判人员违法、违纪方面”。“检察机关在民事抗诉工作中‘四面出击’，这样不仅‘稀释’了民事检察监督的宝贵资源，分散、削弱了民事检察监督的实际力度，而且使得检、法两家之间在此问题上的相互关系一直处于‘外松内紧’的非正常状态。”[⑤] 基于此，确定抗诉

① 黄松有：“对现行民事检察监督制度的法理思考”，载《人民法院报》2000 年 5 月 9 日，第 3 版。

② 许红霞：“论取消我国民事检察监督制度”，载《广西政法管理干部学院学报》2003 年第 3 期，第 32 页。

③ 赵颖、巴图：“民事公诉抑或行政公诉”，载《法律适用》2005 年第 7 期，第 86 页。

④ 常怡、唐力：“民事再审制度的理性分析”，载《河北法学》2002 年第 9 期，第 12—19 页。

⑤ 赵钢、朱建敏：“略论民事行政抗诉程序价值取向的重构及其程序设计”，载《法学评论》2003 年第 6 期，第 21 页。

重点、收缩抗诉事由，是妥善解决这一问题的较佳方案。第二种观点是，应当将检察机关抗诉的事由限制在“危及国家利益和社会公共利益方面”。[①]

（二）民事检察监督“肯定论”

与前述“否定论”针锋相对，我国检察系统人士和部分学者主张，民事检察监督制度不仅有其宪政基础，而且在现阶段依然适合中国国情，仍有继续存在的必要性和合理性。

检察实务界通常认为，检察监督符合我国国情。[②] 第一，我国的民事检察监督制度有其宪政基础。法院的独立审判权、检察院的法律监督权，都是我国宪法规定的原则，检察监督与审判独立并不矛盾。第二，根据权力需要监督的原理，审判权是国家权力，理应受到监督。我国宪法强调的是“人民法院独立行使审判权，不受行政机关、社会团体的干预”，但如果因此而认为审判权不受任何监督，则是违背法律和法理的。第三，以“事实认定和法律适用具有不确定性”为由否定检察监督，将在逻辑上陷入“不可知论”，滋生出“法院无论怎样判决都是合理、合法的”谬论。实践表明生效裁判出现错误不可避免。第四，从抗诉效果看，检察抗诉监督不会妨碍司法公正，反而会加强和促进司法公正。例如，1991—1999 年，全国检察机关提出抗诉、经法院再审的案件 16490 件，其中改判、撤销原判发回重审和调解的 13566 件，约占 82%。[③] 通过检察机关的抗诉，使错误的生效裁判得到纠正，树立了法院知错就改的良好形象，不仅不会动摇公众对司法的信心，而且会增强司法公信力。[④]

在学术界，也有不少学者从诉讼原理和社会发展转型的监督，得出

---

① 虞政平：“我国再审制度的渊源、弊端及完善建议”，载《政法论坛》2003 年第 4 期，第 128 页。

② 高建民：“论民行检察监督制度的法理基础”，载《检察日报》2000 年 5 月 19 日，第 3 版。

③ 杨立新：“民事行政诉讼检察监督与司法公正”，载《法学研究》2000 年第 4 期，第 53 页。

④ 李少波：“如何认识民事检察监督制度——与黄松友同志商榷”，载《人民检察》2000 年第 9 期，第 54—57 页。

了与否定论相反的判断。例如，有的学者认为，处分原则并不必然排斥检察监督，因为民事诉讼虽然解决私权纠纷，但私权纠纷一旦交给法院处理就变成了公共事务；由于审判权具有被动性、消极性，难以发现双方恶意串通损害案外人利益等滥用处分权的行为，需要检察监督。[①] 有的学者认为，从世界范围来看，尽管检察机关对生效裁判抗诉的制度比较少见，但它是符合中国国情的一项重要的制度。[②]

虽然检察系统人士和部分学者持肯定论立场，认为现阶段我国民事检察监督制度仍有存在的合理性和必要性，但对于今后制度改革的方向和方案，则在认识上并不统一。归纳来看，有如下代表性观点。

第一种观点：维持现状论。有的学者认为，我国现阶段既不应取消，也不应强化检察监督，而应维持适度的抗诉监督的方式。因为，尽管每年的抗诉案件不多，但抗诉作为一种威慑力量存在有利于法院依法审判；但是，也不宜扩展监督的范围，不宜实行全方位的监督，在民事起诉阶段、诉讼阶段和执行阶段，检察机关以不加入诉讼为宜。[③]

第二种观点：强化监督论。有些学者认为，世界上多数国家都规定了检察机关参与民事诉讼的制度，赋予检察机关起诉权、参诉权和上诉权。目前，我国的民事检察制度是一种“有限的事后抗诉制度”，其还存在很大的局限性，在遏制司法腐败、实现司法公正、保护公共利益等方面发挥的作用不够，需要从检察监督的范围、方式、力度上进一步加强。

有的学者认为，现阶段应当进一步完善检察机关的抗诉监督，重点是规范抗诉监督的程序机制，防止检察监督泛化和弱化。重点是：（1）明确抗诉范围，对涉及国家利益和社会公共利益的案件可以依职权抗诉，其余案件只能依申请抗诉；（2）明确抗诉前提条件，最高人民法院终审的案件，以及当事人自行放弃上诉权的案件，检察机关不宜再抗

① 蔡虹：“民事检察监督：不应削弱只能加强”，载《检察日报》2003 年 7 月 31 日，第 3 版。

② 王利明：《司法改革研究》，法律出版社 1999 年版，第 495 页。

③ 田平安：“中国民事检察监督制度的改革与完善”，载《现代法学》2004 年第 1 期，第 18—19 页。

诉监督；(3) 明确检察监督的时间，当事人申请检察抗诉监督和检察机关向法院提出抗诉，都应有时间限制，以不超过4年为宜。① 在法学界，持类似观点的学者还有不少。②

有的学者认为，现有的抗诉监督存在很大的局限性，今后应从监督的范围、方式和程序等方面，适度强化民事检察监督。具体来说，有人主张赋予检察机关民事诉权。③ 有的仅仅同意赋予检察机关起诉权，但反对赋予其对一般案件的参诉权。④ 有的认为，应当增加检察机关民事公益案件起诉权、参诉权，保留检察机关对所有生效裁判抗诉监督的权力，完善抗诉监督的程序保障机制。⑤ 还有的认为，检察机关不但应对法院的审判活动进行监督，还应当对执行活动进行监督，监督的方式包括调卷、查证、暂缓执行建议、检察建议等。⑥

有的学者认为，应当全面强化检察机关在民事诉讼中的职能。具体来说，可从以下几个方面着手：(1) 检察监督的范围，不应局限于目前的事后监督，应当扩展至法院的立案、庭审、调解、执行等全部业务活动；⑦ (2) 检察监督的对象，不应局限于法院的诉讼活动，还应包括当事人的诉讼活动；(3) 检察监督的方式，不应当局限于抗诉一种方式，应当扩展至八种方式，包括检察建议、检察意见、纠正违法通知、抗诉、和解、提起诉讼、参与诉讼、职务犯罪追诉，形成综合的检察监督体系；(4) 为确保检察机关独立行使检察监督权，应当加强检察经费、

---

① 参见李浩："民事再审程序改造论"，载《法学研究》2000年第5期，第94页。

② 参见蔡虹："民事检察监督：不应削弱只能加强"，载《检察日报》2003年7月31日，第3版；廖永安、何文燕的："民事抗诉程序若干问题研究"，载《法学评论》2000年第2期，第90—95页等。

③ 参见张晋红："论民事检察监督权的完善及检察机关民事诉权之理论基础"，载《国家检察官学院学报》2001年第3期。

④ 参见蔡彦敏："从规范到运作——论民事诉讼中的检察监督"，载《法学评论》2000年第3期，第59页。

⑤ 参见江伟："略论检察监督权在民事诉讼中的行使"，载《人民检察》2005年第9期，第5—8页。

⑥ 参见杨荣馨："略论强制执行的检察监督"，载《人民检察》2007年第13期，第8页。

⑦ 持类似观点的还有一些学者，参见肖建华："刍议建立民事审判程序内部检察监督机制"，载《人民检察》1996年第10期；胡亚球、张永泉："民事诉讼中检察监督权的完善"，载《现代法学》1999年第5期等。

职业保障等。[①]

尽管学术界存在争议，但从近年来民事诉讼立法的发展趋势来看，实际上是在“强化”检察监督的道路上“小步快跑”。表现在：（1）2007 年修改《民事诉讼法》时，为解决“申诉难”问题着重修改了审判监督程序，其中适度扩大了检察抗诉的范围（体现为抗诉理由从 5 个增加到 15 个），规范了抗诉的程序（体现为明确了法院处理抗诉的时间、抗诉的审级、撤回抗诉等问题），增加了抗诉的操作性。（2）2012 年修改《民事诉讼法》时，从检察监督的范围和方式两个方面完善了检察监督，一定程度上回应了“民事检察监督强化论”的观点。例如，将第 14 条由“人民检察院有权对民事审判活动实行法律监督”，修改为“人民检察院有权对民事诉讼实行法律监督”，并增加一条规定“人民检察院有权对民事执行活动实行法律监督”（第 235 条），这等于是扩张了检察监督的范围；将再审中检察监督的方式，从“抗诉监督”一种方式，增加为“抗诉监督”和“检察建议”两种方式（第 208 条）。（3）2015 年，全国人大常委会依据《民事诉讼法》第 55 条的“公益诉讼条款”，授权最高人民检察院开展公益诉讼试点工作。[②] 可以预期，检察机关不久将正式取得公益起诉权。

四、中国民事检察监督制度改革的展望

（一）“理念转换”是检察监督制度改革的前提

从前文分析可见，一国检察制度的设计和功能定位，是与该国的宪政体制有密切关系的；在宪政体制大体不变的情况下，检察制度的设计和功能定位也存在调整的空间。我国检察制度的总体设计，是在苏联法

① 杨立新：“民事行政诉讼检察监督与司法公正”，载《法学研究》2000 年第 4 期，第 57—70 页。

② 参见《全国人民代表大会常务委员会关于授权最高人民检察院在部分地区开展公益诉讼试点工作的决定》（2015 年 7 月 1 日第十二届全国人民代表大会常务委员会第十五次会议通过）。2015 年 7 月，最高人民检察院制定了《检察机关提起公益诉讼改革试点方案》，并选择北京、内蒙古、吉林、江苏、安徽、福建、山东、湖北、广东、贵州、云南、陕西、甘肃 13 个省、自治区、直辖市开展试点，试点期限为两年。

律监督理论和检察监督制度的影响下逐渐形成的，但我国检察制度也没有完全照搬苏联的模式，而是在不同时期根据社会发展需要不断进行调整。在我国《宪法》将检察机关定位为“国家法律监督机关”的总体定位下，民事检察监督制度仍然有改革的空间，特定历史时期的社会发展需要是其中最为重要的决定因素。

自20世纪90年代中期以来，我国社会逐渐进入深化转型期。一是随着市场经济体制改革的深化和初步定型，原有的在高度集中的计划经济时代形成的“国家干预”思想已失去了社会基础，民事检察监督制度面临着如何与市场经济相适应的问题。二是随着依法治国方略的提出，特别是党的十八大以后“全面推进依法治国”思路的提出，如何保障宪法和法律在全国范围内的统一贯彻实施，克服司法的地方化、妨害审判独立成为一个重要问题。三是在市场经济体制下，一方面是民事主体的权利意识觉醒；另一方面是权力滥用、妨害公共利益的现象日益严重，在公共利益主体模糊、保护不力的状态下，如何加强检察机关在公益保护方面的作用，是一个值得思考的问题。这些在社会发展中出现的新特点和新问题，将成为讨论检察监督理念转型的社会现实基础。

在20世纪90年代中后期，我国就有学者专门探讨过民事检察制度的理念转换问题。在今天看来，当时的议论依然具有指导意义。例如，陈桂明教授在其《民事检察监督之系统定位与理念变迁》一文中提出，民事检察监督的改革应当立足于以下三点：其一，民事检察监督应当强调对法院审判的制约，而非对当事人自治行为的干预；其二，民事检察监督应当强调公益监督的概念，而非一般性地谈加强和扩大对民事诉讼的参与与监督；其三，应当建立民事检察监督的开放性体系，即这种监督的手段和时间应当是自由的，以此避免形成民事检察监督的真空带。①经过几十年的争论，虽然关于检察监督制度改革仍然观点纷纭，但就民事检察监督的理念转换问题已初步形成以下倾向性主流认识：一是淡化“国家干预”的思想，转而侧重于通过检察监督保障当事人“公平审判

① 参见陈桂明：“民事检察监督之系统定位与理念变迁”，载《政法论坛》1997年第1期，第86—93页。

权”的理念；二是去除“检察上位监督”的立法理念，转而强调检察监督对审判权的“制约”和“保障”的理念；三是去除“实体监督”的立法理念，确立“公益监督”和“程序监督”的理念。这些认识，应当成为今后我们探讨检察监督制度改革方向的思想基础。

（二）“制度转型”应当立足的几个基本立场

根据我国《宪法》第129条和《民事诉讼法》第14条的规定，检察机关在性质上属于“国家的法律监督机关”，有权对民事诉讼活动进行法律监督，但究竟如何监督，在法律层面存在较大的解释空间。我们认为，检察监督在诉讼中仍有长期存在的必要性，但应根据社会发展需要进行合理转型，转型中应当秉持以下几个基本立场。

1. 维护宪法和法律的统一实施，是检察机关的根本使命

检察机关负有维护宪法和法律统一实施的职能，在世界上是一个通例。列宁领导下的苏联也曾面临法律执行混乱的难题，列宁提出要“实际地反对地方影响，反对地方的其他一切官僚主义，促使全共和国、全联邦真正统一地实行法制”。[①] 苏联的检察监督理论和制度，就是这种背景的产物。不仅在苏联，检察机关担负维护国家法制统一的职责，也是西方法治国家的通例。例如，法国驻最高法院检察长的主要职责就是“对国家整体执法活动进行监督”，在民事诉讼中有三个具体表现：一是参与对法院管辖权提出异议的诉讼，监督法院管辖的合法性；二是对于法院的终审判决，有权“为法律之利益”向最高司法法院提起上诉；三是发现法院审判中侵犯立法权或执行权时，有权向最高司法法院提起“越权之诉”，以监督分权原则的落实。[②]《美国法典》第28卷第2403条规定，在联邦法院对社会公共利益有影响的联邦制定法或州制定法进行违宪审查时，联邦或州的总检察长可以参加诉讼，以提供证据、发表辩论意见。这些成熟的立法经验，值得我国民事检察监督制度改革的借鉴。

① 《列宁全集》第33卷，人民出版社1987年版，第328页。

② ［法］让·文森，塞尔日·金沙尔：《法国民事诉讼法要义》，中国法制出版社2001年版，第186、1315页。

我国是一个地域辽阔、地区发展不均衡的大国，宪法和法律贯彻落实过程中经常会遭遇一些阻力。破坏法制统一的行为并不鲜见，这些现象严重损伤了法治精神。例如，有些地方法院出台红头文件，对“某些群体性、敏感性、社会关注度高的案件，暂不受理”，并下发本辖区的下级法院统一执行。[①] 这直接违反了民事诉讼法规定的起诉条件，剥夺了公民的诉权，比司法不公、司法腐败还要严重得多。如果将诉权理解为一种公民的人权和宪法权利，[②] 那么，这些“红头文件”既涉嫌违法，也涉嫌违宪。再如，在法院生效裁判作出后，有的地方政府部门会以影响社会稳定为由，直接否定法院生效裁判的效力。[③] 这等于是以行政权凌驾于审判权之上，违反了宪法有关“人民法院依法独立审判，不受行政机关、社会团体和个人干涉”的宪法精神。党的十八大以来，我国进入了“全面推进依法治国”的新阶段，弘扬法治精神、保障法制统一显得日益重要。2014 年 11 月，全国人大常委会决定将每年的 12 月 4 日设立为“宪法日”；习近平在第一个宪法日来临之际曾指出，“坚持依法治国首先要坚持依宪治国，坚持依法执政首先要坚持依宪执政”。[④] 在这种新的时代特征下，检察监督大有可为，而且不可或缺。

我国《宪法》第 129 条规定：“中华人民共和国人民检察院是国家的法律监督机关。”随着时代的发展，应当赋予检察机关的“法律监督权”以新的内涵，亦即：“监督宪法和法律在全国范围内得到遵守、确保依法治国方略的贯彻实施。”基于这种新的内涵，检察监督的制度可按以下思路重新设计，（1）以检察建议或者刑事追诉的方式，对干预法院独立审判的违宪违法行为进行监督。2015 年 3 月，中共中央办公厅、

---

① 参见广西壮族自治区高级人民法院《关于当前暂不受理几类案件的通知》（桂高法［2003］180 号）；吕博雄：“黑龙江省高院一份内部文件成基层法院不立案依据”，载《中国青年报》2011 年 8 月 15 日，第 3 版。

② 相关研究，可参见吴英姿：“论诉权的人权属性——以历史演进为视角”，载《中国社会科学》2015 年第 6 期；刘敏：《诉权保障研究——宪法与民事诉讼法视角的考察》，中国人民公安大学出版社 2014 年版，第二章。

③ 参见申欣旺：“还原陕西‘行政抗法’事件”，载《中国新闻周刊》2010 年 8 月 30 日，第 28—31 页。

④ 习近平：“切实增强宪法意识，推动全面贯彻实施宪法”，参见新华网报道 http：//news. xinhuanet. com/politics/2014 - 12/03/c_ 1113508662. htm，访问时间：2017 年 1 月 20 日。

国务院办公厅印发了《领导干部干预司法活动、插手具体案件处理的记录、通报和责任追究规定》，但主要还是循着追究党纪、政绩的责任的思维进行违纪问责。我们认为，这是一个临时性、过渡性的制度安排，循着法治思维，今后宜将领导干部、社会团体、公民个人、新闻媒体等违法干预司法的行为纳入检察监督的范围，依法追究法律责任。这也符合检察机关的职权积极、主动的特点，而且能与司法办案人员记录制度衔接起来，把干预司法的行为纳入法治轨道得以最终解决。(2) 以检察建议或者刑事追诉的方式，对法院严重违反宪法和法治精神的行为进行监督。长期以来，地方法院存在地方保护主义的现象，个别法院或法官故意曲解法律、严重违背法律效力等级裁判的现象时有发生，检察机关实行中央和地方垂直领导，检察监督有利于克服司法中的混乱局面。(3) 对于以制定规范性文件的方式干预司法或者违法审判的现象，也可纳入检察监督的范围。我国《立法法》第 46 条规定，最高人民检察院“可以向全国人民代表大会常务委员会提出法律解释要求”，这为检察机关对违宪违法的规范性文件进行法律监督提供了途径保障。这种方式，完全可以从民事检察监督扩展至社会其他领域，而且有利于落实宪法赋予检察机关的一般监督职能。

2. 提起或参与公益诉讼，是检察机关的重要诉讼职能

苏联的检察监督理论是建立在极力否定私权、倡导国家干预的理念之上的，检察机关可以提起诉讼、参加诉讼和事后抗诉等多元方式行使监督权。列宁曾明确指出，“我们不承认任何‘私法’，在我们看来，经济领域中的一切都属于公法范围，而不属于私法范围。……因此必须：对‘私人’关系更广泛地运用国家干预，扩大国家废除‘私人契约’的权力”。[①] 对于检察监督是否对处分权形成了干预，苏联法学家是这么认为的，“检察长根据法律提起民事案件，并把案件移送法院审判。检察长的这一职权乃是苏维埃的处分原则的表现”。[②] 这种观念，也曾深深地

① 《列宁全集》第 42 卷，人民出版社 1987 年版，第 426—427 页。

② ［苏］B. H. 别里鸠根：《民事诉讼中的检察长》，王更生译，中国人民大学出版社 1957 年版，第 14 页。

影响了我国的检察监督制度。但随着我国从计划经济向市场经济体制改革的推进，检察机关参与民事诉讼的社会基础已有所改变，民事检察监督的理念也应作出调整。

我们认为，检察机关应当从以往“干预”私权、“监护”私权的角色，逐渐转型为充当“公共利益代表人”的角色，仅对涉及公共利益的民事案件进行监督。这在现行《民事诉讼法》第208条中已有所体现，即检察机关仅对“损害国家利益、社会公共利益的”调解书进行抗诉监督。但是，这种转变还不彻底，应当从两个方面进一步变革民事检察监督制度。（1）当国家利益、社会公共利益遭受损害或者有遭受损害之虞时，应当赋予检察机关民事公益诉权，即检察机关作为国家和公共利益的代表，享有起诉权、参诉权和上诉权。现有的民事公益诉讼制度和全国人民代表大会的授权试点文件，已初步明确了检察机关的公益起诉权，但尚未明确检察机关的公益参诉权和上诉权，这在今后改革中应当进行重点完善。（2）就生效裁判的抗诉监督而言，现有的抗诉制度不区分公益、私益案件，这种立法精神应当进一步修正。合理的改革方案是：对涉及公共利益的案件，可以保留检察机关的抗诉权；但对于单纯的私益诉讼案件，应当取消检察机关抗诉的权力，即使裁判确有错误，也主要通过完善再审之诉的方法完全进行再审救济。

3. 检察机关对民事诉讼进行监督，应当定位为参与式监督

我国宪法将检察机关定性为国家的法律监督机关，这一政治安排短期内没有改变的必要，但有重新诠释的空间。回顾历史，可以发现检、法两个系统的矛盾很大程度上源于定位不当的检察监督理念：一是把检察监督定位为“上位监督”，检察机关居高临下地审视法院，从而滋生了谁更具法律权威的争议；二是把检察监督定位为“监视性监督”，检察机关试图将法院的一举一动都纳入监督范围，从而引发了法院通过司法解释限制检察监督范围的反弹；三是把检察监督定位为“干预性监督”，即检察机关试图对法官的内在性主观思维进行二次评判，从而引发了法院系统的不安，滋生了检察监督与审判独立的论争。

为了解决法律监督权和独立审判权之间的结构性矛盾，有必要确立“参与式民事检察监督理念”。所谓参与式民事检察监督，是指检察机关

在民事诉讼中应以当事人的地位自居，参加法庭审理，发表辩论意见，而不是充当法官之上的指挥者、监督者。具体来说，（1）在监督宪法和法律的统一实施方面，应当以违反宪法和法治的基本原则为界线，在诉讼程序之外是一个监督者、建议者和刑事追诉者，在诉讼程序之中居于诉讼当事人的地位，不能充当法庭的指挥者。（2）在公益诉讼程序中，检察机关是国家和公共利益的代表人，但其诉讼地位仍然是诉讼当事人，参加法庭审理，发表辩论意见，而不是提出压迫性主张。（3）在以抗诉的方式行使法律监督权时，重点是维护国家和公共利益，诉讼地位也只是诉讼当事人，而不是裁判的“纠错者”，纠错者还是法院。经过这种改造之后，检察机关作为国家的法律监督机关的定位并没有改变，正如有的学者所指出的那样，“事实上，参与本身就是一种监督”。[①]

4. 检察机关对民事诉讼进行监督，应当定位为有限监督

在找准检察机关在民事诉讼中的定位后，自然会得出一个结论，即民事检察监督不应该是全方位的监督，而应该是有限监督。具体来说：（1）对于纯粹的私权争议案件，应当尊重民事诉讼当事人的处分权，检察机关所要监督的是那些没人关注或其他主体不方便关注的领域，特别是涉及公共利益的案件；（2）对于法院裁判在实体上是否公正的问题，应该让理性的当事人自己去质疑，并尊重法院的判断权，检察机关只需以公共利益代表人的身份和当事人的地位，对公共利益是否受损进行监督；（3）对于一般的法律适用是否正确的问题，应该让当事人自己提出异议，检察机关主要关注的是法律适用是否违反《宪法》和《立法法》的那些问题。总之，在民事诉讼中，检察机关的职责不在于“多”，不是多多益善；而在于社会实践中需要多少，检察机关能承担多少，在于检察监督的效果，这是我们的基本结论。

① 汤维建：“我国民事检察监督模式的定位及完善”，载《国家检察官学院学报》2007年第1期，第74页。

后　记

诉讼文化冲突与融合问题，是我自2011年以来一直关注的一个学术领域。我在阅读法理学等相关领域的学术文献的过程中，越来越认识到这一研究领域的重要性。中国古代何以成为世界文明强国？中国近代为何衰落百年？中国现在走在复兴之路，包括法律文化在内的中华文化如何在复兴过程中继续为世界贡献智慧？有些问题从历史中可以找到灵感和启示，有些问题现在仍然无解，现在和未来的法学家们将责无旁贷地担负起从文化角度阐释和复兴中国法律制度的重任。

2011年以来，我先后承担了教育部人文社会科学青年基金项目“诉讼文化冲突与民事诉讼法的修改”、山东省社科项目“齐鲁法律文化的传承与创新”等课题的研究任务。期间，还于2014—2015年赴美国加州大学伯克利分校法学院专题研修“中西诉讼文化冲突与融合”问题。几年来的经历颇不平静，收获了不少感悟，有些已经跃然纸上，但更多的还杂乱无章地存在于混沌思维之中。希望将来沉下心思，持续进行这一领域的研究。

本书也是教育部人文社会科学青年基金项目（11YJC820113）的结项成果。在结项过程中，得到了山东师范大学社科处万光侠处长、顾大伟老师的帮助。感谢中国政法大学的谭秋桂教授、王娣教授、乔欣教授、邱星美教授，以及山东财经大学的赵信会教授等，他们作为评审专家给本结项成果提出了不少中肯的修改建议。感谢知识产权出版社汤腊冬编辑和吴亚平编辑，正是她们的辛勤付出，才使得本书能够顺利出版。

此外，还要感谢我的许多同事、老师、同学和我的家人，正是在他们的催促、帮助和建议下，本书才最终完稿面世。

作者 谨识

2017 年 1 月 20 日于泉城济南